VARIÉTÉS
HISTORIQUES
ET LITTÉRAIRES

Paris. — Impr. Jouaust et fils, 338, rue S.-Honoré.

VARIÉTÉS
HISTORIQUES
ET LITTÉRAIRES

Recueil de pièces volantes rares et curieuses
en prose et en vers

Revues et annotées

PAR

M. ÉDOUARD FOURNIER

TOME X

A PARIS
Chez PAGNERRE, Libraire

M.DCCCLXIII

VARIÉTÉS
HISTORIQUES
ET LITTÉRAIRES

Recueil de pièces volantes rares et curieuses
en prose et en vers.

Annoté et publié
PAR
ÉDOUARD FOURNIER.

Tome X.

A PARIS
Chez Pagnerre, Libraire.
M.DCC.LXIII.

*L'OEconomie ou le vray Advis pour se faire
bien servir, par le sieur Crespin*[1].

A Paris. — M.DC.XLI.

*A haute et puissante dame Madame la marquise
de Lezay*[2].

MADAME,

omme je suis extremement obligé à vostre grandeur, qui m'a receu à vostre service au temps que j'estois delaissé d'une bonne partie de mes plus familiers amys; maintenant que je respire le doux air qui s'exale

---

1. Nous ne savons rien sur le sieur Crespin, auteur de cette pièce très curieuse et fort rare. On verra seulement un peu plus loin qu'il étoit maître d'hôtel de la marquise de Lezay.

2. Noble dame d'une des meilleures maisons du Poitou, ancêtre du marquis de Lezay-Marnésia, littérateur agréable, qui fut député aux états généraux en 1789, et de son fils le comte de Lezay-Marnésia, préfet sous l'Empire. Mme de Lezay fut, à ce qu'il paroît, une dame accomplie, la « femme forte » de l'Écriture, comme le sieur Crespin le dira tout à l'heure. Bien qu'elle eût, à ce qu'il paroît, un grand train de maison, sa vie fit si

Var. X.

en moy par vostre faveur, je ne sçay comme quoy recompenser ce vray office de charité que vous avez employé en mon endroit, si ce n'est par des services continuels, suivis d'une parfaite humilité deuë à vostre qualité : ayant desja acquis par vostre bienveillance le titre de maistre d'hostel, charge de laquelle j'estois indigne (¹), si l'ordre que vous avez estably en vostre maison ne m'y eust dressé et appris ; protestant de vostre prevoyance, est le meilleur que j'aye jamais veu pratiquer, depuis que j'ay l'honneur de servir les grands ; car l'on peut dire avec vérité que vous estes cette femme que le sage appelle forte, capable d'édifier et gouverner la maison du juste, tant il est vray que toute choses sont en la vostre prudemment observées : ce que consi-

peu de bruit, et donna si peu de prise au scandale, que Tallemant ne l'a pas même nommée, Saint-Simon non plus.

1. C'étoit, après celles de l'intendant et de l'aumônier, la plus importante d'une grande maison bien réglée. « La charge de maistre d'hostel, dit Audiger, regarde la dépense générale qui se fait journellement dans une grande maison, suivant l'ordre qui luy en est donné par le seigneur ou son intendant. Pour bien s'acquitter de son devoir, il doit estre expert et capable d'establir ou maintenir le bon ordre dans une maison, et ne point manquer à donner à chacun ce qu'il doit avoir, sans augmentation ni diminution. C'est à luy de choisir de bons officiers tant d'office que de cuisine, et quand ils ne se trouvent pas capables ou qu'ils ne font pas leur devoir, les changer ainsi que les marchands fournissant pour la bouche ou autres, dont il doit prendre connaissance. » *La Maison réglée*, etc. Amsterdam, 1700, in-8°, liv. I, ch. 13.

dérant en moy-mesme, je me suis représenté l'estat malheureux auquel beaucoup de personnes se trouvent enveloppez pour n'avoir pas conduit leur mésnage assez dextrement; et sur cette pensée, je suis avisé de les envoyer chez vous pour apprendre leur leçon, car je sçai par bonne experience qu'ils n'auront pas esté deux fois en vostre escole, sans en tirer un grand profit; mais comme la presse seroit trop grande, je vous supplie, Madame, de recevoir ce petit traité, que je presente à vostre grandeur, pour puis apres estre (suivant vostre volonté), eslargy et donné au public, quoy qu'il ne soit digne de vostre hautesse, si ne laissera il pas de monstrer et apprendre aux nouveaux maistres d'hostels le contenu de leur charge; vous me le permettez, Madame, s'il vous plaist, car estant sous vostre protection, il sera exempt de la censure des medisants, et pareillement receu de beaucoup d'esprits curieux qui en pourront faire leur profit. Continuant mes vœux en vous servant fidèlement, je demeureray

      Madame,

      Vostre très humble, affectionné et obeyssant serviteur,

        Crespin.

Au Lecteur.

Amy Lecteur, mon principal but et dessein par lequel j'ay fait ce petit traité, que je te presente avec mon humble service, sera pour te prier de ne point censurer la première ouverture que je te fais de mes œuvres; ains je te prie de le recevoir en bonne part, et continuer la lecture, qui n'est icy tracée que pour t'en servir et faire par icelle ton profit : t'arrestant au point lequel te fera voir un tableau, dont beaucoup de personnes ont eu leurs testes voilées, lesquels, pour ne s'estre pas informez du sujet pourquoy leurs maisons sont tombées en ruine, se sont trouvez enveloppez dans de grands embarras trainant après eux diverses adversitez; et tels revers de fortune viennent bien souvent à cause de la négligence que l'on a en ne faisant pas boucher des petits trous, qui, à la longueur du temps, deviennent plus grands et d'autant plus dommageables. Mais comme le temps d'apresent leur a fait lever le voile, ils voyent bien le désordre de leur maisons lors qu'il n'en est plus temps; c'est pourquoy j'ay fait ce petit esclaircissement afin de les ayder, et pour leurs maistres d'hostels nouveaux, qui pourront prendre d'oresnavant, pour songer à tout; c'est mon dessein, comme estant porté d'affection à te faire service, et comme je suis tout à toy.

Adieu.

L'Œconomie ou le vray Advis pour se faire bien servir.

Ceux qui depuis vingt ans ont escrit la forme et manière de vivre parmy les grands, et qui principalement se sont trouvez honorez de courir en leurs tables et festins, ou bien, comme l'on dit, aux disners d'amis, et ceux qui familierement se donnent à souper les uns aux autres, peuvent, en lisant ce petit traité, cognoistre en partie la vérité, et le sujet de tant de changements et renversements de cuisines [1] qui se font journellement ès maisons des grands seigneurs; car ce n'est pas seulement entre les personnes de qualité où se voient ces diverses mutations; mais, descendant de degré en degré jusques aux moindres, qui, se voyants comme affaiblies par les excès des tables, se contentent maintenant à ne pas tant ouvrir de fois leurs bourses pour l'entretien de leurs bouches [2].

Il y a donc maintenant une reforme generale dont

---

1. Il y avoit alors déjà des modes pour la cuisine comme pour les habits. On peut voir dans *les Délices de la campagne*, etc., de Nicolas de Bonnefons, 1655, in-8°, la liste et la description d'un nombre prodigieux de gâteaux, rots, plats de légumes, poissons, crèmes, depuis peu à la mode.

2. V. sur les excès ruineux de la gastronomie, introduite en France, avec tous ses raffinements, par les Italiens de la suite des Médicis, le *Discours* de Bodin *Sur les causes de l'extrême cherté*, dans notre t. VI, p. 160-161.

la cause en est assez cognüe par aucuns. Pour moy (advertissant un chacun à faire son profit), je diray que ça esté par la trop mauvaise conduite de ceux qui gouvernoient leurs maisons, donnant tout, pour puis après ne rien avoir, achetant à grand prix un petit vent de faveur, qui se dissipe le plus souvent par la plus simple pluye qui soit en la moyenne region de l'air, et par ce moyen attirer à eux des gens qui s'accordent en leurs faits, dits et actions, faisant grande chère à ceux qui bien souvent les vendent à belle mesure, n'attribuant leur labeur qu'à une parfaite gausserie [1].

Les autres bouleversent les maisons par le jeu, par les débauches excessives, despences inutiles qui ne rapportent aucun profit, et qui ne laisse pas de couter beaucoup, ne se contentant pas de ce que la nature leur produit : ainsi ils recherchent des nouveautez surnaturelles, qui ne servent qu'à ruyner ceux qui viennent après eux, lesquels bien souvent sont privez de la maison de monsieur tel, à cause du remboursement de la somme de quatre cens mil escus, tant du plus que du moins, que ledit tel devoit avoir par contract de constitution de rente fait et passé en l'estude de tel et tel, notaires, sans conter les autres parties des marchands en gros et en détail ; de sorte qu'il se rencontre bien souvent qu'il n'y a pas de quoy faire inhumer le corps de mon-

---

1. Moquerie, duperie. Le verbe *gausser* et le mot *gausseur* sont plus employés que *gausserie*, leur dérivé. Il étoit toutefois en usage dans cette expression proverbiale : « *Gaüsserie* (pour plaisanterie) à part. » *Comédie des Proverbes*, Anc. Théâtre, t. IX, p. 334.

sieur tel, lorsqu'il est mort, contraignant quelquesfois les heritiers de jetter les clefs sur la fosse [1]. Des crieurs en tels convois ne sont guères occupez ; car ordinairement les curez mesmes y perdent leurs droicts.

Cependant donc que le corps de monsieur tel (qui de riche qu'il estoit durant sa vie, est devenu après sa mort pauvre) est gisant sur la paille, a le plus souvent pour compagnie le commissaire, le greffier, le sergent, gens esveillez, qui, à la requeste d'un tel et d'un tel, pose le sceau jusqu'à ce qu'il soit déclaré quelque respondant, ou gardien des meubles. Je vous laisse à penser si, en cette rencontre, se trouve là quelqu'un qui soit venu trop tard pour avoir sa part de ce qui luy est deub, et que l'on luy dise que tout est perdu pour luy et qu'il n'y a rien à esperer, le priant bien humblement de ne s'en point fascher ains se consoler, que ne fera-t-il point? Ne donnera-t-il pas monsieur un tel à tous les diables?

Que si telle chose arrive à quelque maranière [2] ou poissonnière des halles, de quelle malediction ornera elle point le drap mortuaire de son debteur trespassé? car pour son *libera*, elle invoque les Diables d'Enfer pour y emporter son ame.

Pareillement, si cela s'adresse à un boucher, gens où la pitié quelquesfois trouve place, quel

---

1. Les héritiers qui renonçoient à une succession jetoient les clefs de la maison du mort sur sa fosse. La veuve qui n'acceptoit pas l'héritage faisoit de même, et de plus déceignoit sa ceinture sur la tombe. V. *Anciennes coutumes du duché de Bourgogne*, titre des *Fiefs*.

2. *Marinière*.

De profundis dira-il pour le defunct qui luy a fait perdre son bien ? je ne sçay, mais au moins je croy que Dieu par luy est bien mal prié : car je croy que celuy qui se voit frustré de la somme de deux mil livres, il ne peut pas songer à autre chose qu'à sa perte.

Je me suis trouvé une fois en pareille rencontre, sçavoir d'un boucher, qui, voyant que cette femme pleuroit et se deconfortoit, voulut se mesler de luy donner quelque consolation, luy disant : mamie, malheureux sont les personnes qui ont affaires à tels affronteurs, car j'en suis logé aussi bien que vous à la levrette¹, et attrappé comme un renard² ; c'est

1. Nous ne connaissions pas cette singulière locution, et nous n'en comprenons guère le sens. Il peut s'expliquer, toutefois, si l'on songe que *levretter, levrauder*, vouloit dire poursuivre, harceler, et que, par conséquent, *être levretté, levraudé*, signifioit : *être poursuivi, malheureux*. Le premier mot se trouve dans un vieux poète, cité dans le *Dictionnaire étymologique* de Noël, t. II, p. 155 :

..... Hélas ! c'est povreté
Qui, an et jour, m'a si fort *levretté*.

Quant à *levraudé*, il se trouve dans Voltaire : « Il est un peu extraordinaire, dit-il au mot *Homme* du *Diction. philosoph.*, qu'on ait harcelé, honni, *levraudé* un philosophe de nos jours très estimable.... » Ailleurs, dans les *Mémoires sur sa vie*, écrits par lui-même, il dit : « Je crois qu'il vaut mieux bâtir un beau château, comme j'ai fait, y jouer la comédie et y faire bonne chère, que d'être *levraudé* à Paris comme Helvétius, etc. » Edit. Gotha, 1790, in-8°, t. 71, p. 311.

2. Ici, comme dans le vers de La Fontaine (*le Renard et la Cigogne*) :

Honteux comme un renard qu'une poule auroit pris, etc.,

pourquoy vous ne vous devez tant affliger, car vos pleurs vous ferons pas plutost payer. Il se rencontra là un marchand de draps qui avoit sa part aussi bien que ces deux au gasteau, lequel, prenant la parole, dit au boucher : nous nous devons bien plus affliger, elle et moy, que vous; lors le boucher, respondant, dit : pourquoy ? pour ce, dit le marchand, que si vous avez livré à M. tel des bœufs, des moutons et des veaux qui sont mangez, au moins vous a-il laissé les peaux et le reste pour maintenant en faire vostre profit, et nous n'avons rien, elle et moy, qui nous puisse d'oresnavant profiter. Ne voyla pas une belle consolation que se donnèrent ces trois personnes.

Or je dis que pour ne point tomber d'un si haut mal, il faut avec soin vivre avec ordre, et bon mesnage desormais; c'est pourquoy la plus part des grands, par exemple, doivent mettre une bonne reigle en leurs maisons; mais comme tous ne peuvent pas songer ny gouverner comme il faut un mesnage, et que même il n'est pas bien seant à leur condition de se mesler de la diversité de leur table, considerons premierement qu'il est bon d'avoir un homme fidèle et bien experimenté en l'œconomie, qu'il soit absolument et du tout chef d'hostel[1], et par dessus tous les autres domestiques, et

se trouve un souvenir du *jeu de damier*, où l'on voit un pion représentant le *renard*, serré de si près par d'autres qui jouent le rôle de poules, et si bien enfermé dans un angle, qu'il ne peut plus ni avancer ni reculer. Adry, *les Jeux de l'Enfance*, p. 250-251.

1. Le mot *chef* pour premier cuisinier vient de là.

qui ne rende compte qu'au seigneur de la maison de qui il a receu l'ordre de commander : prenant soin qu'il ne s'y passe point d'amourettes qu'elles ne soient cogneuës pour bonne du seigneur et de la dame, pour autant que sous telles amitiez, il se fait ordinairement d'estranges droleries, qui bien souvent passent pour scandaleuses et de nul effet; aussi est-ce le point principal, à quoy le maistre d'hostel doit prendre garde, car il y va de l'interest et de l'honneur pour son seigneur, et le maistre d'hostel doit tous les soirs prendre advis avec les officiers de cuisine, et de faire rendre compte de la despence du jour, pour puis après en rendre compte à son seigneur devant ses domestiques, et sans passion [1].

Il me souvient en passant d'une maison ou j'estois autrefois, laquelle estoit toute remplie d'amourettes, que le plus petit jusques au plus grand estoit entaché de cette furieuse maladie; et pour vous dire la verité, je n'ay jamais vu gens si prompts et charitables à se secourir les uns les autres en ce sujet, que je puis dire qu'il n'y a point de religion ou l'on pratique plus cette saincte œuvre, tant recommandée en un meilleur sujet qu'en cette folie; car tel aymoit telle, qui croyoit que ce fust par le moyen de telle ou tel qu'il falloit l'avoir en amitié, et pour ainsi ils n'osoient ou ne pouvoient s'accuser les uns les autres. Ainsi bien souvent le maistre d'hostel excusoit le cuisinier et le sommelier, car lorsque

---

1. C'est ce que dit le sieur Audiger dans le passage de sa *Maison réglée* que reproduit notre note, p. 2.

Monsieur disoit que rien n'estoit cuit ou bon, ou que la viande sentoit le *reland*[1], ou que tout estoit trop salé, le maistre d'hostel, qui sçavoit la cause d'ou provenoit toutes ses deffectuositez, ne disoit pas que c'estoit l'amour du cuisinier qui rendoit ainsi les viandes mal apprestées, mais au contraire faisoit ses excuses envers Monsieur, disant que c'estoit le temps qui en estoit la cause, ou que le cuisinier se portoit mal, que le bois estoit vert, que par malheur il estoit arrivé que le pot s'estoit cassé en voulant dresser le potage, qui faisoit que le bouillon n'estoit pas si bon qu'il devoit estre, d'autant que la graisse estoit perduë, tant y a que toutes les meilleures excuses qu'il pouvoit trouver pour le cuisinier, il le faisoit, afin que reciproquement le cuisinier excusat ses deffauts envers son seigneur, et pour ne pas luy reveler que le maistre d'hostel se promenoit tous les jours avec sa maistresse, ou bien qu'il s'estoit fait une bonne collation aux depens du seigneur.

Cependant que la fille de chambre carressoit le valet de mesme condition, que le cocher avec une semblable à luy, que les chevaux, mal pensez, n'estoient pas le plus souvent visitez de l'escuyer, qui, pour s'en rapporter au pallefrenier, passoit legerement par dessus la sujection de sa charge, ayant d'autres affaires plus pressantes en ville que celle-là. Cependant il donne ou fait donner tout ce qu'il faut, sans regarder les parties du charon et du ma-

1. C'est-à-dire sentir le *gâté*, le *renfermé*. V. l'*Ancien Théâtre* de la Biblioth. Elzévir., t. VIII, p. 77.

reschal, et mesme se fait aymer du cocher, afin qu'il ne parle pas du lieu où il a mené monsieur l'escuyer: que s'il tarde trop, il s'excuse sur c'est cecy ou cela qui en est cause; enfin il dit tout ce qu'il veut, hormis la forte amitié qu'il porte à une telle, qui enfin voit et sent son ventre enfler, pour laquelle cause l'un s'en va, et l'autre prend Guillot pour mary, l'autre prend Perette pour femme; un autre est en fuite pour l'enfant que l'on luy vouloit donner; l'autre plaide par devant l'official[1] et jure qu'il n'a jamais fait cela à la quidante qui veut couvrir son honneur du manteau du mariage; bref c'est un passe-temps que de voir un tel mesnage en une maison.

Les créanciers, d'autre part, demeurent sans estre payez, car le seigneur dit que pour luy il ne doit rien; le maistre d'hostel dit qu'il donnoit l'argent au cuisinier; le gentilhomme[2] dit que c'est le cocher

1. Sur ces procès par-devant l'official, dont le résultat ordinaire étoit de forcer le père à prendre l'enfant et à donner une certaine somme, comme dédommagement, à la fille engrossée, V. notre t. I, p. 319-320, note.

2. C'étoit l'homme de compagnie du seigneur : « Le devoir et fonction d'un gentilhomme auprès du seigneur, dit Audiger, est de luy tenir compagnie, de faire les honneurs de la maison, d'entretenir les personnes de qualité qui luy viennent rendre visite, luy donner la main lorsqu'il est malade ou incommodé, et l'accompagner à la chasse et à la promenade. Il faut qu'il soit lettré, et ordinairement, quand on prend un gentilhomme, on cherche une personne de science et spirituelle, qui ait toujours quelque chose d'agréable dans sa conversation, et propre à aller complimenter les amis du seigneur sur tous les

qui fait trop de despence quand on le reprend sur le controle (car tels gens bien souvent ruine la maison). Tout se sçay ; alors tout ce que peut faire un seigneur est de faire maison neufve, et en cas ce à bien de la peine ; car bien souvent on prend des personnes qui volle sans avoir des aisles, ce qui n'est pas plaisant ny agréable ; voila pourquoy ceux qui veulent bien ordonner leur maison doivent premierement considérer leurs revenus, et ce qu'il faut aux serviteurs tant à gages qu'à entretenir, et sur ce faire compte du reste : choisir des gens qui soient de bonne vie et sans reproche, et faire ellection d'un maistre d'hostel à qui donnant l'ordre, luy declare son goust, son revenu, ce qu'il veut despendre par an, ou par jour, pour sa table ordinaire, et tant pour l'extraordinaire [1] ; tant pour ses sujets qui se peuvent présenter. Quand le seigneur monte à cheval, il a toujours le meilleur cheval après luy ; il mange à sa table, et, pour tout dire en un mot, c'est sa compagnie et son favory. » *La Maison réglée*, liv. I, ch. 10. — Pour le reste de la valetaille, ce fainéant spirituel n'étoit qu'une bête à l'engrais ; aussi, aujourd'hui encore, dans les campagnes, un porc qu'on engraisse s'appelle le *gentilhomme*.

1. Audiger, à la suite du passage de sa *Maison réglée* déjà cité, donne le détail de ces dépenses ordinaires ou d'*extra*, soumises toutes à la surveillance du maître d'hôtel. Un livre, aujourd'hui très rare, publié à Bordeaux en 1624, s'explique aussi longuement sur ce détail domestique ; mais il s'attache plutôt à la dépense des nobles de province qu'à celle des grandes maisons de Paris. Ce volume a pour titre : *Le sommaire de l'OEconomie de la despence, comment il faut regler la despence selon le revenu, et*

habits, tant pour ses plaisirs, tant pour les gages de ses serviteurs, chacun selon son rang ; et afin d'estre bien servy, il ne faut regarder à dix escus, plus ou moins, quand l'on cognoist un bon et fidel serviteur. Que tous maistres faisans cecy se resjouyssent gaillardement avec leurs femmes, qu'ils soient d'accord de tout ce que veut l'un et l'autre, car c'est ce qui fait le bon ordre de la maison entre les serviteurs ; pour ce que s'il y a de la dissention entre l'homme et la femme, l'un dit je suis à Monsieur et l'autre dit je suis à Madame, cependant tout demeure à faire, et rien ne se fait qu'avec dispute bien souvent.

Or comme l'homme et la femme sont unis par le sainct mariage, et que Dieu les bénit, il faut donc s'aymer puisque Dieu le veut ainsi, et principalement les gens de condition ; il faut que l'homme considère que la femme est sa chair, et la femme cognoisse que son origine est de retourner à sa source ; avec ce conseil de l'Evangile, qu'il faut quitter père et mère pour suivre son mary, c'est un commandement de Dieu, et que si tant est que la femme soit douée d'un esprit plus fort que son mary, il faut qu'elle l'attire à soy par mignardise, et par ainsi luy oster toute occasion de fascherie ; comme si un vouloit tout perdre, sans vouloir toutesfois rien laisser. Je jure, et il est vray qu'il n'y a point d'homme qui ne se laisse facilement persuader par sa femme, quand il est par elle traitté dou-

sçavoir ce qu'on peut despendre, soit par an ou par jour, particulièrement pour chaque espèce de despence ; 1624, in-8°.

cement. L'homme semblablement peut beaucoup sur la femme et luy sert d'un grand soutien, et semblable à un cocher resistant contre les tempetes qui taschent de bouleverser un bon mesnage ; cela fut dernierement approuvé par une dame, laquelle voyant sa fille veufve lui dit ces paroles : il est vray, ma fille, que vous vous devez à bon droict affliger, puisque vous avez perdu la plus belle fleur qui faisoit l'ornement de vostre bouquet.

Quand l'homme voit quelque défaut provenir du costé de la femme, il doit aussi, avec une douceur capable de remède, luy remonstrer ses manquemens, et luy commander avec une authorité mediocre et la prier de mieux faire à l'advenir, et que ce soit sans se fascher ; et en ce point le mary est plus que le père et la mère d'icelle, puisque nous oyons dire ordinairement par les belles mères à leurs filles : c'est vostre mary, vous estes en sa puissance, faites ce qu'il vous dira. De mesme le mary peut dire telles raisons à son beau père, à sa belle mère.

Sçachez sur toutes choses, que pour faire un bon mesnage il est nécessaire que l'homme et la femme couchent souvent ensemble, et qu'ils prient Dieu, ainsi que fit jadis Tobie, qu'il luy plaise leur envoyer des enfans : car par le bonheur d'un enfant, la paix se trouve ordinairement entre le père et la mère. Et d'autant que je sçay qu'il y a des personnes qui destournent et empeschent l'homme, par je ne sçay quel desdain, d'approcher de la femme, je dis qu'il faut chasser et aneantir tel personne, puisqu'ils se font maistre du mal qui en peut arriver par après.

Or, puisque la charité commande d'aymer son prochain comme soy mesme, l'homme doit donc aymer sa femme plus que tout autre chose qui soit au monde, d'autant qu'il l'a joincte avec luy pour fructifier et remplir la terre d'une semence qui soit agreable à Dieu ; cela estant, tout ira bien. Esgayez donc vos esprits au cours et à la promenade, tandis que je donneray l'ordre à vostre maistre d'hostel, comme vous voulez estre servis, selon tel somme par jour, et ce que vous desirez qu'il vous soit servy, avec l'instruction par laquelle vous voulez qu'il se comporte en vostre maison, afin de vous oster de peine et de tracas.

Discours de l'Autheur avec le Maistre d'Hostel.

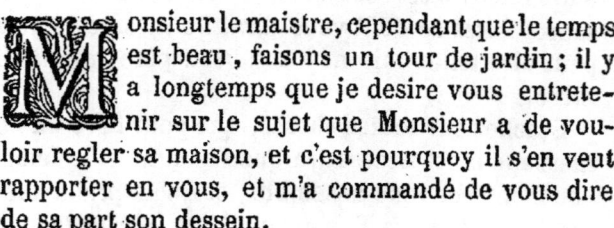onsieur le maistre, cependant que le temps est beau, faisons un tour de jardin ; il y a longtemps que je desire vous entretenir sur le sujet que Monsieur a de vouloir regler sa maison, et c'est pourquoy il s'en veut rapporter en vous, et m'a commandé de vous dire de sa part son dessein.

Premierement, il a tant à despenser par an, il en veut mettre tant pour sa table, tant pour ses chevaux, tant pour ses plaisirs et pour ses habits, et veut qu'il luy reste cela franc par an. Cela est bien aysé à faire, mais il veut donner un metier à tel et marier tel avec telle[1], et prendre de bonnes et fi-

---

1. Les seigneurs avoient alors de ces soins dans leur

delles personnes qui soient affectionnez à luy faire service ; c'est pourquoi il veut que vous soyez indifférent à tous et sans exception de qui que ce soit, vous les teniez sous le joug de l'obéissance pour son service ; mais comme la jeunesse est libertine et malaysée à corriger, c'est pourquoy il faut que vous trouviez des moyens propres et faciles, afin d'y pourvoir, et c'est aussi le principal point de ce que j'ay à vous dire.

Premièrement, vostre place est au bout de la table ; en suite de vous et à vostre droicte, se doit mettre l'aumosnier[1], si il y en a un ; l'escuyer vis-à-vis[2], et le valet de chambre après. Puis quant aux

---

domestique. Ils étoient *pères de famille* autant que maîtres. Audiger, dans la *Préface de la Maison réglée*, parle de cette sorte de paternité seigneuriale, et vante particulièrement à ce sujet la conduite tenue par le prince de Condé : « Ils doivent tous considérer, dit-il, qu'un vieux domestique qui n'est plus en état d'apprendre un métier ny d'aller servir ailleurs est véritablement digne de compassion, et que c'est alors qu'ils doivent s'efforcer de lui faire quelque bien, et d'imiter en cela feu M. le prince de Condé, qui, suivant le mérite et les services de ses anciens domestiques, leur assignoit des pensions ou leur donnoit des emplois dans ses terres, où ils pouvoient doucement et sans peine passer le reste de leurs jours. »

1. Tout un long chapitre, le 5e du livre Ier, est consacré à l'*Aumônier* dans la *Maison réglée* d'Audiger.

2. L'écuyer a son chapitre aussi, le 8e du livre Ier, dans l'ouvrage d'Audiger, « car, dit celui-ci, sa charge tient encore le haut rang parmi les domestiques les plus

officiers, comme les pages[1], le cocher et laquais doivent suivre, si tant est que la coustume soit qu'ils y mangent, car on donne ordinairement à tels gens leur argent à despendre par mois, ou bien ils doivent manger en une table à part, et le meilleur est de les nourrir que de leur donner leur argent à despendre.

Vous representez le maistre du logis, faisant les hola et empeschant le desordre; laissez faire la bénédiction de la table à l'aumosnier, et quand la

considerez d'un grand seigneur. Elle regarde le soin de commander à tous les gens de livrée, etc. »

1. « Lorsqu'il y a des pages dans la maison d'un grand seigneur, comme estant gentilshommes, ils ne servent qu'à luy faire honneur. On ne les met là que pour apprendre à vivre et à faire leurs exercices. » Audiger, liv. Ier, ch. 9. — C'étoit à qui auroit des pages, même sans avoir un très grand train de maison. La Fontaine se moque de cette prétention quand il dit dans sa fable *la Grenouille qui se veut faire aussi grosse que le Bœuf*:

Tout marquis veut avoir des pages.

Sarrazin, dans ses *Vers irréguliers à madame la princesse de Condé*, parle aussi de la haute noblesse qui seule donnoit droit aux doubles laquais et aux pages :

Vous verrez bien que ces atours
Ne sont pas de noblesse à complet équipage
Qui double le laquais, qui pousse jusqu'au page,
Et qui mène carrosse au Cours.

En 1682, quand fut jouée *la Matrone d'Ephèse, ou Arlequin Grapignan*, la mode en étoit un peu passée. Cependant, on s'y moque encore des « marquis à pages ». *Le Théâtre italien* de Ghérardi, t. I, p. 36-40.

feste de Pasque s'approchera, c'est à vous de dire que tel et telle fassent leur bon jour, et devez leur commander de jeusner, afin d'estre mieux preparez pour ce faire, et bien que ce soit la charge de l'aumosnier de leur montrer ce qui en est, d'autant qu'il est prestre ; mais s'il advenoit qu'il ne fust pas en ces jours-là en la maison, vous devez, en ces cas, servir de prestre et de maistre d'hostel, et commencez le premier à estre bon, tout le reste après vous suivra ; quand aux autres festes, cela despend de la volonté d'un chacun. Procurez du bien pour les serviteurs, empeschez tant que vous pourrez les blasphemes et juremens, faites congedier les amours impudiques, et sans frapper, donnez congé à ceux qui n'auront jamais voulu obeyr, avec quelque recompense : c'est là le seul et vray moyen de se faire bien servir.

Et quant à servir sur table[1], il faut prendre garde que si c'est une table carrée, l'on doit servir par quatre plats[2]. Le haut bout est le lieu le plus

---

1. Dans *les Délices de la campagne* de Nicolas de Bonnefons, 1655, in-8°, les fonctions du « maistre d'hotel servant sur table » sont décrites en détail.

2. « La grande mode, dit aussi Bonnefons, est de mettre quatre beaux potages dans les quatre coins, et quatre porte-assiettes entre deux, avec quatre salières qui toucheront les bassins des salières en dedans. Sur les porte-assiettes, on mettra quatre entrées dans des tourtières à l'italienne. » V. aussi sur cette règle fondamentale du nombre 4 dans les repas, *l'Ecole des officiers de bouche*, au chapitre : *Idées qu'on peut se former pour servir toutes sortes de repas.*

apparent du costé droict, ou selon que le lieu est disposé ; mais le plus commun est à main droicte sous la cheminée. Si la table est ronde, il faut prendre garde de servir par sept, neuf ou treize plats, car c'est l'ordre de la table ronde pour estre bien couverte; et si la table est longue, il faut poser les plats en longueur; et faites si bien que vos plats ne soyent pas trop escartez, et semblablement qu'ils ne se touchent pas et qu'il y ait diversité entre les viandes, en sorte qu'il ne s'en rencontrent point de deux façons, c'est-à-dire blanc, verd, rouge, et noir.

Que s'il advient que Monsieur desire traitter quelqu'un extraordinairement, vous devez recevoir son ordre, et observer de point en point ce qu'il vous dira; et afin que vous n'y manquiez, faites un mémoire de vos plats d'entrée, de second, d'entre-mets et de fruict selon la saison. Marchez le premier, et soyez suivy de vos gens, chacun portant un plat [1], les faisant demeurer en rond; que le premier deschargé passe par autre voye qu'il n'est venu, afin qu'il ne renverse rien de son compagnon. N'oubliez pas d'escrire tout ce que vous achepterez, recevrez et donnerez par jour, afin d'en rendre (le soir de chaque jour, par sepmaine ou par mois) bon et fidel compte ; ayez un tarif, papier de despence, avec

---

1. C'est l'ordre suivi dans le repas de Boileau :

..... Un jambon d'assez maigre apparence
Arrive sous le nom de jambon de Mayence.
Un valet le portoit, marchant à pas comptés
Comme un recteur suivi des quatre facultés.
Deux marmitons crasseux, revêtus de serviettes,
Lui servoient de massiers et portoient deux assiettes.

poids et balance, plume et escritoire. Achetez du vin à bon pris et tout du meilleur, ayez tousjours quelque chose preste à mettre en broche, et lorsque vous serez aux champs, il faut s'enquester de ceux qui doibvent par rente des poulles, poulets, pigeons, agneaux et lièvres, faisant le tout apporter en la maison ; faites saler du lard, et songez que vous estes comme un père de famille, et prenez plaisir à tout cela. Vous ferez souvent aussi reveuë dedans la cave avec le sommelier ; c'est tout ce que je vous puis dire, car voilà Monsieur qui revient de la promenade : je m'en vais le saluer et prendre congé de luy,

Monsieur, ha! vous voilà encore? Il est vray, Monsieur, que je me suis fort promené dans vostre jardin avec monsieur le maistre. Et bien! Nous avons parlé de l'estat de vostre maison, et de vostre ordre ce qui se trouve bon, c'est pourquoy j'ay disposé monsieur le maistre à vostre volonté. Vous avez eu un beau temps au Cours ! Ouy. Monsieur. Voilà vostre souper que l'on a servi, je m'en vay prendre congé de vous et vous donner le bon soir ; Je suis votre très-humble serviteur.

Monsieur le maistre, est-il bon que vous voyez un peu comme l'on sert à la maison des grands et particulièrement, pour vostre cuisinier, qu'il hante Forger, escuyer de la reine, pour les potages [1] ; La Dia-

---

[1]. C'est à cet officier de bouche, au service d'Anne d'Autriche, qu'on devoit sans doute ce fameux potage à la reine, « fait de quelque hachis de perdrix ou faisan, » dont parle Nicolas de Bonnefons.

blerie pour les entrées; Nicolas pour les autres mets[1]; George pour le poisson[2]; Mathieu Pallier pour les ragouts[3]; La Pointe pour les confitures[4]; Hester pour le linge[5]; avec maistre Martin pour le boudin. Trois de mes amis sont morts, qui fai-

1. C'est le maître Nicolas, « célèbre cuisinier » de M. de Valencay, d'abord évêque de Chartres, puis promu à l'archevêché de Reims en 1641, l'année même où maître Crespin vantoit ainsi son cuisinier. Tallemant, édit. in-12, t. III, p. 190.

2. C'est Georges, l'écuyer de cuisine de la maison du roi, avec lequel Louis XIII apprit si bien à larder. « On voyoit venir l'écuyer Georges avec de belles lardoires et de grandes longes de veau, et une fois, je ne sais qui vint dire que Sa Majesté lardoit. Voyez comme cela s'accorde bien : *Majesté* et *lardert* » Tallemant, édit. in-12, t. III, p. 68.

3. V. pour la diversité des *ragoûts* dans lesquels excelloit Mathieu Pallier, *le Cuisinier françois* de La Varenne, Lyon, 1680, chap. des *Entrées*.

4. Il y a un livre spécial pour cette partie du dessert ou de l'*issue*, comme on disoit alors : *Nouvelles instructions pour les confitures, les liqueurs et les fruits*, Paris, Sercy, 1692, in-12.

5. Le linge de table importoit beaucoup. L'un des axiomes gastronomiques, suivant *l'Art de bien traiter*, Paris, 1674, in-12, chap. *Principes*, étoit celui-ci : « Bon pain, bon vin, *linge propre*, et servez chaud. » Le linge devoit non-seulement être propre et fin, mais habilement disposé. Il y avoit un art particulier de bien plisser la nappe, plier les serviettes, etc. On peut se renseigner, à ce sujet, dans *le Cuisinier françois* de La Varenne, au chapitre : *Manière de plier toutes sortes de linges de table et en faire toutes sortes de figures.*

soient bon ypocras et bonne limonade. Espargnez
le bien de vostre maistre. Je me recommande à
vous jusques à la première reveuë ; et surtout ayez
patez et jambons près, pour les survenans, et principalement
pour les chasseurs, car c'est le plaisir
du maistre du logis.

Fin.

La Promenade du Cours, à Paris, en 1653[1].

rince[2], qui fustes jadis
Un des saincts du paradis
Du petit Dieu d'amourettes,
Merveille des beaux esprits,

1. Cette pièce se trouve dans le manuscrit 4725 du supplément françois, à la Bibliothèque Impériale, fol. 328 et suiv. Bien qu'elle ait été publiée deux fois dans ces derniers temps, d'abord par M. Édouard de Barthélemy dans le *Bulletin du Bibliophile*, mai 1860, p. 1184-1189, ensuite par M. Anatole de Montaiglon dans *l'Annuaire général du département de la Seine pour l'année* 1860, col. 810-813, nous n'hésitons pas à la donner ici. Elle est, en effet, le complément de celle que nous avons reproduite dans notre t. IX, p. 125-135, sous le même titre. C'est un tableau pareil, à vingt-trois ans de distance. La première pièce est de 1630, la seconde est de 1653. M. de Montaiglon pense qu'il est question, dans celle-ci, non pas du *Cours de la porte Saint-Antoine*, mais du *Cours la eine*, tandis que M. Ed. de Barthélemy pense le contraire. C'est son avis que nous partageons.

Le Cours décrit ici est bien, suivant nous, celui de la porte Saint-Antoine, décrit déjà dans la pièce de 1630.

Et dont le cœur fut espris
De mille flammes distrètes,

Escoutez donc ce discours
Concerté dedans le Cours
Et dans ces objets grotesques
Dont les jeunes favoris
Bannissent les vieux maris
A barbes pantalonesques [3].

Or pour le moins, s'ils y sont,
Les pauvres viellards s'en vont
Dès les cinq heures sonnées;
Le serein est dangereux
Et les rendroit catherreux
En l'hyver de leurs années.

S'il s'agissoit de l'autre, le *Cours la Reine*, il y seroit certainement parlé de la Seine, qui, par son voisinage, en étoit le principal ornement. Or, il n'en est pas dit un mot, tandis que dans une autre pièce, *le Cours de la Reyne, ou le grand promenoir des Parisiens*, Paris, 1649, in-4°, reproduite aussi par M. de Montaiglon dans *l'Annuaire* tout à l'heure cité, col. 802-810, on ne manque pas de faire valoir l'agrément que ce voisinage du fleuve donnoit à la promenade. D'autres détails, que nous indiquerons au passage, sont encore favorables à notre opinion.

2. Je ne sais à quel prince l'anonyme s'adresse ici. Peut-être est-ce Gaston ?

3. On sait que Pantalon étoit, ainsi que Cassandre, un des vieillards de la comédie italienne. On peut juger de sa barbe vénérable, mais peu vénérée, sur la figure que M. Maurice Sand a donnée de lui au t. II, pl. I, de ses *Masques et Bouffons*.

Aussitost qu'ils sont partis,
Les galants sont advertis
Que les vieillards font retraite.
A l'approche des amis,
Les masques et les mimis [1]
Se donnent à la soubrette.

Lors, d'un pas doux et coulant
Les carrosses vont branlant
Portière contre portière [2];

1. C'est le demi-masque, importé de la comédie italienne, ou pour mieux dire des *mimes* italiens, dans le monde, et nommé pour cela *mimi*. En 1632, il étoit à la mode déjà. Dans l'étrange tragi-comédie du sieur de Richemond, *l'Espérance glorieuse*, publiée cette année-là, nous lisons :

On la voit à l'église avec un tour de teste
Regarder si Phillane a pris garde à son teste,
Et dit, en souriant, à travers le *mimy*:
« Que j'aime ces beaux nez d'un empan et demy ! »

Plus tard, les *mimis* faillirent l'emporter sur les masques, et peu s'en fallut qu'il n'y eût querelle entre celles qui préféroient les uns et celles qui tenoient pour les autres : « Les *mimis* ont failli de se brouiller avec les masques, » lit-on dans les *Jeux de l'Inconnu*, Rouen, 1645, in-8º, p.165. Le *mimi* s'appela ensuite un *loup*, « parce que d'abord, dit Furetière en son *Dictionnaire*, il faisoit peur aux petits enfants. » Il ne s'attachoit pas ; on le tenoit dans la bouche avec un bouton. C'est ce qu'on avoit appelé d'abord un touret de nez. V. l'*Heptaméron*, 1er janvier, 20e *Nouvelle*.

2. Ils alloient ainsi côte à côte, sur une longue file très serrée, ce qui porta malheur au musicien Chambonnière. « Il avoit, lit-on dans le *Segraisiana*, p. 79, un carrosse traîné par deux méchants chevaux, avec un page en effi-

Et si le Cours est poudreux[1],
Les larmes de l'amoureux
Raffermissent la poussière.

Là s'apprennent tous les maux
Des domestiques deffauts,
Par l'envie des coquettes,
Qu'une telle est du mestier,
Qu'un autre est banqueroutier,
Qu'un tel porte des cliquettes[2].

gie et rempli de foin, attaché sur le derrière. Etant au Cours avec ce carrosse, où les carrosses se suivent en marchant lentement, suivant la coutume, les chevaux du carrosse qui suivoient le sien, sentant le foin devant eux, se mirent à prendre le page par les jambes. Quelqu'un, qui s'en aperçut, cria au cocher : « Prenez garde à vos « chevaux, ils mangent le page de monsieur. » Chambonnière logeoit dans ce quartier, et comme ces chevaux n'eussent pu faire le voyage du Cours-la-Reine, il ne les menoit qu'au Cours de la porte Saint-Antoine. C'est tout près, sur le rempart du Marais, aujourd'hui le boulevard Saint-Antoine, qu'il les envoyoit paître. « Je vous laisse à penser, dit Tallemant, en quel estat ils estoient. Des escorcheurs les prirent pour des chevaux condamnés, et, un beau matin, ils les écorchèrent tous les deux. » *Historiettes*, édit. P. Paris, t. VII, p. 387.

1. Il l'étoit en effet dans les jours de sécheresse autant que boueux dans les jours de pluie. Richelieu avoit eu l'intention de le faire paver, mais n'avoit pas, malheureusement, mis ce projet à exécution. Tallemant, édit. in-12, t. VI, p. 77.

2. Comme les *ladres*, forcés de *cliqueter* ainsi pou avertir qu'on ne les approchât pas. Les gens à *cliquettes*, en devenant plus nombreux, formèrent ce qu'on appelle

Les braves à l'œil froncé
D'un air demy courroucé
Font flotter leurs grands panaches,
Aux portières s'avançant,
Et guignent tous les passants
Au travers de six moustaches [1].

Le mariolet [2] plus huppé
Fait monstre du point eouppé,
N'osant dire ce qu'il pense,
Car il voit le fanfaron
Menacer de l'esperon
Au premier pas qu'il s'avance.

Les visages peinturés
Sont des amants adorés ;
La vieille fait la folastre,
Couverte d'huile de talq,
Et, se tenant à l'escart,
Montre un visage de plastre.

Les barbes des vieux Gaulois,
Malgré les sévères lois

encore une *clique*. Le mot *quiquelique*, qu'employoient les écoliers au moyen âge, avoit déjà un sens injurieux. *Bataille des Sept arts*, édit. Jubinal, p. 22 et suiv.

1. La *moustache* étoit la boucle de cheveux pendant sur les yeux et sur les joues.

2. C'étoit le nom donné depuis Henri IV aux jeunes beaux de Paris. Sully, *O Economies royalles*, 1re édit., t. II, p. 107. Ce mot se prenoit aussi alors dans le sens d'entremetteur. C'étoit le *mezzano* italien. V. *Guzman d'Alpharache*, traduct. de Chapelain, 1re part., liv. I, ch. 8.

De l'aage qui tout consomme,
Noircissent tous les matins,
Et sans faveur des destins
On voit rajeunir un homme.

   Les mignons délicieux
Viennent faire les doux yeux
Aux desseins qui les attendent,
   Et tient-on pour vérité
   Que d'un ou d'autre costé
Messieurs ont ce qu'ils prétendent.

   Le bourgeois passe riottant
   Et promène en s'esbattant
Cinq enfants et deux nourrices
   Qui ont plein leurs devanteaux
   De craquelins, de gasteaux,
De guignons, de pain d'espice [1].

   La soubrette a son dessein
Et se fait gonfler le sein
Plus dure qu'un cuir de botte,
Et veut charmer de cela

---

[1] Les petits marchands de ces friandises ne manquoient pas sur le Cours ; mais, pour les avoir bonnes, il falloit s'en fournir rue Saint-Antoine, près Saint-Paul, chez Flechmer, l'illustre pâtissier qui, suivant Marigny en son poëme du *Pain béni*, avoit le monopole des pains bénits de la paroisse : « Le sieur Flechmer, lit-on dans le *Livre commode des Adresses*, fait un grand débit de fines brioches, que les dames prennent chez lui en allant au Cours de Vincennes. »

Les yeux de son Quinola[1],
Qui lui promet une cotte.

Les discrettes dans le Cours
Font les doux yeux sans discours,
Droites comme des pouppées,
Et leurs amants ajustés
Ressemblent, à leurs costés,
Marmots de pommeaux d'espées.

Les nobles de cent couleurs,
Estendus parmy les fleurs[2],
Se paillardent sur la soye,
Laissant dans le désespoir
Le commis vestu de noir
Qui n'a que la petite oye.

1. C'est le valet de cœur au *reversis*, et par suite en bien d'autres jeux : « *La jeune Iris*, » dit S. Pavin en des stances à Mlle de Sévigné, que M. Montmerqué publia le premier (*Lettres de Mme de Sévigné*, édit. Blaise, 1818, in-12, t. I, p. 195) :

> La jeune Iris n'a de souci
> Que pour le jeu de *reversi*;
> De son cœur il s'est rendu maître;
> A voir tout le plaisir qu'elle a
> Quand elle tient un *Quinola*,
> Heureux celui qui pourroit l'être!

2. C'est-à-dire dans le jardin voisin du Cours, dont parle plus longuement la pièce que celle-ci complète (V. t. IX, p. 126. V. aussi t. VII, p. 201-202, note). Ce détail, qui ne peut s'appliquer au Cours la Reine, suffiroit pour prouver qu'il s'agit ici de celui de la porte Saint-Antoine.

Un farouche vient au trot
Et s'en va, sans dire mot,
Guetter le monde à la porte [1] ;
Je crois que le plus souvent
Il n'y cherche que du vent,
Et c'est ce qu'il en remporte.

Quelques braves vont contant
Quel bruit font en s'escartant
Les grains mortels des grenades,
Si bien qu'un bourgeois peureux
Baisse la teste auprès d'eux
Comme au bruit des mousquetades.

L'on y void à certains jours,
Sans rideaux et sans velours,
Un vieil coche de la foire
Où l'on void fort librement
Qu'il a l'air assurément
D'un bordel ambulatoire [2].

Il y vient certains censeurs
Blasmer le siècle et les mœurs,

1. Porte Saint-Antoine.
2. C'est le nom qu'on donna plus tard aux fiacres, et qu'ils ont pour la plupart mérité de garder. « Ces carrosses, dit Leroux, font ordinairement beaucoup de bruit en roulant; ils n'ont point de glaces ni devant ni aux portières... Les fiacres (cochers) qui mènent ces carrosses sont la plupart des maquereaux, qui connoissent tous les lieux de débauche de Paris... » *Dict. comique*, 1718, in-8°, p. 66.

Et le luxe des étoffes,
Qui font aller leurs chevaux
A pas gravement esgaux,
Pour marcher en philosophes.

Si bien que Fontainebleau
N'a point de si vif tableau,
Encore qu'il en abonde,
Et de guerres et d'amours,
Comme on en void dans le Cours
De la cabale du monde.

Mais quand le soleil, penchant
Sur les rives du couchant,
Replie ses tresses blondes,
Dont le vermeil nous reluit,
Et prend son bonnet de nuit
Pour dormir dessous les ondes,

Retirons-nous, il est tard;
Allons prendre nostre part
Des biens que la terre nous donne,
Et cherchons en lieu secret
La bonté d'un vin clairet,
Car le jour nous abandonne.

Recevez bien ce récit,
Pardonnez si je n'ay dit
Tout ce qui se pouvoit dire :
Car j'ay craint qu'il n'arrivast
Que sa lecture ennuyast
Comme il m'ennuye à l'escrire.

Ce tableau laborieux
Est discret et curieux,
Et fait pourtant bien connoistre
Aux bons esprits que celuy
Qui blasme si bien autruy
Sçauroit bien louer son maistre.

Rapport d'un affidé de l'Angleterre, à Paris, en 1655 [1].

5 juillet 1655. — J'ai reçu votre lettre, par laquelle j'ai vu ce qu'on m'offre par mois, jusqu'à ce que je me sois fait connaître, ce que j'accepte.

[1]. Ce *rapport*, des plus intéressants par le détail qu'il donne sur l'état de la France et sur sa politique pendant l'une des années qui suivirent la Fronde, se trouve au *State-paper office*. Il a déjà été publié, dans *les Archives des Missions* (année 1850, p. 470-477), par M. Dareste, mais sans aucun des éclaircissements indispensables ; c'est ce qui nous engage à le reproduire ici. Nous croyons d'ailleurs qu'il sera mieux à sa place et moins perdu dans notre recueil que dans l'autre, où ceux qui le connaissent vont surtout chercher des documents archéologiques. — Nous ignorons quel est l'auteur de ce rapport, ou pour mieux dire de cette gazette politique. Ce devait être un homme d'importance, ainsi que l'indiquent ses relations presque intimes et ses attaches directes avec la cour. Il avoit eu part aux conférences de Munster pour le traité de Westphalie, comme il le dira lui-même, et son zèle pour les intérêts de l'Angleterre, son ardeur à vanter Cromwell, donnent à penser qu'il étoit du parti protestant, dans lequel l'Angleterre se recruta d'espions jusqu'à la révocation de l'édit de Nantes.

Mais j'entends que quand on aura vu comment je peux servir, et quels services je peux rendre, on augmente de beaucoup ma pension.

Je vous prie de bien faire comprendre ceci : qu'on ne peut pas faire naître les occasions à servir, mais qu'on peut seulement les embrasser lorsqu'on les trouve. Ce que je dis parce que peut-être on pourra s'étonner de la stérilité des avis, ce qui procédera du cours des affaires, et non de ma faute.

Assurez-vous que le prince de Condé ne fera grand'chose cette campagne, que les Espagnols se tiendront sur la défensive, et que nous faisons cette année de grands progrès partout.

8 juillet. — Présentement, il n'y a nul changement à attendre en ce royaume. Les peuples sont accablés de misères, de tailles, de toutes sortes d'impositions, qu'ils aiment mieux souffrir que la guerre [1].

1. On peut lire, sur la misère des populations pendant et après la Fronde, de 1650 à 1655, les relations des *Missionnaires de M. Vincent* (saint Vincent de Paul), envoyés pour examiner la situation des provinces, relations qu'une société semblable à celle qu'on appelle aujourd'hui de Saint-Vincent-de-Paul publioit chaque mois, et dont le recueil, formant une brochure de 120 pages environ, se trouve à la Bibliothèque Impériale, L, n° 747, in-4°. Il faut lire aussi, à ce sujet, le seul numéro du *Magasin charitable* que possède la Bibliothèque Impériale, L, 759, in-4°. Ce numéro, d'une publication destinée, comme l'autre, à décrire les misères et à mentionner les secours apportés, est celui du mois de janvier 1653. Enfin,

La noblesse est tellement ruinée, qu'elle n'est pas capable de monter à cheval pour aucune exécution, quelque apparence qui leur puisse être présentée d'une plus avantageuse condition [1].

Les parlements sont tous asservis, et ceux qui les composent n'oseroient parler ni rien dire contre le présent gouvernement [2].

Les grandes villes ne respirent que le repos,

pour se renseigner complétement sur l'état des populations, surtout celles de la campagne, à cette époque, il ne faut pas oublier *l'Etat sommaire des misères de la campagne et besoin des pauvres des environs de Paris*, adressé par l'abbé Féret à l'archevêque de Paris, dont il étoit le vicaire général. Cette pièce se trouve à la Bibliothèque Impériale, au t. 57e, 3e série, de la *Collection Choisy*. Un document conservé à l'Arsenal, *Recueil de Pièces*, n° 1675 bis, relatif à la misère de l'année 1662, sera encore fort bon à consulter.

1. Les *Relations des missionnaires* citées tout à l'heure font foi de cette misère de la noblesse. On lit par exemple dans celle où est décrite la misère en Picardie et en Champagne, pendant l'hiver de 1651 : « La petite noblesse a aussi besoin de secours, n'ayant pas moins souffert que les autres, et se voyant sans pain, sans argent, sans couverture, et réduite sur la paille, elle souffre encore la honte de n'oser mendier de porte en porte ; et d'ailleurs à qui pourroit-elle demander, puisque la guerre a mis égalité partout : l'égalité de la misère ! »

2. C'est au mois d'avril de cette même année que Louis XIV, en habit de chasse, avoit fait au Parlement cette visite qui le rappela si brusquement au devoir. V. sur cet épisode, presque toujours mal raconté et fort exagéré, *l'Administration monarchique en France*, par M. Cheruel, t. II, p. 32-34.

et détestent tous ceux qui ont été les auteurs des derniers troubles.

L'Ordre ecclésiastique est tout dépendant de la cour et du favori, de qui ils ont reçu leurs bénéfices.

Tous les gouverneurs de places sont attachés de même à la cour et au cardinal.

Tous les grands seigneurs se plaignent, et je n'en connais pas un seul qui soit capable de rien.

Pour Paris, tout le monde déteste le présent gouvernement, et s'y assujettit pourtant volontairement.

On a cru que le cardinal de Retz pourroit causer quelque altération pour le jubilé[1], car, venant à être donné par ses ordres, l'autorité du roi étoit en quelque façon violée, et le jubilé étant refusé au peuple, cela devoit, selon toute apparence, causer quelque sédition ; cela n'a point du tout réussi. Les grands-

---

1. Le jubilé avoit été différé à cause de l'absence du cardinal de Retz, archevêque de Paris, réfugié à Rome après sa fuite de la prison de Nantes. Les contestations survenues au sujet du gouvernement du diocèse avoient aussi été une des causes de ce délai ; mais enfin la nomination du curé de Saint-Leu, M. Du Saussay, comme grand vicaire, ayant donné à ce gouvernement la régularité qui lui manquoit, on crut pouvoir s'occuper du jubilé sans avoir besoin des ordres du cardinal-archevêque. Ce fut d'autant plus facile, que M. Du Saussay, dont la nomination avoit été arrachée par surprise au cardinal de Retz, étoit dans les intérêts de Mazarin, et tout disposé, pour lui plaire, à soustraire le gouvernement du diocèse à l'autorité de l'archevêque exilé. *Mémoires* de Joly, 1718, in-12, t. II, p. 167-169.

vicaires nommés par le cardinal de Retz ont été mandés en cour. Un d'eux a obéi et y est allé; l'autre y a été amené par force, et le peuple n'a point remué. Et quand on auroit pris tous les curés prisonniers, personne n'auroit rien dit. On voit clairement que dans Paris on veut le repos, et qu'on ne veut plus entendre à aucun remuement; cela est certain.

Quant aux courtisans, ils sont toujours mal contents; mais avec cela, il découle toujours quelque douceur qui les appaise, et nul n'est capable de rien.

Le maréchal de Turenne, qui seul a sens, courage et expérience, est asservi à la faveur; car, depuis qu'il est marié [1], il a si grande peur de perdre la fortune de sa famille, qu'il est le valet des valets de M. le cardinal [2]. Les autres courtisans sont pires que valets, car ce sont des esclaves.

Pour les princes, le duc d'Orléans est dans sa maison de Blois, entièrement enseveli dans la douceur de la vie champêtre [3]. On le prie de venir en

---

1. Il avoit épousé, à la fin de l'hiver de 1653, Anne de Nompar de Caumont, fille du maréchal duc de La Force.

2. C'est pour servir l'intérêt de sa famille qu'il maria son neveu, le duc de Bouillon, avec une des nièces de Mazarin. St-Simon, *Mémoires*, édit. Hachette, in-12, t. III, p. 361.

3. C'est-à-dire qu'il s'y livroit à la culture de ses jardins, dont cette année même son médecin, Abel Brunyer, publioit, pour la seconde fois, la description, sous le titre d'*Hortus regius Blesensis*. V. pour la vie de Gaston à Blois à cette époque, les *Mémoire de* Mlle de Montpensier,

cour, et on ne désire pas qu'il vienne. Et lui aime son repos et considère que s'il étoit à la cour, il seroit le jouet des favoris, qui, tous les jours, le rendroient méprisable. Il n'est point homme ni à faire ni à entendre à aucune entreprise, quand même elle seroit assurée.

M. le prince de Condé est brave de sa personne, comme vous savez; mais tout son parti est ici entièrement anéanti. Il est pourtant très certain que s'il avoit un bon succès, il arriveroit ici une grande révolution; mais s'il ne gagne une bataille, il n'y a rien à faire pour lui [1].

Le duc de Longueville écoute toutes sortes de propositions, mais il n'est capable de faire aucune bonne entreprise, ni de prendre point de ferme résolution [2].

Tous les autres princes effectifs, ou qui se disent tels, ne sont capables de rien, et ne sont considérables en quoi que ce soit.

Quant à la cour, le roi, en l'âge où il est [3], prend ses divertissements à la chasse et à faire l'amour.

édit. Petitot, t. III, p. 39, 233-234, et l'*Histoire du château de Blois*, par M. de La Saussaye, 1840, in-12, p. 416 et suiv.

1. Condé, qui commandoit alors dans l'armée espagnole, eut le bonheur de ne pas gagner, contre son roi, cette bataille, qui eût si fort avancé ses affaires de rebelle.

2. Il n'en prit pas en effet. Depuis sa sortie de la prison, où il étoit resté un an avec les princes de Condé et de Conti, il ne se mêla pas activement aux affaires.

3. Il avoit alors dix-sept ans passés.

On lui a fait paraître mademoiselle Mancini [1], pour la plus accomplie de tout le royaume. C'est une jeune fille de quinze ans, nièce du cardinal, qui a beaucoup d'esprit, mais qui n'est pas belle [2]. Elle est agréable. Le roi en est amoureux, et peu à peu il se pourroit porter à l'épouser. Tous ceux qui sont autour de Sa Majesté sont gagnés pour lui inspirer une telle pensée. Quand cela lui viendroit dans l'esprit, il n'y auroit personne qui s'y opposât. Je ne dis pas que la chose se fera ni qu'elle ne se fera pas [3];

1. Marie Mancini, mariée en 1661 au connétable du royaume de Naples, Laurent Colonna, et morte au mois de mai 1715. La date donnée ici aux commencements des amours de Louis XIV avec cette nièce du cardinal confirme celle qui se trouve dans les *Agréments de la jeunesse de Louis XIV*, pièce ajoutée à l'*Histoire amoureuse des Gaules* (édit. elzév., t. II, p. 3), et dément l'opinion de M. Ch. Livet, qui prétend que cette passion commença deux ans plus tard, en 1657 (*ibid.*).

2. « Il choisit Mlle Mancini, laide, grosse, petite, ayant l'air d'une cabaretière, mais de l'esprit comme un ange, ce qui faisoit qu'en l'entendant, on oublioit qu'elle étoit laide, et l'on s'y plaisoit volontiers. » Le *Palais-Royal* dans l'*Histoire amoureuse des Gaules*, t. II, p. 31. Le portrait que fait d'elle Mme de Motteville n'est pas, sans être plus flatteur, tout à fait d'accord avec celui-ci : Loin d'être petite, Marie étoit grande pour son âge, mais mal faite; loin d'être grosse, elle étoit maigre à faire peur et décharnée. *Mémoires* (coll. Petitot, 1re série, t. 39, p. 400-401). Quant à son esprit, personne, ni Somaize dans son *Dict. des Prétieuses* (édit. elzév., I, p. 163), ni Mme de Motteville, ne le mettent en doute. Celle-ci seulement le trouve « rude, emporté... mal tourné ».

3. Elle ne se fit pas, et, contrairement à ce qu'on pou-

mais messieurs les courtisans se ruent, ou directement ou indirectement, pour acheminer ce mariage.

M. le cardinal subsiste, non-seulement parce que le roi l'aime tendrement, mais il l'estime et il le craint. Et quand la reine voudroit détruire les sentiments de Sa Majesté, elle ne le pourroit faire. Le cardinal a en sa main tous les honneurs et biens à distribuer; il ne faut donc pas s'étonner si l'on s'attache à lui. Le cardinal n'a point de confident particulier, mais il change suivant les occasions; il connoît fort bien le pas glissant où il est, mais il aime mieux périr honorablement que de se retirer lâchement.

Il n'y a point d'apparence qu'il lui arrive rien ni par poison, ni par assassinat, ni par disgrâce, et, très assurément, il se maintiendra; et tout l'Etat demeurera tranquille, excepté que les Anglais entrassent en France [1], ou que M. le prince de Condé

voit penser, c'est Mazarin lui-même qui l'empêcha. Il éloigna sa nièce, et négocia le mariage du roi avec l'infante d'Espagne. Les courriers royaux portèrent pendant plusieurs mois à Brouage, exil de Marie, les billets du prince amoureux. Mazarin le sut, et les lettres qu'il écrivit alors au roi pour lui reprocher avec énergie de compromettre ainsi le résultat des conférences commencées, prouvent, à sa gloire, que l'honneur royal lui étoit plus cher que l'intérêt de sa famille. « Jamais, dit M. Bazin au sujet de ces lettres, dont les originaux existent, jamais homme réputé vertueux dans l'histoire n'a laissé un plus beau document à l'appui de sa renommée. » *Hist. de Mazarin*, t. IV, p. 424.

1. Ce qui ne fut pas longtemps à craindre, grâce à

eût un bon succès : ces deux choses n'arrivant point, cet Etat demeurera tranquille.

On a envie ici d'avoir querelle avec le pape[1], parce qu'on n'a eu nulle part en son élection[2], et parce qu'on craint qu'il commence le premier a ôter crédit au cardinal, lequel le pape n'estime point, et il traversera en tout ce qu'il pourra.

Pour la maison des Stuarts, en ce royaume, c'est peu de chose. Charles s'est retiré mal satisfait, car il étoit dans le dernier mépris[3]. Le duc d'York

---

l'alliance conclue bientôt après entre Mazarin et Cromwell. Em. de Bonnechose, *Hist. d'Angleterre*, t. III, p. 349. — Si Mazarin avoit pu vaincre les répugnances de Charles et lui faire épouser sa nièce Hortense Mancini, les affaires eussent pris une autre tournure ; mais les cinq millions qu'il offroit en dot ne parvinrent pas à dorer suffisamment la mésalliance. Charles refusa, et fut abandonné.

1. Fabio Chigi, élu pape, le 7 avril précédent, sous le nom d'Alexandre VII.

2. Non-seulement on n'avoit pas eu part à cette élection, mais on y avoit nui autant qu'on avoit pu : « L'opposition de la France à Chigi, dit Retz dans ses *Mémoires* (1719, in-12, t. III, p. 377), étoit encore plus publique et plus déclarée que celle des autres puissances. M. de Lionne, neveu de Servien, en parloit, à qui le vouloit entendre, comme d'un pédant, et il ne présumoit pas qu'on le pût seulement mettre sur les rangs. » Chigi ne laissa pas de l'emporter, et cela grâce surtout au parti dont le cardinal de Retz étoit l'âme, ce qui ne dut certainement pas contribuer à rendre Mazarin plus favorable au nouveau pape.

3. « Le prince de Galles, depuis Charles II, durant son

est dans les armées [1], comme vous savez, gagnant sa vie à la sueur de son corps. Il a désiré d'épouser mademoiselle de Longueville, qui l'aimoit [2]. Le père n'y a jamais voulu consentir, parce qu'il auroit fallu nourrir le duc d'York.

séjour en France, écoutoit bien moins les avis de ses plus sages conseillers Clarendon et Osmond, ou même les leçons de mathématiques, et sans doute de despotisme, que lui donnoit le philosophe Hobbes, que son caractère insouciant et son penchant pour les plaisirs. Ses dettes, ses folies, ses amours, se trouvent dans tous les documents de cette époque, depuis Tallemant, qui raconte ses aventures avec les bourgeoises de Paris, jusqu'à Mlle de Montpensier, qui, dans ses *Mémoires*, ne cherche pas à dissimuler le plaisir que lui causoit ce royal hommage. » Rathery, *Des relations sociales et intellectuelles entre la France et l'Angleterre*, 3e partie. (*Revue contemporaine*, 15 oct. 1855, p. 168.)

1. « Le duc d'York, qui revint plus tard en France sous le nom de Jacques et avec le titre de roi, mais de roi détrôné, ennoblissoit au moins son premier exil en faisant sous Turenne l'apprentissage de la guerre, comme il devoit ennoblir le second par son courage et sa résignation. » *Ibid.* — Le duc d'York, avec son parent, le célèbre prince Rupert, qui avoit grade de maréchal de camp dans les armées du roi, commandoit les troupes irlandaises, au nombre de 1372 hommes, formant 28 compagnies, qui avoient été incorporés dans l'armée de Turenne. *Mémoirs of prince Rupert*, 1849, in-8°, p. 321.

2. Marie d'Orléans, demoiselle de Longueville, née le 25 mars 1625. Elle épousa, en 1657, Henri de Savoie, duc de Nemours. Elle a écrit sur la Fronde des *Mémoires* qui ne vont pas, malheureusement, jusqu'à cette année 1655. Il eût été curieux de savoir si elle avoit aimé réellement le duc d'York.

Glocester devoit se faire d'Église pour avoir des bénéfices, afin de subsister [1]. Montaigu [2] gouvernoit tout ce négoce ; tout cela est déchu.

La reine d'Angleterre est toujours dans le couvent de Sainte-Marie de Chaillot [3] ; c'est une personne dont on ne parle plus dans les compagnies, comme si elle étoit morte. Elle ne parle pas mal du

---

1. Le duc de Glocester, né en 1640, et le dernier des fils de Charles Ier, dont, n'ayant que huit ans, il reçut les adieux suprêmes. Ce fut des trois frères le plus intelligent, le plus instruit et le plus sérieux. Il mourut le 3 sept. 1660.

2. « Parmi les plus connus en France des royalistes anglois qui se groupoient autour des princes exilés, il faut citer Montaigu, dont le nom se trouve mêlé à toutes les intrigues du temps, l'ami de Holland et de Buckingham, le chevalier passionné de Mme de Chevreuse, non moins dévoué à la reine de France qu'à celle d'Angleterre, qui devint dévot en vieillissant, et entra dans l'Église sous le nom d'abbé de Montaigu. » Rathery, *loc. cit.*, p. 169. V. à la page suivante.

3. Le couvent de la Visitation, qu'elle avoit fondé trois ans auparavant, et où elle revint mourir en 1669, étoit le séjour préféré de la veuve de Charles Ier. Elle n'étoit pas là beaucoup plus riche que pendant l'hiver de 1649, alors que le cardinal de Retz avoit été obligé de lui envoyer du bois (*Mémoires*, collect. Petitot, 2e série, t. 44, p. 320). Quand vint le jubilé dont nous avons parlé, elle ne put y assister d'une façon digne d'elle. « Mme de Launay disoit une fois, écrit Tallemant, que la reine d'Angleterre, faute d'une chaise honnête, n'avoit pas fait le jubilé en chaise. « Je pensay, ajouta-t-elle, lui « en faire faire une. » *Histor.*, édit. in-12, t. X, p. 131.

Protecteur. Il y a peu de jours que je lui ai ouï dire qu'en France nous n'avions pas une telle tête. Elle a auprès d'elle deux Anglais fort envenimés, qui, s'ils pouvoient, voudroient bien tramer quelque chose contre le Protecteur. Montaigu est toujours à Pontoise, à cinq lieues de Paris. C'est un petit fou qui s'est fait prêtre : il feroit bien du mal au Protecteur s'il pouvoit, mais il n'est jugé ici bon à rien. Il fait le bigot et grand catholique, mais il n'y croit rien du tout, mais cela lui sert à vivre.

Le Protecteur est ici fort estimé du peuple et des plus sensés.

Nos ministres d'Etat les plus signalés disent que le Protecteur n'a point fait de fautes en sa conduite, mais que nous en faisons tous les jours.

On ne croit pas qu'entre lui et nous il y ait jamais aucun bon et solide accomodement.

On tient que le Protecteur balancera toujours les affaires sans se déclarer ni pour ni contre nous.

On croit qu'il entretient le prince de Condé de vaines espérances, dont on ne verra nul effet.

M. le prince est aussi lassé des longueurs par lesquelles le Protecteur le mène depuis trois ans, sans avoir encore rien fait en sa faveur.

On ne croit pas que ce soit l'intérêt du Protecteur de rien entreprendre ouvertement contre la France.

On croit qu'il menacera toujours sans rien faire contre nous.

On croit pour certain que M. le prince s'accomodera avec le cardinal, et que M. le duc d'Enghien épousera une nièce que l'on garde ici pour cela, outre trois autres et un neveu qui viennent bientôt.

M. de Candale [1] et M. le grand-maître de la Meilleraye [2], qui devoient épouser des nièces, sont traités fort froidement, à cause qu'ils ont trop délibéré; et à la fin, il faudra qu'ils les demandent avec grande soumission, et peut-être qu'on ne les voudra plus donner, car elles sont toutes destinées pour les grands princes, dedans et dehors le royaume. »

11 juillet. — Je vous confirme ce que je vous ai dit à plusieurs fois : c'est qu'on ne peut pas faire naître les affaires, on ne peut que les découvrir.

S'il semble que pour quelque temps je ne serai pas fort utile, ayez un peu de patience; on verra les services que je pourrai rendre.

Je distinguerai les lettres que je vous écrirai en trois parties : l'une contiendra les nouvelles qui courent; l'autre, le jugement que je donnerai de l'état des choses; la troisième, qui sera en chiffre, portera les avis de conséquence, et cela une fois la semaine, et deux fois, si la matière le requiert.

Je vous ai mandé que Landrecies se prendra [3],

1. Louis-Charles Gaston, marquis de la Valette, duc de Candale, mort en 1658. V. sur lui une note de notre édition du *Roman bourgeois*, p. 73. — Il fut pour beaucoup dans la conclusion du mariage du prince de Conti avec une des nièces de Mazarin; mais quand il dut lui-même faire un mariage semblable, l'affaire échoua.

2. C'est son fils qui épousa Hortense Mancini et devint duc de Mazarin.

3. Cette ville fut prise, en effet, trois jours après, c'est-à-dire le 14 juillet 1655, par M. de Turenne.

que M. le prince ne fera que ravager la campagne ; je vous confirme tout cela.

Je vous ai mandé que le cardinal de Retz, avec le jubilé, donne de la peine ; mais cela ne réussira à rien et ne causera aucune altération publique ; je vous confirme tout cela.

Le peuple souffrira tout plutôt que le trouble.

Le cardinal est mieux affermi que jamais. Le roi est amoureux de sa nièce : les amours s'échauffent ; peut-être il l'épousera ; il n'y a rien de certain en cela.

Les Espagnols ne contentent point, ni le prince de Condé, qui en est fort las. Si cette campagne lui réussit comme les précédentes, il s'accommodera avec le cardinal s'il peut. Souvenez-vous bien de cela ; et que quand le prince s'accommodera, cela paraîtra tout d'un coup, et que le traité se fera en secret [1], dont cependant je pourrai avoir connaissance.

J'ai des nouvelles certaines que le maréchal de Grammont [2] a commencé une étroite correspondance avec M. le prince par ordre du cardinal.

Pour Rome, je vous confirme qu'on irrite le pape, et qu'on veut être mal avec lui, et que le cardinal voudroit être maltraité par le pape pour avoir occasion de lui renvoyer son chapeau de cardinal

---

1. Cette paix du cardinal et du prince ne se fit pourtant qu'avec celle des Pyrénées, en 1659, après bien des difficultés de la part de Mazarin.

2. Antoine, qui fut d'abord maréchal de Guiche, puis maréchal de Grammont.

qui lui seroit payé par l'épée de connétable, qu'il souhaite extrêmement [1].

Je vous ai mandé tout cela, je vous le confirme. Je vous prie, gardez bien cette lettre pour vous en bien souvenir, et la faites bien considérer.

Soyez assuré qu'il ne se passera rien de considérable de quoi vous ne soyez averti par moi. Moquez-vous de toutes les autres nouvelles qu'on vous mandera, et faites un fondement assuré sur ce que vous recevrez de moi.

Le sommaire de ce que je vous ai mandé revien

---

[1]. Nous ne connaissions pas cette singulière particularité, qui n'est pas toutefois invraisemblable, quand on se rappelle que Mazarin ne fut, à ce qu'on croit, jamais ordonné prêtre, et qu'il avoit commencé par être capitaine dans les troupes pontificales. Il n'auroit fait que revenir à son premier métier, en supprimant bien des grades intermédiaires, car il y a loin de capitaine à connétable. Il revint un peu plus tard à une ambition un peu plus raisonnable, quoique plus haute : « C'est, lisons-nous dans un des *Manuscrits Fontanieu*, une anecdote sçue de très peu de personnes, et qu'on ne trouve écrite nulle part, que le cardinal Mazarin, dans les derniers moments de sa vie, étoit sur le point d'être élu pape. La France, l'Espagne et l'État de Florence luy avoient donné leurs voix; et son élection, par ce moyen, estoit sûre. M. de Croissy, qui pour lors estoit ambassadeur à Rome, l'a dit à plusieurs de ses amis, et particulièrement à M. le cardinal Fleury, qui me l'a redit à moy-mesme. Il adjoutoit que la raison que D. Louis de Haro donnoit du consentement de l'Espagne étoit que le cardinal ayant été seul capable du projet et de l'exécution de la *Jurix-Universelle*, il étoit seul capable de la soutenir. »

à ceci. Si M. le prince a un grand avantage, et qu'on fasse quelque diversion, toutes choses sont ici portées à un grand changement; cela n'arrivant pas, on souffrira plutôt tout que de rien remuer.

On croit qu'après la prise de Landrecies le roi reviendra à Paris :

1º Afin que le peuple reçoive le jubilé par les grands vicaires nommés par le roi, et non par ceux du cardinal de Retz ;

2º Pour faire passer quelques édits pour avoir de l'argent[1] ;

3º Pour faire un changement aux monnaies, lesquelles le roi va mettre en petit volume, ce qui fâche fort le monde ; ce changement de monnaie marque ou mauvais ordre, ou nécessité, ou tous les deux ensemble.

16 *juillet*. — La lettre manque, voici cependant le *post-scriptum* :

Je vous ai écrit ce matin ce que j'avais à vous mander.

Depuis ma lettre écrite, j'ai avis assuré que le cardinal et le duc d'York ont eu depuis trois jours de grandes conférences, et qu'ils ont été jusques à trois heures ensemble, ce qui ne peut être sans très grand sujet.

Je suis assuré que le cardinal et le roi d'Ecosse ont commerce ensemble[2]. Je saurai ce que c'est, et je vous en donnerai avis.

1. Le correspondant est fort bien renseigné. Quelque temps après parut l'édit qui établit le papier timbré.
2. Le roi d'Écosse est Charles II. Ce commerce de

Je suis familier avec Montaigu, par lequel je saurai tout, car il sait le fond des intelligences.

On se prépare à faire un autre siège après qu'on aura établi les ordres à Landrecies.

Le cardinal est devenu libéral : il donne à tout le monde et de fort bonne grâce, et dit qu'il a épargné pour pouvoir avoir de quoi donner.

Sa puissance est tout à fait établie.

24 *juillet*. — L'envie que le pape avoit de s'entremettre pour la paix est fort ralentie ; il y a un mois qu'on n'en parle plus.

Ce pape est un homme que j'ai connu à Munster [1] ; c'est un personnage qui n'a nulle méchanceté, plein de bonnes intentions, mais léger d'esprit et changeant : il embrasse tout avec chaleur, puis il se relâche. Dès qu'il s'est vu pape, il a voulu tout réformer à Rome, faire la paix en la chrétienté, attaquer le Turc, bâtir des églises, corriger tout l'ordre ecclésiastique, jeûner, prier, faire aumônes : tout cela est bon, mais c'est trop à la fois, car il n'a point de santé. Il a été taillé deux fois de la pierre, et le pauvre homme ne se mesure pas selon ses

lettres entre le cardinal et Charles étoit sans doute relatif au mariage rêvé par l'un pour marier l'autre à sa nièce Hortense, non encore pourvue. Cette dernière tentative échoua, et, le 2 novembre de la même année, Bordeaux concluoit avec Cromwell, au nom de la France, un traité dont l'une des conditions étoit l'abandon complet des intérêts de Charles II.

1. Fabio Chigi, avant d'être pape, avoit en effet, comme nonce en Allemagne, pris part aux conférences de Munster.

forces; enfin, un sien confident lui a dit : « Père saint, voulez-vous durer longtemps? laissez le monde comme il est. »

Là dessus, le pape s'est résolu de n'entreprendre pas tant de besogne. Pour l'entremise de la paix, il n'en parle plus.

Le cardinal Mazarin le méprise tant qu'il peut, et quand la paix devroit se faire, ce ne sera pas par son moyen.

Il est passé par ici, depuis trois semaines, un moine jacobin qui a eu conférence avec le cardinal touchant la paix. C'est un père dominicain espagnol.

Pour l'accommodement de M. le prince, il est très assuré qu'il se traite quelque chose; mais il n'y a rien encore de bien avancé, et je n'en ai pas bonne espérance.

Assurez-vous sur moi que vous serez bien averti de toutes ces choses.

L'autorité, la faveur et le crédit du Cardinal sont au plus haut point : je ne vois rien qui le puisse choquer que le Protecteur; c'est pourquoi il est très certain que, ou tôt ou tard, le Protecteur lui jouera quelque mauvais tour [1].

Nous avons assiégé la Capelle, et faisons en

[1]. C'est bien ce que craignoit Mazarin; aussi fit-il le traité du 2 novembre, dont nous avons parlé tout à l'heure. Mazarin craignoit surtout une alliance de Cromwell avec les protestants de France, vers lesquels, en mai 1654, le Protecteur avoit envoyé le suisse Stoupe, ou bien encore une entente complète et efficace entre lui et Condé. C'est ce que celui-ci s'efforçoit de conclure depuis 1651, comme on le voit par les *Mémoires* de Lenet, mais sans obtenir

Flandre des progrès, car la terreur et la lâcheté a saisi le cœur des Espagnols. En Italie, nous attaquerons Pavie ou Crémone.

4 août. — Le roi est parti à la tête de trente mille hommes, et est entré en Flandres, et a dit à la reine [1] qu'elle n'auroit de ses nouvelles de quinze jours.

On parle diversement de son dessein : les uns croient qu'il veut prendre Condé [2] et le fortifier, et ruiner Maubeuge.

du Protecteur autre chose que des promesses illusoires. Barrière et Lenet, puis après celui-ci M. de Saint-Thomas, étoient les agents de Condé en Angleterre, et travailloient en même temps pour les habitants de Bordeaux, restés rebelles à Mazarin, et qui espéroient le rétablissement des relations commerciales entre leur ville et l'Angleterre. Cromwell promit tout et n'accorda rien. De cette manière, il ne s'engageoit pas, mais toutefois tenait en haleine l'inquiétude de Mazarin, qui, lui aussi, avoit ses affidés à Londres, et fut peu à peu, de crainte en crainte, amené à conclure le traité de novembre. Un de ses articles secrets qui fut exécuté tout des premiers, étoit que les agents de Condé et les délégués de Borderux seroient expulsés d'Angleterre. On peut lire sur toute cette affaire un article rempli de renseignements *inédits* dans la *Revue nouvelle*, 1ᵉʳ juillet 1846, p. 379-405. Cet article, signé P. G., doit être de M. Pierre Grimblot, qui avoit publié dans la même *Revue* (15 nov. 1845) un curieux travail : *Mazarin et Cromwell.*

1. A la reine-mère.

2. Le 18 du même mois cette place fut en effet emportée, et le 25 Saint-Guillain fut pris en présence du roi.

Les autres, qu'il entrera dans Valenciennes, où il y a un parti formé pour le recevoir [1].

Les autres, pour entrer bien avant dans le pays et obliger les villes à son obéissance.

En peu de jours on saura son dessein.

Je vous ai prié de me mander si vous croyez que je puisse être utile ici : sinon, j'irai en ma maison de campagne jusques au retour du roi à Paris. Mais si l'on veut que je demeure ici, faites-le-moi savoir.

---

1. Ce fut un faux espoir. Valenciennes fut en effet assiégé l'année suivante; mais Turenne dut abandonner l'entreprise à la suite d'un échec que Condé fit essuyer au maréchal de la Ferté, qui resta son prisonnier.

Lettre d'un Gentil-homme françois à dame Jacquette Clement, princesse boiteuse de la Ligue[1].

De Sainct Denis en France le 25 d'aoust

M.D.XC[2].

In-8.

Dame très curieuse de la charnelle union, il m'est tombé ce jourd'huy és mains une lettre qu'un badaut de Paris a presumé escrire au roy très-chrestien Henry 4 [3],

---

1. Cette pièce aussi curieuse que rare, et qui mériteroit de figurer dans les *Appendices* de la *Satire Ménippée*, est dirigée contre les chefs de la Ligue, et particulièrement contre la sœur de Guise, Catherine-Marie de Lorraine, veuve de Louis de Bourbon, duc de Montpensier. On sait la part qu'elle prit à l'assassinat de Henri III par Jacques Clément. Le nom de dame Jacquette Clément qu'on lui donne ici est une allusion directe à cette complicité. La duchesse

Dieu-Donné, aussi pleine d'imprudence et d'irreverence, comme la venimeuse instruction qu'il a receuë de vous et des autres predicans, traitres pseudoprophètes comme luy, le luy a permis et enseigné ; à laquelle je ne daignerois respondre ny repliquer, comme chose qui n'en merite pas la peine. Mais, sans m'arrester à ce chien grondant, simple organe de vos meschantes et mal-heureuses conceptions, j'ay trouvé plus expedient de m'addresser directement à vous, qui estes l'officine de tout ce qu'il a de mal fait en France, d'où sortent non seulement tous les libelles diffamatoires que l'on voit trotter par ce royaume, encontre Dieu et son roy bien-aymé, mais où ce forgent encores toutes les conspirations paricides, rebellions, assassinats, volleries, extorsions, trahisons, sacriléges, ravissemens, embrasemens et autres brutales inhumanitez dont la pauvre France est flagellée, specialement

étoit boiteuse, comme on le dit ici. V. la *Satire Ménippée*, 1740, in-8, t. I, p. 17.

2. Ce jour, 25 août 1590, le quartier général d'Henri IV étoit à Saint-Denis. Cette date et ce nom disent qu'il ne faut pas chercher ailleurs que dans le camp royal, et dans l'intimité même du roi, l'auteur de cette pièce antiligueuse.

3. Nous ne savons de quel pamphlet l'auteur parle ici. Il étoit, sans nul doute, du même genre que ceux dont l'Estoille (V. son *Journal*, édit. Champollion, t. II, p. 3) donne la liste, et qui paroissoient « imprimés avec privilége de la Sainte-Union, signé Senault, reveus et approuvés par les docteurs en théologie...... Tous discours de vauneant et faquins, esgout de la lie d'un peuple ».

depuis trois ans, et me semble que vous addresser, et non à autre, ceste replique, c'est à son point la chose approprier. Ce pauvre escorcheur d'ames me fait pitié en ses forceneries, la lecture desquelles me fait croire de deux choses l'une, ou qu'il est halené du vent de vostre chemise (comme sont plusieurs autres), ou empoisonné de vos sorcelleries, ou pour dire mieux de tous les deux ensemble; ce qui n'est pas inconvenient, car vostre chair est la viande plus commune qui soit aujourd'huy dans Paris, comme il nous fait entendre là où il dit que, malgré les dragons du roy, la bonne chair s'y trouve à qui y veut employer l'argent, ce qui ne doit estre entendu d'autre chair que de la vostre, veu que les chairs de cheval et d'asne (qui sont vos viandes ordinaires) ne peuvent passer pour bonne chair : aussi que de long temps vous sçavez comment il la faut debiter, suivant la doctrine de don Bernardin de Mandosse [1] :

A los Moros por dineros,
A los Christianos de gracia.

La sorcellerie puis après, qui est le principal de vos artifices [2], est si commune en votre pays, que

[1]. Don Bernardino de Mendoza, ambassadeur de Philippe II à Paris.
[2]. Allusion aux pratiques de magie tentées par les ligueurs contre Henri III, et dont il est parlé dans le *Journal* de l'Estoille, en plusieurs endroits, et dans le curieux traité, *La Fatalité de Saint-Cloud près Paris*, 1672, in-8. art. 8. On faisoit, par exemple, une image du roi en cire,

ceux qui y ont voyagé rapportent que de lieu en lieu, et de village en village, se trouvent des poteaux et pilliers où l'on brusle des sorciers, et disent les bonnes gens des champs que, quelque justice que l'on en puisse faire, il n'est possible toutes fois d'en nettoyer le pays, tant ceste malediction a pris racine en vostre contrée; voilà pourquoy on ne doit trouver estrange si, estant sortie d'un tel nid, vous avez peu si aysement ensorceler le menu peuple françois, assez credule de nature, et sur qui aviez gaigné, vous et les vostres, telle creance par votre hipocrite douceur et parler emmiellé :

Che lor pottevi far, con tue parole,
Creder che fosse oscuro et freddo il sole.

Voulez-vous plus grands signes de sorcellerie que de voir les François (qui entre toutes les nations du monde ont emporté le renom d'estre fidèles à leurs roys) estre par vous induits à s'eslever contre le feu roy? le chasser honteusement de sa ville capitale? blasphemer contre luy? le charger d'opprobres et d'injures? composer libelles diffamatoires contre Sa Majesté, les imprimer avec privilége? et vendre publiquement, sans punition ny reprehension quelconque? luy denier l'entrée de ses villes, les tailles, le tribut, et tous les droits que Dieu a

---

qu'on plaçoit sur l'autel. Après avoir dit devant l'office des Quarante heures, on la piquoit à l'endroit du cœur, « disant quelques paroles de magie pour essayer à faire mourir le roy ».

ordonnez à son oingt, pour les donner à un rebelle estranger? Est-ce pas vraye sorcellerie, après l'avoir taxé d'estre huguenot, de l'avoir aussi persuadé au peuple, luy qui a gaigné deux grandes batailles contre les huguenots [1], y ayant exposé sa propre vie au danger; qui a persécuté les huguenots tant qu'il a vescu, et les a hays jusques à la mort, quoy que vostre felonnie l'ay contraint de se jetter entre leurs bras, au moins entre les bras de son frère, le roy qui est à present, pour eslire (comme dit le philosophe) de deux maux le moindre; luy, dis-je, qui estoit le plus catholique et religieux roy qui jamais ayt resté en France. Je ne veux prendre icy sa cause en main pour le deffendre de ce qu'on luy pourroit imputer touchant le gouvernement de son Estat, comme aussi ne voudrois-je estre si presomptueux que le blamer ou taxer, laissant la definition de ceste cause à Dieu, à qui seul appartient, et non à autre, la cognoissance et jugement des actions d'un roy, ou bonnes ou mauvaises qu'elles puissent estre; mais seulement, pour le fait de sa religion, je dis et diray tant que je vive que la France n'a jamais eu roy plus catholique et religieux que celui dont nous traittons maintenant, ny plus severe observateur des statuts de nostre mère saincte Eglise : les gens de bien qui l'ont cognu en rendront fidelle tesmoignage. Cependant vos langues l'ont ainsi persuadé au peuple, et incité un jeune moine (deshonneur de l'ordre S. Dominique) de le tuër proditoirement,

---

[1]. Les victoires de Jarnac et de Moncontour, gagnées en effet par Henri III, alors duc d'Anjou.

soubs une feinte santimonie, tandis que le bon roy l'accueilloit benignement et luy disoit : *Amice, ad quid venisti?* Helas! s'il eust esté heretique, eust il admis un moyne en son cabinet [1] à heure indue, à heure que mesmes messeigneurs les princes ny entroient pas [2], à heure qu'il s'estoit speciallement reservée pour demander à Dieu pardon de ses fautes, et luy rendre graces des biens qu'il avoit receus et recevoit journellement de sa saincte bonté [3]; à la mienne volonté que quelque ange se fut interposé à la fureur des bons François qui, premiers appercevans ce piteux spectacle, et poussez d'un juste courroux, firent carnage de ce parricide infame; qu'ils se fussent contentez de le prendre en vie, affin de luy faire recevoir le supplice esgal à son demerite. La belle histoire que nous eussions euë par son procès, quant il auroit declaré que s'amye Jacquette l'avoit induit à commettre cest assassinat [4];

1. C'est même, suivant l'Estoille, la crainte qu'on ne dît qu'il chassoit les moines qui lui fit recevoir Jacques Clément en toute hâte.

2. C'est à huit heures du matin que Jacques Clément fut introduit près du roi.

3. Henri III n'étoit pas en prière quand il ordonna qu'on introduisît le moine, mais « sur sa chaise percée, ayant une robe de chambre sur ses épaules ». Lorsque Jacques Clément entra, il ne faisoit que se lever de la chaise « et n'avoit encore ses chausses attachées ». *Journal* de l'Estoïlle, 1er août 1589.

4. Malheureusement, comme on sait, il fut tué sur le champ, avant d'avoir pu rien avouer. Sa nièce Jacquette, la duchesse de Montpensier, avoüa pour lui. « Dieu, que vous me faites aise, dit-elle quand elle eut appris le

quel plaisir à luy ouyr verbalement reciter les artifices, ruses, desguisemens, amorces, menées et stratagèmes par lesquelles vous mistes peine à le rendre amoureux de vous ; puis après, par quels regards lascifs, quelles mines de visage, contenances et gestes du corps, mignardises de paroles et attouchemens deshonnestes, vous vintes à bout de luy prostituer vostre pretenduë pudicité, soubs promesse toutes fois qu'il executeroit ce beau chef d'œuvre [1] ; et finalement, declarer le vil prix et chetif salaire qu'il avoit receu pour commettre un meschef si execrable : ha ! qu'il auroit bien detesté la cherté d'un si brief plaisir acheté par la jacture [2] et de son corps et de son ame. Je croy fermement que avant mourir il auroit fait quelque grande execration contre vos sortilèges bien autres que la demonomanie de Bodin, un mien amy, est après à faire un petit livret de meditations sur le mistere de la saincte union de Jacques Clement avecques vous, dame Jacquette, sa bonne partie, qui sera chose, à ce qu'il dit, fort rare et singulière à voir : car les

crime, et en distribuant aux siens des écharpes vertes. Je ne suis marrie que d'une chose, c'est qu'il n'ait su, avant de mourir, que c'est moy qui l'ay fait faire. » *Journal de l'Estoille*, mercredi 2 août 1589.

1. Il est question dans plusieurs écrits du temps des complaisances de la duchesse pour le futur assassin. V. de Thou, t. IV, p. 496. La *Ménippée* le dit à mots couverts, mais transparents. « Pour l'encourager, y dit-on à Mayenne, vous luy promîtes évêchés, abbayes et monts et merveilles, et laissâtes faire le reste à madame vostre sœur. »

2. *Jactura*, perte.

figures de l'Aretin n'y seront pour rien contées, tant vostre bel esprit est subtil en telles inventions ; je vous asseure que je seray soigneux de le faire mettre en lumière pour l'amour de vous, affin que les loüanges d'une si vertueuse dame ne demeurent ensevelies en la fosse d'oubliance. Mais pour ne point interrompre le fil de nostre discours encommencé, je diray que, sans point de faute, voyla le plus grand de vos charmes et la plus grande de vos sorcelleries. L'autre qui vient après n'est pas moindre que la première, d'avoir persuadé au peuple qu'il soit non seulement licite, mais expedient et bonne œuvre d'assassiner un roy très-chrestien, et que le parricide soit par vous canonizé et mis au rang des saincts et glorieux martyrs ; que lon luy dresse des statuës sur les autels sacrez, que lon luy porte des chandelles et offrandes, et que lon l'invoque pour interceder pour ceux qui portent tiltre de chrestiens. Si telles impietez paganiques doivent avoir lieu parmi nous, je diray librement ce que disoit Juvenal[1] en son *Hercule furieux* :

Scelere perfecto, licet
Admittat illas genitor in cœlum manus.

Vous ne trouverez estrange (reverendissime dame Jacquette) si, escrivant à une femme, je me dispence de parler latin : les moynes et predicans à qui vous avez affaire tous les jours vous mettent si souvent la

1. L'auteur veut dire Sénèque, de qui l'on a en effet une tragédie d'*Hercules furens*.

langue latine en bouche, que vous la devez avoir aussi familière comme la maternelle; or, tout ce que j'ay raconté ne sont que petits peccadilles, pechez veniels parmy vous autres; vos predicans vous absolvent de tout cela, et, comme dit l'evesque de Lyon [1] en la *Confession de la foy*, le merite d'estre ligueur est plus grand que ne sont grandes toutes les offences que le ligueur pourroit commettre [2]. Voylà une belle confession de foy, et vrayment digne d'un tel prelat. S'il n'a point d'autre hostie pour expier l'offence de son double inceste [3], je parie la perte de son ame; mais que dis-je, son ame? les ligueurs ne croyent aucune ame qui puisse recevoir ou peine ou salaire en la vie future, laquelle aussi ils ne croyent point; et plus je m'estudie à rechercher le sommaire de leur creance, et moins j'y attains. Je pense bien qu'ils croyent Dieu; aussi font les diables. Ils le croyent et en ont terreur; mais de

---

1. Pierre d'Espignac, archevêque, et non évêque de Lyon, dont on se moque à tant de reprises dans la *Ménippée*.

2. Ce sont, en effet, les doctrines dont il fit profession en maintes circonstances, notamment à la célèbre conférence de Surêne. V. cette *Conférence*, 1593, in-8°, p. 83.

3. Pierre d'Espignac avoit deux sœurs, de chacune desquelles il avoit un neveu; l'un qui se nommoit Edme de Malain, baron de Luz, et l'autre Chaseuil. De Thou, t. V, liv. 108, p. 414. — C'est au premier de ces deux fils incestueux que l'archevêque de Lyon dut de ne pas partager à Blois le sort du cardinal de Guise. Henri III, qui aimoit beaucoup le baron de Luz, lui accorda la vie de P. d'Espignac. De Thou, t. IV, liv. 93, p. 378.

croire en Dieu, ils n'y croyent non plus que les dia-
bles. Ils sont d'ailleurs empeschez : l'ambition intolerable, l'insatiable avarice, l'appetit desordonné
de commander, de devenir grand en peu d'heure,
d'accomplir leurs cupiditez deshonnestes, et autres
choses monstrueuses, en excuse leurs esprits et en
destourne leur entendement. Dès le temps de la primitive Eglise, la chrestienté a esté infectée de diverses erreurs, heresies et sectes; mais de toutes
icelles la plus pernicieuse, à mon advis, est ceste
dernière de la Ligue, comme celle qui combat directement contre Dieu, contre sa parole et contre sa
volonté, pour exterminer les roys, les princes et la
noblesse; et, soubs ombre et pretexte de religion
d'affranchir ou soulager le peuple, tasche à ruyner
de fonds en comble la monarchie, depuis le plus
grand jusques au plus petit. S. Paul vous commande il pas, et S. Pierre tout de mesme, d'obeyr
à vos princes quand or ils seroient meschans et heretiques? Pourquoy donc rejectez vous ce commandement, et, tournant la truye au foing (comme lon
dit[1]), y apportez vous des gloses et constructions
d'Orleans[2]? Dieu vous commande de rendre à Cæ-

1. C'est prendre le contrepied des choses, comme l'on
feroit si, détournant la truie du gland qu'elle veut manger, on la forçoit de se repaître de foin. V. *Ancien théâtre*,
t. V, p. 240; VII, p. 141; IX, p. 86. « Ce n'est pas de cela
dont j'ai à vous parler, dit un personnage du *Pédant
joué* (acte II, sc. 9); mais à quoi diable vous sert de
tourner ainsi la truie au foin? »
2. On connaît l'ancien proverbe : « C'est la glose d'Orléans, elle est plus difficile que le texte. »

sar ce qui est à Cæsar : pourquoy donc luy refusez vous, vous, le service, l'obeissance, le tribut et les droits que vous lui devez? Vous me direz (dame Jacquette) que Nostre Seigneur adjouste incontinent après : Et à Dieu ce qui appartient à Dieu. C'est parler en theologien. Qui vous y met empeschement? En quel lieu est-ce que le roy empesche l'exercice de notre religion catholique, apostolique et romaine, de ceux qui sont en son obeissance depuis son advenement à la couronne? Où voit-on les gens d'eglise oppressez ou persecutez? Où voit-on les eglises violées, ou le service divin empesché? A la prinse des faux-bourgs de Paris, à la Toussaincts derniere[1], quel mauvais acte avez vous recognu contre les ecclesiastiques ou contre les eglises; demandez en aux prestres qui y celebrèrent messe par tout le jour des Morts? Mais quel besoin est-il de specifier les lieux? Tant de villes que Sa Majesté a reduictes à son obeissance servent de miroir et en rendent tesmoignage, mesmes des gens d'eglise qui sont entretenus journellement auprès du roy, honorés et reverez par Sa Majesté, trop plus qu'ils ne sont de vous autres, sectateurs de Judas Iscariot, qui edifiez les temples des prophètes semblables à ceux qui les ont occis. Qu'ainsi ne soit, voyons les deportemens de ceux de vostre secte : nous trouverons les eglises pillées, les faux bourgs de Tours, et villainement

---

1. « Le mercredi premier jour de novembre (1589), dit l'Estoille, à la faveur d'un brouillard qui se leva comme par miracle, incontinent après la prière faite dans le Pré aux Clercs à six heures du matin, le roy surprit les faubourgs... »

poluées de paillardise jusques derrière le grand autel[1] ; les eglises bruslées aux faux bourgs de Chasteaudun, et le Sainct Sacrement (chose horrible à penser) consommé par feu ; à Quinsy, près Meaux, l'eglise bruslée, et plus de soixante petits enfants bruslez dans le berceau ; à Montereau-faut-Yonne, à Charlotte-la-Gand, les eglises pillées et desnuées d'ornemens, calices, croix, reliquaires, et, comme disoit le poëte ferrarois[2] :

Gittato in terra Christo in Sacramento
Per torgli in tabernacolo d'argento.

Que diray-je de Sainct Denys en France, où vous avez ruyné deux eglises qui estoient proches du rampart ; desrobé et enlevé le tresor de la grande eglise, que l'ancienne liberalité des roys de France y avoit amassé[3] ; et de mesme dit-on que vous

1. Il s'agit des horribles scènes qui eurent lieu lors de la surprise des faubourgs de Tours en 1589 par les troupes de Mayenne. Henri III y courut grand danger d'être pris, et l'eût même été sans l'avis que lui donna un meunier qui pourtant ne le connoissoit pas.
2. Le Tasse.
3. Ces pillages à Saint-Denis furent commis en septembre 1589 par quelques compagnies albanaises et autres troupes que commandoient Rosne et La Bourdaisière, et qui avoient commencé par mettre à sac tout le pays d'alentour : Montmorency, Deuil, Choisy, Andilly, Montlignon, etc. « A Sainct-Denis, dit P. Fayet, pillèrent l'église du dict lieu et en firent une estable à chevaulx, tellement que l'on demeura longtemps sans y célébrer ne dire aulcune messe ; ils gastèrent aussi la sé-

avez faict des reliquaires de Paris, pour convertir l'or et l'argent à vostre usage. Que diray-je d'autres eglises infinies en ce royaume, où vos satellites n'ont fait conscience de mettre le feu pour quelque interest particulier, sans aucun respect ny reverence du Sainct Sacrement qui estoit conservé en icelles ? En quoy vous vous monstrez plus cruels et barbares envers celuy dont vous usurpez fausement le tiltre et vous couvrez indignement de son nom, que n'ont fait les juifs qui le crucifièrent : car ceux là comme ennemis le mirent à mort, et vous autres, zuingliens sacramentaires (comme Judas en le baisant, c'est-à-dire en vous disant ses amis), l'avez mis au feu. Quelles excuses, quelles deffences alleguerez-vous contre ceste vérité ? Certes aucune, sinon que vous n'y croyez point. Qui voudroit raconter les extorsions et violences faictes par vos partisans aux gens d'eglise, ce ne seroit jamais faict; qui pourra aller par la France en orra les clameurs qui montent jusques aux cieux. Par là appert que vostre saincte religion n'est autre chose qu'un appetit desordonné d'en avoir, et de dominer soit à droit, soit à tort. O le beau et precieux pretexte ! Certes, tous ceux qui desirent de nouveauté ont voulu brouiller un Estat, et qui pour ce faire ont cherché quelque honneste couverture n'en trouveront jamais qui plus chatouille les aureilles des auditeurs que ceste-cy, et specialement du menu peuple. Voilà une belle

pulture de monsieur et madame la Conestable, qui estoit une des belles et riches de France. » *Journal historique* de P. Fayet, 1852, in-12, p. 75.

religion de conspirer contre les roys, contre les princes, contre la noblesse, contre l'Eglise, contre la justice ; de pervertir les anciennes loix et statuts d'un royaume, et bouleverser tout s'en dessus dessoubs, à la confusion et ruyne des trois Estats, afin de chasser les enfans et heritiers de la maison pour y introduire et subroger des estrangers et mercenaires ; ou, ne pouvant attaindre à ce but, changer à tout le moins la plus belle, la plus ancienne et la plus florissante monarchie de la chrestienté en un Estat democratic et populaire. Voylà une plaisante secte d'union composée de quelques princes estrangers, poussez d'une ambition sinon loüable, aucunement probable, d'autant que, *si violandum est jus, regnandi causa violandum est*; composée de quelques marrans [1], de quelques saffraniers [2], de quelques meschans garnemens, que la rigueur des loix y a jectez, ou le desespoir et la crainte du supplice les y retient ; gens que le bourreau court à force ; composée de quelques moynes affriandez à la chair que vous vendez à Paris, et de toutes sortes de vauncans et de la lye du peuple ; voylà, dis-je,

1. Ou *marranes*, nom injurieux donné aux juifs renégats, et par suite aux Espagnols, dont beaucoup passoient pour entachés clandestinement de judaïsme. Dans le dictionnaire françois-espagnol d'Oudin, *Maranno* s'entend pour *chrétien de race juive*.

2. Se prenoit pour *banqueroutier*, parce qu'il étoit d'usage de peindre de jaune leurs maisons, comme celle des traîtres. « Me voilà, dit quelqu'un de la *Comédie de proverbes*, me voilà réduit au bâton blanc et au saffran, le grand chemin de l'hospital. » *Anc. Théâtre*, t. IX, p. 25.

une belle et plaisante secte, pour s'opposer et contredire à tous les princes, grands seigneurs et officiers de la couronne de France, et generallement à toute la noblesse, qui tous sont unis à l'obeissance et service du roy tres chrestien; et ceux qu'en premier lieu je devois avoir nommez, messeigneurs les cardinaux, prelats et gens d'eglise qui servent ordinairement Sa Majesté de leurs prières ferventes et assiduës, les sacrifices et oraisons desquels sont si aggreables à Dieu, que le jour mesme, et à la mesme heure qu'ils faisoient la procession à Tours pour la santé, conversion et prosperité du roy, Sa Majesté gaigna la bataille à Sainct André [1], à la confusion et totale ruyne de vostre secte. Où est donc maintenant le Dieu que vous voulez opposer au nostre? de quoy pourront servir toutes vos prophanations et sortileges contre les devotions, vœux et prières des gens de bien? Nos Dieux ne sont point d'accord (ce dites vous) : ils n'ont garde de s'accorder, car nous n'avons qu'un seul Dieu, qui est celuy qui vous livra à la fureur de nostre glaive à Senlis [2], à la deffaitte de Saveuse et Falandre [3],

---

1. C'est la bataille d'Ivry, gagnée par Henri IV le 14 mars 1590, et nommée d'abord de Saint-André, parce qu'elle fut livrée entre ce bourg et celui d'Ivry, à quelques lieues d'Evreux.

2. Le 27 mai 1589, le duc de Longueville, La Noue, Givry et autres, avoient dégagé Senlis, où Thoré tenoit pour le roi et qu'assiégeoint les ligueurs. Ceux-ci, commandés par d'Aumale et Maineville, avoient été complétement défaits.

3. L'Estoille dit Saveuses et Forceville. C'étoient deux gentilshommes ligueurs de la Picardie, que Chastillon

à la bataille qui se donna en Auvergne le mesme jour que le roy vous chastia si bien à S. André[1]; c'est luy qui vous a fait tourner le dos en toutes les rencontres qui se sont faites, et qui vous a fait perdre, depuis l'advenement du roy à la couronne, tout ce que vous aviez enrichy en Anjou, en Touraine, au Mayne, en Normandie, en l'Isle de France, et generalement par tout où Sa Majesté a tourné la teste de son armée. C'est luy mesme qui vous a fait faire un caresme en juillet[2], et qui vous fera porter la penitence de vos vieux pechez, si bien tost vous ne venez à la recognoissance de vos fautes, et à implorer la misericorde du roy, qui (comme il est la vraye image de Dieu en terre) aussi sa clemence et misericorde est plus grande mille fois que n'est la multitude de vos iniquités. Nonobstant toutes ces

avoit battus près de Bonneval, le 11 mai 1589. Saveuses, blessé et pris, avoit été conduit à Beaugency, où il mourut « sans vouloir demander pardon à Dieu, ni reconnoistre le roi ».

1. Le jour même de la bataille d'Ivry, en effet, c'est-à-dire le 14 mars 1589, Curton et d'Effiat avoient dégagé Issoire qu'assiégeoit le comte de Randan, et avoient ainsi obligé à capituler les ligueurs qui tenoient la citadelle.

2. En juillet 1590, la famine commença à être extrême dans Paris assiégé. « La plus grande partie du peuple, dit l'Estoille, à la date du 22, commença lors à manger du pain d'avoine et de son, ce qui se pratiquoit aux meilleures maisons de Paris, qui ne donnoient par jour à leurs gens que demie-livre de ce pain. La chair de cheval étoit si chère que les petits n'en pouvoient avoir, et qu'ils étoient contraints de chasser aux chiens, et de manger des herbes crues sans pain. »

choses, vostre predicant brave et dit que les forces qui sont dans Paris, tant estrangères que de la ville, sont suffisantes, soubs la conduite du duc de Nemours [1], pour rembarrer et mettre en desarroy toute l'armée royale : ces choses luy sont autant aysées à dire comme elles sont mal-aisées non seulement à executer, mais à croire, à ceux qui sçavent mieux faire que de crailler dans une chaire, mesmes après tant d'experiences que nous avons veuës de ce peuple, qui le nous ont faict cognoistre tel que le descrit l'Arioste, disant :

Queste non dirò squadre, non dirò falange,
Ma turba e popolazzo voglio dire
Prima che nasca degno di morire.

Et ne faut que vous mettiez en peine de nous persuader, à nous qui, assistez du Sainct Esprit, ne pouvons estre deceus par vos fausses illusions, que vous prenez toutes les incommoditez en patience en louant Dieu, duquel vous attendez secours en bref, car nous tenons pour maxime très certaine que

L'honneur que les vicieux
Font aux Dieux,
A Leurs Majestez n'agrée.

Quoi! vous qui avez encor les mains sanglantes du parricide du feu roy (heureuse et pitoyable me-

---

1. Charles-Emmanuel de Savoie, duc de Nemours, fils de Jacques de Savoie et d'Anne d'Este, veuve de François de Guise. Il étoit par conséquent frère utérin du duc de Guise.

moire), le sang duquel criera vengeance devant
Dieu, sur vous, sur vos enfans et nepveux, jusques
au jour du jugement, de tant de gens de bien par
vous massacrez, noyez, rançonnez, pillez et exilez;
qui n'avez pardonné à sexe, aage ou qualité; qui
avez pollu les temples de Dieu en toutes sortes,
jusques à introduire en iceux les idoles de Jacques
Clement[1], et autres de pareille farine[2], leur deferant les honneurs qui sont deuz à un seul Dieu, luy
offrirez maintenant de l'ancens, des chandelles, des
veuz, des sacrifices, et le demeurant de vos faux
dieux luy sera aggreable holocauste? Vous vous
trompez (dame Jacquette) si le pensez : il faut premierement expier ce parricide; que les principaux
autheurs, conspirateurs et conseillers d'un tel meschef reçoyvent la punition du dernier supplice
qu'ils ont demeritée; les autres moins criminaux,
consentens, coadherans, et qui ont favorisé le party
(pour ce qu'il n'est expedient que tout le peuple
meure), aillent en abits nuptiaux, les pieds nuds, la
corde au col, une torche au poing, jusques à Compiegne[3], reprendre le corps du roy defunct pour

1. Le jeudi 1er août 1591, on fit solennellement aux
Jacobins « le service de frère Clément ». V. l'Estoille, à
cette date. — On voulut faire encore plus. Quelqu'un de
la Ligue parla d'élever son effigie sur un pilier de marbre dans l'église Notre-Dame. *Mémoires du duc de Nevers*,
in-fol., t. II, p. 453.

2. Ces autres idoles sont les Guises : « à Tholoze, lit-
on dans le *Scaligerana*, ils ont fait des statues de M. de
Guise, les mettoient aux portes des temples, et les adoroient et les faisoient pleurer, etc. »

3. Henri IV l'y avoit fait transporter le 8 août 1589,

le conduire à Notre Dame de Paris, et luy rendre là
le dernier service accoustumé aux roys de France,
pour depuis estre porté et rendu à Sainct Denis, le
peuple criant misericorde; et après que le peuple
aura accomply les penitences qui luy seront en-
jointes, qu'il aura renoncé à toute heresie, secte,
ligue et union contraire à Dieu et au roy, et qu'il
sera retourné au giron de l'Eglise par la confession
de ses fautes et par la communion du vray corps
de Nostre Seigneur Jesus-Christ, qui luy sera ad-
ministré par les vrais prestres et curez, non par les
predicans de Belial; à ceste heure là (dis-je), je
croiray que Dieu, ayant destourné son ire et ouvert les yeux de sa misericorde sur vous, recevra
vos prières et oraisons, et non plus tot; que si le
nom de François, dont vous vous monstrez indignes
et decheus (comme Luciabel après s'estre eslevé
contre Dieu), vous est si odieux, que vous aymiez
mieux faire élection du plus veillacque Espagnol
qui se trouve, que du meilleur huguenot qui soit
en France. Je suis d'advis que, comme juifs ou bohémiens, ou plus tost comme vrais ligueurs, vous
alliez, vagabonds par le monde, chercher nouvelles
habitations en Canada, avecque don Bernardin de
Mandosse et le cardinal Dammi la Dolce, portans
chacun une escharpe my-partie de rouge et de noir,
pour marque de vostre cruauté et félonie, et que
vous emportiez avec vous les simulacres de vos
nouveaux Mahommet et Hala : car quant à leurs

et l'y avoit laissé en dépôt à l'abbaye de Sainte-Cor-
nille.

charongnes et cendres, elles vous seroient trop mal-
aisées à recouvrir ; là ils vous feront de nouveaux
miracles et vous donneront de leurs benedictions
accoutumées, favorisant vos entreprises par cy après
comme par cy devant ils ont fait. Si vous pouvez
emmener avecques vous vos predicans frere Ber-
nard [1], Rose [2], Panigarole [3], Ginestre [4], Boucher [5],
et autres pseudoprophètes, avecques vostre grand
sacrificateur l'evesque naguères de Lyon, ce seroit
un grand bien pour vous et pour nous ; mais il ne
faudroit pas laisser en arrière la Junon de vostre
chancelier [6], ny la fille du president de Neuilly, tant
aymée de ses deux pères temporel et spirituel [7] ;

1. Bernard de Montgaillard, dit le *Petit-Feuillant*. C'est
à Saint-Severin qu'il prêchoit le plus souvent.
2. Le docteur Roze, évêque de Senlis, grand maître du
collége de Navarre, l'un des prédicants ligueurs les plus
forcenés.
3. François Panigarolle, cordelier, évêque d'Ast, qui
tout jeune étoit venu en France sous Charles IX, pour
prêcher le massacre, et y étoit revenu plus tard pour
prêcher la rebellion.
4. Jean Guincestre ou Lincestre, curé de Saint-Gervais,
et l'un des plus fougueux ligueurs de Paris.
5. Jean Boucher, docteur de Sorbonne, curé de Saint-
Benoît.
6. Louis de Brézé, évêque de Meaux, étoit chancelier
de l'Union. Qui étoit sa Junon ? Je ne sais.
7. Etienne de Neuilly, premier président de la cour des
Aydes, fait prévôt des marchands en 1512 par Henri III,
ce qui ne l'empêcha pas de se jeter à corps perdu dans
la Ligue, avoit une fille d'une grande beauté. Roze, l'é-
vêque de Senlis, la séduisit et en eut un enfant. On le-

toutefois, j'espère en la justice de Dieu, que le maistre des hautes œuvres leur abregera la longueur du chemin; suivant cest advis, vous serez exempts d'estre ou de plus vous dire François, ny d'obeyr à un roy françois et très chretien, noms qui tant vous sont odieux, et vous asseure davantage que, comme la France ne lairra d'estre France ni le roy d'estre roy pour vostre absence, il n'y aura aucun bon catholique qui meine grand dueil de vostre departie, et qui n'aime trop mieux (comme bons chrestiens) prier Dieu pour vostre conversion et reduction au giron de l'Eglise catholique, apostolique et romaine, lorsque serez absens, que de vous voir, nouveaux Attiles, flageller l'Eglise de Dieu et ce royaume, qui seroit trop heureux

Si littora tantum
Numquam Lotarenœ tetigissent nostra carinœ.

fait s'en accuser ainsi dans la Confession générale des chefs de l'Union :

>Sous feinte hypocrisie ai caché l'adultère
>De l'enfant que j'ai fait à la belle Neuilly
>Lorsqu'en la confessant, son premier fruit cueilly...

Au Duc des Moynes.

SONNET.

P. L. D. B.

Traistre, sorcier, lorrain, parricide execrable,
Rebelle, ambitieux, bastard, marranizé,
Hypocrite, pippeur, empatenostrizé,
Sans Dieu, sans loy, sans foy, atheiste damnable,

Ne verray-je jamais ton ame insatiable
Saoulle de flageller le peuple baptisé,
Ou le feu que tu as par la France attizé
Consommer avec toy ta race detestable?

Ingrat de Dieu maudit, imitant le vipère,
Tu as rongé le ventre à la France ta mère,
Et meurdry ses enfans, mesme dans le berceau.

Le sang qu'as espandu devant Dieu cry' vengeance;
Dieu te fera mourir par la main d'un bourreau,
Qui de ton bras tyran delivrera la France.

FIN.

L'Umbre du Mignon de fortune, avec l'Enfer des ambitieux mondains, sur les dernières conspirations, où est traicté de la cheute de l'Hôte[1].

Dédié au Roy par J. D. Laffemas, sieur de Humont[2].

A Paris, chez Pierre Pautonnier, imprimeur du Roy. 1604.

Avec permission.

Au sieur de Laffemas sur son traicté.

sprits quy recherchez le moyen de bien vivre,
Et de vous gouverner à la cour sagement,

1. L'Estoille l'appelle Loste. Il étoit commis principal du secrétaire d'Etat Villeroy, et son filleul. Les intelligences qu'il avoit avec les gens du roi d'Espagne, auxquels il vendoit tous les secrets d'Henri IV, et donnoit même les copies de ses lettres au roi d'Angleterre, au comte Mau-

Venez veoir Laffemas, quy donne par son livre
Aux cupides d'honneur un bon enseignement.

Ph. D. B.

rice, etc., ayant été découvertes, il se sauva vers Meaux, et
fut trouvé mort dans la Seine, près de la Ferté, soit qu'il
y fût tombé par hasard, soit qu'il s'y fût précipité de désespoir, soit plutôt, comme on le pensa généralement, qu'il
y eût été jeté par quelque complice intéressé à sa disparition.

Raphin, autrefois un des seize, réfugié en Espagne
« pour la Ligue », l'avoit décelé à l'ambassadeur de France
dans l'espoir que ce service lui mériteroit « de rentrer en
la grâce de son prince »; et l'ambassadeur en avoit donné
avis au roi. *Journal* de l'Estoille, 24 avril 1604 (édit. Michaud, t. II, p. 367).

2. C'est le fameux Isaac de Laffemas, fils de Barthélemy
de Laffemas, dont nous avons longuement parlé, t. VII,
p. 303-306. Il ne faisoit alors que sortir des études, et
s'amusoit aux vers, comme c'étoit l'usage. Tallemant dit
qu'il avoit de l'esprit. « Il a fait, ajoute-t-il, plusieurs
épigrammes. Il n'y en a guère de bonnes que les premières. » Il ne parle pas de cette pièce, qui est fort rare, et
de son bon temps, qui fut court. Il devint avocat, puis
secrétaire du roi, procureur-général en la chambre des
communes, avocat-général en la chambre de justice,
maître des requêtes, et lieutenant civil au Châtelet de
Paris. Dans cette charge, que Richelieu lui fit exercer
par commission, il acquit beaucoup de réputation, dit
Tallemant, « et ôta bien des abus », mais il fit surtout
force exécutions au gré du maître. Il fut terrible justicier, mais bonhomme pourtant, à ce qu'il paroît. Despeisse disoit de lui, suivant Tallemant : *Vir bonus, strangulandi peritus.* (*Historiettes*, 1re édit., t. IV. p. 35.) Plus
tard, il revint aux vers; il fit en rimes, pendant la Fronde,

*A très chrestien et glorieux Roy de France
et de Navarre Henry IV.*

Ce n'est pas sans un extreme regret, Sire, que je voue à Vostre Majesté le premier nay de ma plume [1] en si triste et lamentable subject; mais, poussé et enthousiazé de quelque fureur poetique, j'ay pensé (après avoir balancé au poids de mon petit jugement les dissuations plus grandes quy me detournoient de cette entreprinse contre les services que je doibs à Vostre Majesté) que je ne devois laisser passer soubz silence les pernicieux desseings des mondains quy jusqu'icy par leurs flots n'ont peu esbranler le roc de vostre vertueux et magnanime courage. Autrement j'eusse donné à croire à plusieurs que la paresse ou nonchalance m'avoient atteint, auxquels toutesfois je ne desire donner place au prejudice de l'affection que je porte à vostre Estat. Permettez donc, Sire, qu'en continuation des services que

---

le *Frondeur désintéressé* (1650, in-4°), qui lui valut de violentes attaques. (C. Moreau, *Bibliog. des Mazarinades*, t. I, p. 422).

1. Ceci semble démentir ce que dit Tallemant (1re édit., t. IV, p. 32, note) d'une pastorale qu'Isaac Laffemas auroit faite à Navarre, étant écolier. S'il avoit composé cette pastorale, il ne diroit pas que l'ouvrage qu'il offre ici au roi « est le premier nay de sa plume ».

mon père vous a faicts[1] et desire faire encore[2], je face, comme issu de luy, esclorre soubz l'aisle de vostre aveu ce primice de mes escripts quy, autant profitables que lamentables, escleirez de vostre regard, penetreront les nues et desseings brouillez des plus infidèles mondains, et enfin vivront en la bouche de l'éternité, pour chanter avec moy vostre gloire, et m'occasionner à prier le Ciel me faire naistre de jour en jour de nouvelles occasions pour tesmoigner à Vostre Majesté que je n'attends plus grand heur au monde que d'estre qualifié jusqu'au tombeau,

Sire,

Vostre humble, très obeissant et très fidelle serviteur,

Isaac de Laffemas.

Ode en faveur de l'Autheur.

Strophe.

'entends le père des artz
Appeler de toutes partz
La troupe heliconnienne
Pour entendre ce sonneur ;

1. Pour ces services très réels, et aujourd'hui trop méconnus, que Barthélemy de Laffemas rendit à Henri IV, en qualité de *contrôleur-général du commerce de France*, V. notre t. VII, p. 305, note.

2. Il vivoit en effet toujours; mais, épuisé par ses travaux, si injustement oubliés, il mourut à la peine l'année suivante, 1605.

Bref la cohorte neufvaine
Luy vient dejà faire honneur.

Il est temps que l'on s'appreste
De luy couronner la teste
D'un branchage precieux :
Sus! sus! que l'on applaudisse,
Jeunes esprits studieux,
En ce divin exercice.

Antistrophe.

Le sommet aonien,
Et le laurier phebeen,
Luy sont acquis pour sa gloire ;
Puisqu'il enseigne aux humains
Le moyen d'avoir victoire
Contre les efforts mondains.

Sus! donc, enfants de Minerve,
Dont les Muses font reserve,
Venez tous apprendre icy
Quel sentier il vous faut suyvre
Pour charmer vostre soucy,
Et après la mort revyvre.

Epode.

Muses, mon très cher soulas,
Ne vous mettez plus en peyne,
Car cest enfant de Palas
A la source d'Hyppocrène.

L'UMBRE

De ce nectar doucereux
Il abreuvera tous ceux
Qui, aimant la poésie,
Grimpent sur vostre manoir,
Pour gouster vostre ambrozie
Et s'enyvrer de sçavoir.

M. GUERRY.

L'Autheur à ses vers.

Marchez hardis, mes vers, vous avez un bon
    guide,
Ne craignez le mespris d'un nombre d'i-
    gnorants,
Si vous n'estes pour eux assez doux et fluide,
Pour d'autres vous serez plus mignards et coulants.

Au Lecteur.

STROPHE.

Cherchez le Latonien
Au throne heliconien,
Et les filles de mesmoire;
Au pecazide ruisseau,
Lecteur, n'accourez pour boire
En ce traicté de leur eau.

Vous de quy l'esprit s'amuse
Aux doctrines d'une Muse,
Ne la cherchez pas icy;
Mais si vous cerchez des larmes,
De la peine et du soucy,
Lisez mes funèbres carmes [1].

ANTISTROPHE.

Fortune jamais aux siens
Ne donna plus de moyens
Pour se jouer de leur vie;
Jamais on n'a veu le sort
Avoir eu si grant envie
De chercher aux siens la mort.

Vomissez vostre rancune,
Vous tous mignons de fortune [2],
Car le bonheur d'un Dauphin
A permis que vostre rage
Se soit ouverte à la fin,
Pour vous causer du dommage.

EPODE.

Benissons l'honneur des roys,

[1]. Laffemas, par le ton sinistre qu'il prend ici, et qu'il soutiendra dans toute cette pièce, prélude bien à ses futures fonctions de bourreau.

[2]. L'expression *mignon de fortune* étoit consacrée pour les favoris de roi et de ministre, comme l'étoit Loste, à qui M. de Villeroy avoit accordé toute sa faveur. Régnier, vers le même temps, les désignoit ainsi dans sa troisième satire, V. 61 :

> Du siècle les mignons, fils de la Poule-Blanche,
> Ils tiennent à leur gré la fortune en la manche.

Henry, ce vertueux prince,
Quy, en despit des abboys,
A conservé sa province.
Perturbateurs du repos,
Croyez que tost vostre engeance
Pour le butin d'Atropos
Finira dans nostre France.

L'Umbre du Mignon et l'Enfer des ambitieux mondains.

STANCES.

Je ne recherche point le sable de Pactolle,
Ny l'arène de Gange ou bien l'or de Cresus,
Ny moins les grands tresors de l'un ou l'autre polle.
Mais je cherche plutost le mirouer des vertus.

O precieux mirouer qu'entre tous biens j'estime,
Que l'on voit de thresors et de riches moyens
Au travers de la glace où la vertu domine,
Plus precieux cent fois que ceulx des Indiens.

Celuy quy maria les lettres à l'espée,
Ce puissant empereur, la terreur des meschants,
Mesprisa les joyaux de parure jaspée
Et chercha la vertu jusqu'à fin de ses ans.

Je ne dy point heureux les enfants de fortune
Qui souvent en grandeur se voient eslevez,

Car, voisinant le ciel, ils imitent la lune,
Nuageant leurs esprits de mille vanitez.

   Avons-nous rien plus cher au monde avec la vie
Qu'un honneur bien acquis au champs de la vertu,
Affin que la memoire en demeure infinie
A ceux quy nous suivront par ce sentier battu.

   Doncques en quelque lieu où le sort nous attire,
Ne nous mecognoissons après des biens acquis;
Et plus nous sommes grands, petits il nous faut dire,
Car c'est l'honneur des grands de se dire petits.

   Toujours l'humilité rend de la gloire aux hommes,
Plus que s'ils recherchoient la gloire ambitieux :
Car on n'estime point, en ce siècle où nous sommes,
Ceux quy pour leurs estaz se rendent glorieux.

   J'ay autrefois apprins ce regime de vivre
D'un des galants esprits quy soit de nostre temps,
Et lors je le priay me permestre de suivre
Sous l'aisle de son nom les beaux enseignements.

   Il ne m'eust pas si tost donné cette licence,
Que j'allay rechercher les Muses pour appuy,
Quy, m'ayant donné part à leur juste science,
Me firent pratiquer ces preceptes de luy.

   Depuis j'ay recherché les sylvestres boccages
Et les lieux plus affreux des deserts ecartez,
Où j'ay plus exercé mes coustumiers ouvrages
Que les renseignements que j'avois emportez.

Ces lieux que la frayeur et l'horreur accompagne
M'ont avec eux tenu prisonnier pour un temps,
Ma Muse m'assistoit, et, fidelle compagne,
De mes afflictions appaisoit les tourments.

Je m'estois là banny, d'un exil volontaire,
Pour ne voir plus commestre en France tant de maux,
Et lorsque je pensois n'avoir plus de misère,
Ce fut alors que fus plus remply de travaux.

Car estant esloigné de nos plaines gauloises,
Une peur me saisit de ne les voir jamais,
Si bien que j'aymay mieux vivre parmy leurs noises
Que de porter ailleurs de leurs troubles le faix.

Car en estant absent j'enduray plus de peyne,
Que present au milieu de ses plus grands effrois,
Voire qu'il me sembloit mon absence estre vayne,
Et que je supportois le faix de leurs abbois.

Je quittay donc pour lors la sylvestre demeure
Où les nymphes faisoient ordinaire sejour,
Pour venir dans Paris chercher à la mal'heure
Le sujet de donner à mes carmes le cours.

Je voulus delaisser les manoirs de plaisance,
Pour venir à Paris recevoir des douleurs;
Mais je n'y fus plus tost que je maudis la France,
Et deploray cent fois ses sinistres malheurs.

Il semble que le Ciel la destine à produire
Un tas de malheureux pour le jouet du sort;

Quy, ne cherchant sinon ce quy leur pourra nuire,
Reçoivent pour guerdon[1] une exemplaire mort.

Je n'allegueray point pour preuve de mon dire
Ce foudre des combats, cest ennemy de peur,
Quy, cherchant son meilleur, ne trouva que son pire,
Et mourut pour chercher aux enfers plus d'honneur[2].

Après que Thomiris eust de Cyrus la teste,
Elle l'a feit plonger dans un vaisseau de sang ;
Et ce fier boutefeu [3], au milieu des tempestes,
Cherche pour s'assouvir avec Cyrus son rang.

Mais quoy? si le Ciel veut tant malhourer la France,
Ce n'est pas pour tollir aux hommes la raison :
Nous avons tous acquis avecque la naissance
Un sens pour refrener l'humaine passion.

La France n'en peut mez, c'est l'humaine nature
Quy fragile en ses faicts, ne se mesure pas,
Et si quelqu'un feut mal, c'est raison qu'il endure
Pour son crime commis un horrible trespas.

1. Salaire, récompense.
2. Allusion au maréchal de Biron, décapité deux ans auparavant. Laffemas, qui devoit être un si rigoureux exécuteur des justices de Richelieu, ne devoit qu'applaudir à l'une des rares mais terribles sévérités d'Henri IV.
3. C'étoit le nom qu'on donnoit volontiers aux gens en révolte. Des rebelles qui ravagèrent la Champagne pendant le règne de François Ier avoient été appelés ainsi. V. *Chron. de France* publiée par G. Guiffrey, p. 39.

Il y a des mortels quy font les autres sages,
Car chacun ne peut pas suivre un mesme sentier :
Les uns naissent posez et les autres volages,
Mais le premier mechant rend sage le dernier.

La France se voyant trop plongée aux delices
Pour avoir son support sur un Mars belliqueux,
Delaissoit la vertu pour se donner aux vices,
Mais ce Mars la corrige au bien de nos nepveux.

Comme on voit le soleil s'obscurcir par la nüe,
Pour devenir après éclatant à nos yeux ;
Ainsy la France estant de tous ses vices nüe,
Se rendra plus celèbre et louable en tous lieux.

O ! que si ces mondains avides de richesses
Eussent consideré, armez de la raison,
Que le Ciel, quy voit tout, descouvroit leurs finesses,
Ils n'eussent pas brassé si grande trahison.

Mondains quy s'enyvrez des richesses du monde,
Allez, suivant les pas de vos predecesseurs ;
Apprenez que celuy quy aux grandeurs se fonde,
Se va précipitant au gouffre des malheurs.

Si j'osois exprimer combien j'ay de constance
Pour resister au choc du monde et des thresors,
Je me pourrois vanter d'estre Phenix de France,
Nay contre les assaults de tous mondains efforts.

Ce quy plus m'estonna après mon arrivée,
Fut ce nouveau Narcys de luy-mesme amoureux.

DU MIGNON DE FORTUNE. 89

Quy, se précipitant dedant l'onde agitée [1],
N'embrassa que la mort qu'il cherchoit malheureux.

Sa fin fut bien semblable à celle de Narcisse;
Toutefois leurs humeurs ne sympathysoient [2] pas:
L'un estoit vertueux, l'autre rempley de vice;
Bref, l'un estoit Adon, l'autre Pausanias.

L'un, amoureux de soy, se miroit dedans l'onde,
Et, se jettant après ce qu'il aymoit le mieux;
Il perdit le plaisir qu'il esperoit au monde
Et le contentement qu'il cherchoit en ces lieux.

L'autre, voulant chercher de Pactolle le sable,
Se jetta dans les flots contre luy courroucez;
Quy, luy donnant la mort à Narcisse semblable,
Rejettèrent son corps, de le garder lassez [3].

O piteux accident! quelle mort, je vous prie,
Plus cruelle cent fois, avoit-il merité?
Las! que ne fut-il prins encore plein de vie,
Afin d'estre puny de sa desloyauté.

Nul genre de tourment, supplice ny torture,

1. Nous avons dit que Loste avoit été trouvé noyé dans la Seine.
2. C'est l'emploi le plus ancien que nous connoissions de ce mot, qui semble beaucoup plus moderne.
3. Le corps de Loste, quand il eut été, non pas rejeté par les flots, mais repêché, fut apporté à Paris, et mis à la basse-geôle ou *Morgue* du Châtelet, « où, dit l'Estoille, (t. II, p. 367), chacun par curiosité l'alloit voir. »

N'est encore assez grand pour punir les mondains
Quy cherchent comme luy la vicieuse ordure,
Et trament malheureux de semblables desseings.

O ciel, que ce mignon se devoit bien conduire,
Après la digne charge où on l'avoit admis[1] ;
Mais, second Phaeton, à son bien voulut nuire,
Et tomba dans le sein de l'humide Thetis.

Helas ! s'il eust appris au mirouer de bien vivre,
Un bon enseignement pour se bien gouverner,
Chacun l'eut imité, chacun l'eut voulu suivre,
Et chacun un beau los [2] luy eust voulu donner.

Un peu de temps après sa cheute memorable,
Je voulus, pour bannir ce souvenir de moy,
Chercher un pourmenoir plaisant et agreable,
Et entre autre j'allay dans les jardins du roy.

C'estoit au mois d'avril[3], lors que Flore nous envoye
Ce qu'elle a de plus beau dans son sein precieux,
Lorsqu'on entend Progné quy pour Ithis larmoye,
Et qu'on voit les pasteurs sauter à qui mieux mieux.

Je ne fus pas si tost au Parc des Thuilleries [4]
Qu'un nocturne hibou et deux corbeaux hideux,

---

1. Nous avons dit qu'il étoit commis principal de Villeroy.
2. *Los*, louange.
3. Loste fut trouvé dans la Seine le 24.
4. Les Tuileries étoient alors réellement un parc, avec garenne, etc. V. le *plan* de Gomboust. Une rue, comme

Assistez de serpens et d'affreuses harpies,
Criant, sifflant, hurlant, furent devant mes yeux.

Je laisse croire à ceux quy ont veu telle chose,
Si ceste vision me donna la frayeur;
Mais ce ne fust pas tout, et ne scay comme j'ose
Raconter seullement la moitié de ma peur.

Comme ces noirs couriers du palais de ténèbre
Eurent autour de moy voltigé plusieurs fois,
Le ciel fust obscurcy, et la trouppe funèbre
Des esprits ensouffrez heurloit à haulte voix.

Si jamais j'avois cru un eternel suplice
Destiné aux enfers pour punir les mechants,
C'estoit lors qu'englouty dans ce noir precipice,
J'entendis tant de cris et de gemissements.

on sait, séparoit ce parc du château, ce qui faisoit dire à Claude Le Petit dans son *Paris ridicule,* en parlant du jardin :

> Mais d'où vient qu'il est séparé,
> Par tant de pas, du domicile?
> Est-ce la mode en ce séjour,
> D'avoir la maison à la ville
> Et le jardin dans les faubourgs?

Il étoit naturel que le jeune Laffemas fît sa promenade ordinaire aux Tuileries. Son père avoit ses principales plantations de mûriers à l'hôtel de Retz, dont la place Vendôme occupe aujourd'hui le terrain. Dans les Tuileries même il avoit aussi des plantations et une *magnanerie*. V. t. VII, p. 308-310, note.

Ce ne fut pas la fin, car, après tant de plaintes,
Un umbre m'apparut qui me cria ces motz :
Mortel, n'aie point peur, mais ecoute mes plaintes,
Et retourne jouyr du gracieux repoz.

Je suis cil que Fortune à la roüe inconstante
Esleva pour un temps en grande dignité,
Quy, se jouant de moy, me donnoit une attente
Quy nourrissoit mon cœur en la mundanité.

Sçache que j'ay vescu au monde peu d'années,
Et qu'après y avoir acquis un peu de biens,
J'ay méchant entreprins de secrettes menées
Quy m'ont faict tresbucher aux creux Tenariens

Ce fut l'ambition qui causa ma ruine,
Et les tourmens cruels que j'endure icy bas ;
Je m'apparois à toy, que la raison domine,
Affin de te servir de mon triste trepas.

Las, combien dy je alors à cette ame maudicte
Tu ressens de tourmens pour t'estre mal conduict ;
Mais quy faict qu'en ce lieu torturé tu habites,
Et que ton dur tourment tu m'as icy desduict ?

Ces lieux, me respond-il, comme proches du Louvre
Où j'ay faict autrefois tant de tort à mon roy,
M'ont esté designez, affin que par là j'ouvre,
Et m'en ressouvenant, la bonde à mon esmoy.

Et je te dy quel est le tourment que j'endure,
Afin que, vray tesmoing, tu le conte aux humains :

DU MIGNON DE FORTUNE. 93

Qu'ils se representent le mal quy me torture,
Ils ne trahiront pas leurs princes souverains.

Combien maudy je, helas ! le jour de ma naissance,
Le temps que j'ay vescu et le jour de ma mort !
Je maudy mille fois les honneurs de la France,
Et les biens qu'on acquiert soubz le pouvoir du sort.

Que ne suis-je avorté au ventre de ma mère,
Ou jeune que ne fus-je englouty par un lyon,
D'un tygre ircanien, bref qu'une beste fière
Ne coupa le chemin à mon ambition.

Plus tost, plus tost que d'estre aux Enfers plein de rage,
Torturé pour jamais de fouet et de marteau,
Je vy, je meurs vivant, et sans cesse j'enrage,
Le chef environné de mille couleuvreaux.

Maudite mille fois ceste race espagnolle [1],
Quy m'avoit suscité à ceste ambition.
Va, mortel, les tourments m'enlèvent la parolle ;
Souviens-toy seullement qu'elle est ma passion.

A ces mots il se tut, et la bande infernalle
A l'instant avec luy se perdit de mes yeux,
Et chacun d'eux hurlant dans un grotton devalle [2],
Me laissant estendu demy-mort en ces lieux.

1. Nous avons dit que Loste conspiroit avec l'Espagne.
2 Il y avoit en effet dans le jardin des Tuileries une grotte « en terre cuite esmaillée » que Bernard Palissy avoit « encommencée » en 1570 par les ordres de la

Jamais pauvre nocher, échappé du naufrage,
Ne fut plus rejouy se voyant à bon port,
Que je fus de me voir hors d'une telle rage,
Où l'on vit en mourant d'une eternelle mort.

J'estois si etonné que je ne saurois dire
En quelle forme estoit cest esprit malheureux;
Seullement il suffit que j'ay veu le martyre
Quy le suit eternel aux enfers tenebreux.

J'estois tout englouty au milieu des fumées,
Des souffres et aluns quy le vont tous bruslants;
Les canons, les mousquets, quy tomnent aux armées,
Ny la crainte des coups, ne m'etonneroient tant.

Considerez, mondains, je vous prie, la peyne
Qu'endure maintenant ce mane [1] des enfers;
Gardez-vous de chercher une semblable chesne
Et de vous enchainer en de semblables fers.

reine mère, et qui devoit exister encore en 1604. V. un article de M. Eug. Piot, et un autre de M. Champollion dans le *Cabinet de l'Antiquaire amateur et de l'Amateur*, t. I, p. 71-72 et 277.

1. C'est la première fois que je trouve ce mot *mane* employé au singulier. Ronsard l'avoit mis en faveur, mais ne s'en étoit servi qu'au pluriel. Le premier il avoit dit dans les *Amours*, 172e sonnet :

  O nuit, ô jour, ô *manes* frygiens !

et Muret, son commentateur, avoit fort applaudi à ce néologisme. « Il faut, avoit-il dit, naturaliser et faire françois ce mot latin *manes*, veu que nous n'en avons point d'autre. » *Commentaire sur les Amours de Ronsard*, Paris, 1553, p. 205.

DU MIGNON DE FORTUNE.

Helas! c'est un grand faict que la fortune tente
Les mondains, plus jaloux d'honneur que de vertu,
Et frustre bien souvent l'ambitieuse attente
Qu'ils ont de surmonter sans avoir combattu.

J'entends d'avoir gaigné par moyen illicites,
Et n'avoir aspiré qu'aux charges et grandeurs,
Indignes toutes fois d'avoir faict ces poursuittes
S'ils n'ont eu la vertu d'acquerir ces honneurs.

Vertu, dy-je, d'où vient ce tiltre de noblesse
Quy nous rend d'un chacun estimez et cheris,
Plus que d'avoir acquis cest honneur par richesse,
Et la richesse encor par malheur mal acquis?

Alexandre n'est plus, helas! je ne m'estonne
S'il n'a qu'un successeur en science et valeur,
Alaité de Palas et chery de Bellone;
Car en ce temps l'on est de vertu amateur.

Ce prince macedon veit entre les despouilles
Du puissant Darius des parfums de grand prix,
Et, se mocquant, disoit : « Il musque ses quenouilles,
Et moy, je chéris plus d'Homère les escripts. »

Voulant dire son cœur estre plus heroïque
D'aimer mieux la vertu que l'arabique odeur,
Quy servoit à musquer de Darius la picque,
Car il aimoit Homère example de malheur.

Je sors à mon avril encore de l'étude,

Et à peine vingt fois ay-je veu le printemps[1] ;
Mais si ay-je cherché maintes fois l'habitude
De passer par vertu le reste de mes ans,

Lorsque, dissuadé en mainte et mainte sorte,
Je voyois avec moy ung nombre d'escoliers
Estudier pour se mestre en l'epoisse cohorte
De ceux quy n'ont suivy les vertueux sentiers.

Le temps, le temps n'est plus qu'on mettoit la jeunesse
Au chemin de vertu pour suivre les prudens ;
Celuy-là quy se croist estre issu de noblesse
Ne recherche aujourd'huy rien que le cours du temps.

O cours trop corrompu et semé de malice !
Helas ! que ceux quy vont poursuivant les honneurs,
Poursuivent, malheureux, d'imprudence et de vice,
Pour se voir en un coup accablé de malheurs.

Je scay que la plus part de ceux quy estudient

1. D'après ce vers, où Laffemas déclare qu'en 1605 il avoit à peine vingt ans, il seroit né en 1584, et non pas en 1529, comme on l'a dit partout. Après l'avoir fait naître cinq ans trop tard, on l'a, par compensation, fait mourir au moins deux ans trop tôt. La *Biographie Universelle* donne pour date à sa mort l'année 1690, la même où sa mazarinade *Le Frondeur désintéressé* nous l'a montré dans toute la verdeur de son esprit ; or, on voit dans le *Journal du Parlement*, que Laffemas, redevenu maître des requêtes, fut accusé, dans l'audience du 19 juillet 1662, d'avoir remis les sceaux à un commis de Guénegaud, ce qu'il avoua séance tenante. (Moreau, *Bibliog. des Mazarinades*, t. I, p.425.)

DU MIGNON DE FORTUNE.

Cherchent, ambitieux, un chemin d'estre grands :
L'un aspire aux estats et les autres se fient
En leurs biens quy les font à jamais ignorants.

Si l'hoste eust recherché, ce mignon dont je traicte,
Un moyen vertueux pour parvenir un jour,
Helas! il n'eust pas faict aux enfers sa retraicte,
Ains bienheureux seroit au celeste séjour.

S'il eut, s'il eut suivy de son maistre la piste,
Il n'eut pas convoiteux entreprins tel mefaict ;
Mais il ne savoit pas en quoy l'honneur consiste
(Bienheureux celuy là quy pour son bien le scait).

Il a seul entrepris contre l'estat de France,
Et seul pour cest effect il le pace là-bas.
Je dy depuis son règne ou bien sa cognoissance,
Car du passé plus loing je ne parleray pas.

Que son maistre a regret qu'une ame si mechante
Aye pris nourriture un temps en sa maison :
Mais souvent mauvais fruict sort d'une bonne plante[1] ;
Et se n'en doibt partant facher outre raison.

Revivez, personnage ou la France s'appuie ;

---

1. Ceci est dit pour justifier le maître de Loste, M. de Villeroy, qu'on accusoit d'être aussi un peu Espagnol, et à qui même le roi le dit un jour en riant. L'Estoille, t. II, p. 368. *Le Soldat françois*, qui venoit de paraître, avoit en particulier donné quelques atteintes sur les menées du ministre avec l'Espagne.

Var. X.

Ne vous contristé plus d'un si fresle subject,
Mais cherchez les moyens d'egayer vostre vie,
Si vous voulez bannir des François le regrect.

 Ils n'ont un tel esmoy que de vous voir en peyne
Pour un mal que vous seul pouvez consolider ;
Bannissez donc de vous se soucy quy vous gehêne,
Et pour aider l'Etat soignez à vous aider.

 Si vous faictes ce bien maintenant à vous-même,
Ce sera desormais pour le bien des François.
Le roy vous en requiert, et, vous aimant, il ayme
Celuy que ses ayeulx ont chery autrefois.

 Si mes vers m'ont permis de vous faire cognoistre
Le tourment que j'avois de vostre affliction,
Pardonnez à celuy que le Ciel a fait noistre
Pour vous rendre certain de son affection.

 Ma Muse m'a requis ce dernier exercice,
Qu'elle m'a suscité de faire tout en vers ;
Je ne luy ay voulu refuser ce service
Bien que son vouloir fust à mon desseing devers.

Fin.

Réception des Ambassadeurs du roi de Siam, en 1686.

Extrait des *Mémoires* du baron de Breteuil [1].

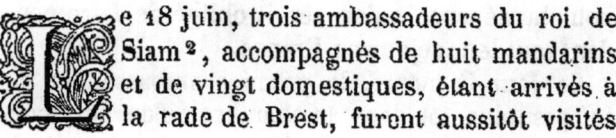e 18 juin, trois ambassadeurs du roi de Siam [2], accompagnés de huit mandarins et de vingt domestiques, étant arrivés à la rade de Brest, furent aussitôt visités

1. Le baron de Breteuil fut introducteur des ambassadeurs depuis 1698 jusqu'en 1715. Ses *Mémoires* existent en original à la bibliothèque de Rouen, *fonds Leber*, et la bibliothèque de l'Arsenal en possède une copie. Dernièrement il en a été donné de longs extraits dans le *Magasin de Librairie*, par MM. Ch. Roux et Frédéric Lock, qui pensoient les avoir consultés les premiers. (V. *Magasin de Librairie*, t. I, p. 120, note.) Ils se trompoient; le chapitre que nous publions ici en est une preuve; il n'est pas *inédit*. La *Revue de Paris* l'avoit déjà reproduit dans son n° du 28 août 1836, p. 253-260, sans se vanter d'avoir découvert le manuscrit d'où elle le tiroit.

2. Le but de cette ambassade étoit une alliance avec la France, qui vouloit, par l'établissement d'un comptoir au Siam, contrebalancer la puissance des Hollandais en Orient. V., à ce sujet, un rapport de M. Monmerqué au

par le sieur Descluseaux, intendant de marine. On fit équiper une espèce de galère, à laquelle quantité de chaloupes, ornées de différentes parures, se joignirent, pour mettre les ambassadeurs à terre.

A leur entrée, ils furent salués de plus de soixante volées de canon, auquel celui du château répondit. Ils trouvèrent à leur descente, sur le bord de la mer, la bourgeoisie sous les armes. On les conduisit dans la maison du roi, où ils furent logés avec leur suite, et traités par le sieur Descluseaux jusqu'à l'arrivée du sieur Stolf, gentilhomme ordinaire de la maison du roi, qui avoit amené un maître d'hôtel pour leur traitement et pour la dépense qu'on seroit obligé de faire pendant tout leur séjour en France.

Ce jour-là même, le premier ambassadeur ne fut pas plus tôt dans la chambre qu'on lui avoit destinée, qu'il suspendit la lettre que le roi de Siam écrivoit au roi à une hauteur fort élevée au-dessus de lui. La lettre étoit écrite sur une lame d'or, les rois de Siam n'écrivant jamais autrement. Elle étoit enfermée dans trois boîtes : celle par-dessus étoit de bois de vernis du Japon; la seconde,

---

Comité historique, le 9 août 1841; la brochure de M. Ét. Gallois, *L'Expédition de Siam au XVIIe siècle*, 1853, in-8; l'*Athenæum franç.*, 18 mars 1854, et le *Moniteur* des 21, 29 et 30 août 1861. — C'est la troisième ambassade qui soit venue de Siam en France. La première, en 1680, avoit péri dans la traversée; la seconde étoit venue à Versailles, avoit vu le roi dans la galerie, mais n'avoit pas eu d'audience. (Henault, *Abrégé chronolog.*, 27 nov. 1684.) C'est au Havre que cette seconde ambassade avoit débarqué.

d'argent, et la troisième, d'or. Toutes ces boîtes étoient couvertes d'un brocard d'or, enfermées avec le sceau du premier ambassadeur, qui étoit en cire blanche. Aucun des Siamois ne prit, par respect pour la lettre, de chambre qui fut au-dessus de celle de cet ambassadeur, ce qu'ils ont observé par tous les lieux où ils ont logé.

Au départ de Brest, qui fut le 9 juillet, on se servit jusqu'à Nantes de litières, et de là jusqu'à Orléans, de voitures ordinaires[1]. Comme il falloit que la lettre du roi, leur maître, fût plus élevée qu'eux, ils faisoient attacher dans le carrosse, au-dessus de leur tête, un placet sur lequel ils plaçoient la lettre.

Le sieur Stolf avoit eu ordre de leur faire rendre tous les honneurs dans toutes les villes où ils avoient à passer. Les intendants alloient au devant d'eux; on les saluoit de canon à leur entrée; une compagnie de la bourgeoisie se mettoit sous les armes à la sortie de leur logis; la chambre des comptes à Nantes envoya des députés les complimenter, ce qu'elle ne devoit pas faire. Il faut que les compagnies en dernier ressort aient des ordres exprès, quand elles ont à saluer même des souverains. Les présidiaux et autres corps, par tous les lieux de leur passage, envoyèrent aussi des députés leur faire des compliments. C'étoit trop

1. Le 18 juillet ils étoient à Angers, où ils repassèrent en s'en retournant le 25 janvier 1687. On peut lire, au sujet des fêtes qui leur furent données à l'arrivée et au retour, le *registre* du maire d'Angers, M. de la Feauté-Renou, dans les *Archives de l'Hôtel de ville*.

faire pour des ambassadeurs ; les corps des villes doivent aller seuls les complimenter chez eux, et non à la porte de la ville. Ce dernier honneur est réservé aux rois, aux reines et aux princes, qui n'ont personne au-dessus d'eux, et qui sont d'un rang distingué.

Il n'y eut qu'à Orléans que l'intendant n'alla point au devant des ambassadeurs et qu'on ne tira pas le canon[1]. On pouvoit cependant suivre l'exemple des autres villes.

Ils arrivèrent à Vincennes le 27 juillet. Le *Mercure galant*[2] dit qu'ils ne furent point logés au château, parce qu'il étoit rempli d'ouvriers. L'auteur se trompe : on ne loge jamais les ambassadeurs dans le corps de logis du roi, mais ils peuvent être logés dans les avant-cours des maisons royales. Le duc de Pastrana, ambassadeur extraordinaire d'Espagne en 1679, eut à Fontainebleau, dans la cour du Cheval-Blanc, l'appartement de M. de Louvois, qui étoit absent.

1. Dangeau (*Journal*, 2 oct. 1686) parle aussi du peu d'accueil qu'on leur fit à Orléans. Ils en furent mécontents, et ne se montrèrent guère plus satisfaits de la réception des autres villes. C'est à Versailles seulement qu'ils n'eurent plus à se plaindre : « Ils sont, dit Dangeau, charmés des bontés de Sa Majesté. Ils n'étoient pas si contents quand ils arrivèrent à Paris, parce que sur leur route il y avoit des lieux où ils n'avoient pas été trop bien traités, surtout à Orléans. »

2. La relation du *Voyage des ambassadeurs de Siam*, donnée en supplément par le *Mercure galant*, forme 4 vol. in-12.

Avant Henri IV, personne n'étoit logé dans la maison du roi que les fils naturels, les princesses, qui y logeoient leurs maris avec elles, le grand-maître de la maison du roi, le premier gentilhomme de la chambre, le capitaine des gardes et le maître de la garde-robe. Ces officiers y logeoient avec leurs femmes ; les survivanciers de ces charges y avoient aussi leurs logements. Les cardinaux n'y logeoient point. Il n'y eut jamais que le cardinal de Lorraine qui, comme pair de France, y eut un logement marqué à la craie. Les favoris d'Henri III en eurent aussi. Anne de Montmorency, qui étoit grand-maître de la maison, y avoit un appartement par sa charge ; son fils, qui en avoit la survivance, après avoir été fait maréchal de France, donna la démission de sa charge au duc de Guise, et demanda au roi la grace de lui vouloir conserver son logement.

Le 30, le sieur de Bonneuil[1] vint à Vincennes faire compliment de la part du roi aux ambassadeurs. Ils lui donnèrent la main. Les ambassadeurs avoient des Suisses de la compagnie des cent-suisses de la garde du roi pour empêcher aux portes la trop grande foule de monde qui venoit les voir ; ils les eurent pendant tout leur séjour à Paris[2].

---

1. Il étoit alors introducteur des ambassadeurs.
2. Ils en avoient besoin, car la populace se montra si peu respectueuse à leur égard, que Seignelay fut obligé d'écrire à la Reynie, pour qu'il prît à leur sujet quelques mesures contre les insultes de la foule. V. dans la *Corresp. administ. de Louis XIV*, t. II, p. 575, une lettre en date du 18 août 1686.

De Vincennes on les mena à Berny, où ils furent assez longtemps, en attendant leurs ballots, qui avoient été embarqués à Brest pour Rouen. Ils ne pouvoient se résoudre à demander audience, que les présents qu'ils avoient à faire au roi de la part du roi leur maître, et ceux qu'ils faisoient de leur chef, ne fussent exposés dans la chambre d'audience, selon l'usage de leur pays. Tous les ballots étant arrivés, les ambassadeurs firent leur entrée à Paris le 12 août. Ils partirent ce jour-là de bonne heure de Berny[1], et se rendirent à Rambouillet[2].

Le maréchal duc de la Feuillade alla avec le sieur de Bonneuil, dans les carrosses du roi et de madame a dauphine, les prendre. Les ambassadeurs, étant avertis de leur arrivée, vinrent les recevoir dans la

---

1. Ce château appartenoit alors à M. de Lyonne, ministre et secrétaire d'État. — Peut-être, toutefois, au lieu de Berny faut-il lire Bercy. La note suivante dira pourquoi.

2. Il ne s'agit pas ici du château de Rambouillet, mais de la maison des *Quatre-Pavillons*, que le financier Rambouillet avoit fait construire dans le faubourg Saint-Antoine, sur un emplacement écorné depuis par la rue de Bercy. (Sauval, t. II, p. 287.) Cette maison, qu'on n'appeloit que *Rambouillet*, et dont l'enclos produisoit les meilleurs fruits des environs de Paris, étoit l'endroit d'où partoient les ambassadeurs des puissances non catholiques pour faire leur entrée à Paris. Piganiol de la Force, *Descript. de Paris*, t. V, p. 103. M. Walckenaer a donné une intéressante description de cette maison et de ses jardins dans sa notice sur M. de la Sablière, dont Antoine Rambouillet étoit le père. *Vie de plusieurs personnages célèbres*, 1830, in-8, t. II, p. 208-209, 217.

première pièce en entrant de leur appartement, qui étoit au rez-de-chaussée. Après les civilités rendues de part et d'autre, le premier ambassadeur monta dans le carrosse du roi, se mit au fond de derrière, à droite, ayant le duc de La Feuillade à côté de lui ; le sieur de Bonneuil occupa le fond de devant avec le sieur Stolf. Les deux autres ambassadeurs se placèrent dans les carrosses de madame la dauphine avec le sieur Girault et l'abbé de Lyonne, qui devoit servir d'interprète.

On marcha dans cet ordre :

Deux carrosses du maréchal duc de La Feuillade, remplis de ses gentilshommes ;

Quelques carrosses de louage, où les domestiques des ambassadeurs étoient[1] ;

Huit trompettes de la chambre du roi sonnant. Les ambassadeurs les avoient demandés pour faire honneur à la lettre du roi de Siam. On a bien voulu leur faire ce plaisir, contre l'usage, les trompettes ne sonnant jamais aux entrées des ambassadeurs.

Le carrosse du roi, entouré de laquais du maréchal duc de La Feuillade et de ceux de l'introducteur ;

Le carrosse de madame la dauphine ;

Le carrosse de Monsieur et celui de Madame ;

Les carrosses de la famille royale ;

1. Il a été dit plus haut qu'ils en avoient vingt. « Ils sont, dit Dangeau, trois ambassadeurs. Ils ont avec eux quatre gentilshommes et deux secrétaires, et mangent tous neuf ensemble. Le reste de leur suite n'est que de la valetaille. »

Les carrosses des princes et des princesses de la maison royale;

Le carrosse du secrétaire d'État des affaires étrangères[1];

Le carrosse de l'introducteur.

Le carrosse du chevalier de Chaumont et de l'abbé de Choisy, qui avoient été en ambassade à Siam[2];

Le carrosse de l'abbé de Lyonne[3];

Un carrosse des missionnaires étrangers fermoit la marche.

Les ambassadeurs descendirent à l'hôtel des ambassadeurs extraordinaires[4], où étant arrivés, le

---

1. C'étoit alors Colbert de Croissy.

2. Il y avoit un peu plus d'un an que Louis XIV avoit envoyé le chevalier de Chaumont et l'abbé de Choisy au Siam, auprès du roi Tchaou-Naraia, pour lui rendre l'honneur qu'il lui avoit fait par l'ambassade de 1684, dont nous avons parlé. Partis de Brest le 3 mars 1685, nos ambassadeurs étoient de retour en France le 18 juin 1686, avec les nouveaux ambassadeurs siamois dont il est question en ce moment. Chaumont et Choisy publièrent chacun une relation du *Voyage à Siam*. Celle de l'abbé est la plus intéressante.

3. Artus de Lionne, l'un des fils du célèbre ministre Hugues de Lionne. Il étoit évêque de Rosalie et avoit été missionnaire en Chine. C'est lui et le père Tachard qui servoient de conducteurs et d'interprètes aux ambassadeurs. L'abbé de Lionne avoit été du voyage de Siam.

4. L'ancien hôtel du maréchal d'Ancre, rue de Tournon, près du Luxembourg. Il appartint ensuite à M. le duc de Nivernois, qui dut le reconstruire moins monumental, à cause des catacombes, dans lesquelles son poids l'avoit

maréchal duc de La Feuillade les accompagna jusque dans leur chambre; et, après quelques moments de conversation, il se retira. Les ambassadeurs le conduisirent jusqu'à son carrosse, qu'ils virent partir.

Dès le soir même, ils furent traités par présents. Le sieur Chanteloup, un des maîtres d'hôtel du roi, et un des contrôleurs d'office, furent chargés de leur traitement, qui fut pendant trois jours et demi; après lesquels le maître d'hôtel qui étoit venu à Brest continua d'avoir soin d'eux. C'est un usage que tous les ambassadeurs envoyés par des maîtres dont les états sont hors de l'Europe sont défrayés, pendant tout leur séjour, aux dépens du roi.

La première action que le premier ambassadeur fit fut de placer la lettre du roi son maître, à la ruelle du lit de la chambre des parades, dans une machine qu'ils appellent en leur langue : *mordoc pratinan*.

Tous les ambassadeurs mettoient tous les jours des fleurs nouvelles dessus la lettre du roi, et toutes les fois qu'ils passoient devant ce *lieu royal*, ils faisoient de profondes révérences. Ce respect ne doit point paraître extraordinaire. Tous les vieux courtisans de mon jeune temps saluoient le lit du roi, en entrant dans la chambre, et la nef. Quelques dames de la vieille cour les saluent encore.

La fièvre quarte qui survint au roi le jour de

---

fait s'enfoncer. La duchesse douairière d'Orléans l'habitoit en 1814; il sert aujourd'hui de caserne à la garde de Paris. Nous avons déjà parlé de cet hôtel, t. IV, p. 80.

leur entrée fut cause que l'audience qu'ils devoient avoir le 14 fut différée.

Le 15 août, les ambassadeurs se rendirent à Notre-Dame pour voir la procession qui se fait tous les ans le jour de l'Assomption.

Le roi étant entièrement guéri, il donna audience aux ambassadeurs le 1ᵉʳ septembre. Le sieur de Bonneuil conduisit, dans les carrosses du roi et de madame la dauphine, à l'hôtel des ambassadeurs, le maréchal de La Feuillade, qu'il avoit été prendre chez lui. Les ambassadeurs vinrent au devant de lui, mais le maréchal ne voulut point entrer dans leur appartement; il reçut leurs compliments sur les degrés, et les pria, parce que l'heure pressoit, de monter dans les carrosses du roi, de peur d'arriver trop tard. Chacun prit la même place qu'il avoit occupée le jour de l'entrée, dans la marche de Paris à Versailles.

Le roi, en envoyant le maréchal de La Feuillade, voulut les recevoir moins bien que les autres ambassadeurs des têtes couronnées, à qui il envoie des princes étrangers, les jours qu'ils ont leur première audience : on leur fit valoir le titre de colonel des gardes que le duc de La Feuillade possédoit.

Sur les dix heures, les ambassadeurs, arrivés à Versailles, trouvèrent dans l'avant-cour du château les gardes françaises et suisses sous les armes, tant celle qui relevoit que celle qui devoit être relevée, tambours appelants[1]. Ils mirent pied à

---

1. On les fit accompagner, même à la montée du grand

terre à la salle de descente des ambassadeurs; ils attendirent l'heure de l'audience. Après s'être lavés selon leur coutume, ils mirent des bonnets de mousseline, faits en pyramides, au bas desquels étoient des couronnes d'or larges de deux doigts, qui marquoient leurs dignités ; de ces couronnes, il sortoit des fleurs, des feuilles d'or minces, ou quelques rubis en forme de grains. Ces feuilles étoient si légères, que le moindre mouvement les agitoit. Le troisième ambassadeur n'avoit point de fleurs au cercle d'or de sa couronne. Les huit mandarins avoient une pareille coiffure de mousseline sans couronne.

On avoit préparé au bout de la grande galerie du château, du côté de l'appartement de Mme la dauphine, un trône élevé de six degrés, le tout couvert d'un tapis de Perse à fond d'or, enrichi de fleurs d'argent et de soie. Sur les degrés, on avoit placé de grandes torchères et de grands guéridons d'argent; au bas du trône, à droite et à gauche, en avant, on avoit mis, d'espace en espace, de grandes cassolettes d'argent, chargées de vases d'argent. On avoit ménagé un espace vide de quatre à cinq toises, où les mandarins qui étoient à la suite des ambassadeurs pussent être pendant l'audience, sans être pressés par les courtisans [1].

---

escalier, par le bruit des tambours et des trompettes, « pour imiter, dit le marquis de Sourches, la manière du roi de Siam, qui ne descend jamais à la salle des audiences sans cette musique. » *Mémoires*, t. II, p. 162.

1. De Visé, dans sa 3e partie du *Voyage des ambassadeurs de Siam en France*, a donné une planche représen-

On marcha à l'audience en cet ordre :

Le sieur Girault à la tête des deux secrétaires de l'ambassade, nu-tête ;

Six mandarins vêtus de vestes avec des écharpes, le poignard au côté, leurs bonnets de soie fine en tête, faits en pointes pyramidales ; douze tambours de la chambre du roi, battant la marche ;

Huit trompettes de la chambre du roi précédoient une machine de bois doré, faite en pyramide, appelée *lieu royal*, où la lettre du roi de Siam étoit posée ; elle étoit portée par des Suisses du régiment des gardes ; quatre Siamois marchoient autour, avec de grands bâtons de deux toises de haut, portant quatre espèces de parasols ;

Les trois ambassadeurs, de front sur une même ligne, avec le duc de La Feuillade à droite, et le sieur de Bonneuil à gauche.

Deux officiers portoient de grandes boîtes rondes ciselées, avec des couvercles relevés. Ce sont des marques de leurs titres et de leurs dignités, que le roi de Siam leur donne lui-même, en présence duquel ils ne paraissent jamais sans ces marques de distinction.

On passa, en cet ordre, par la cour du château, où les gardes de la prévôté étoient en haie ; une partie des cent-suisses de la garde hors la porte de l'escalier du grand appartement, et l'autre sur les degrés.

Le sieur de Blainville, grand-maître des céré-

---

tant ce « siége d'argent », comme l'appelle le marquis de Sourches. *Mémoires*, t. II, p. 162.

monies, et le sieur de Saintot, maître des cérémonies, à la tête des cent-suisses, reçurent les ambassadeurs, l'un marchant à droite, et l'autre à gauche dans la marche.

La machine du *lieu royal* arrêta en dehors de la porte de la salle des gardes du corps, où elle resta. Le premier ambassadeur en tira une boîte d'or, dans laquelle la lettre du roi de Siam étoit enfermée. Il la donna à un mandarin, pour la porter sur une soucoupe d'or, le faisant marcher devant lui.

Les tambours et les trompettes restèrent en cet endroit. Le maréchal duc de Luxembourg, capitaine des gardes du corps, reçut les ambassadeurs à la porte de la salle des gardes, tous en haie et sous les armes. Il prit sa place ordinaire à droite, en avant, partageant avec le duc de La Feuillade l'honneur de la main de l'ambassadeur.

A l'entrée de la galerie, ceux de la suite et du cortége de l'ambassadeur se prosternèrent, aussitôt que le secrétaire ordinaire du roi à la conduite des ambassadeurs les eut rangés à droite et à gauche : ils auroient toujours eu le visage contre terre, si le roi ne leur eût permis qu'ils le regardassent. Il dit qu'ils étoient venus de trop loin pour ne leur pas permettre de le voir[1]. Les mandarins, voyant de

---

1. Il n'étoit, du reste, pas fâché d'être vu dans sa magnificence. Le marquis de Sourches a décrit l'habit qu'il portoit, habit fait exprès pour cette cérémonie, et qui, dit-il, valoit mieux que tout le royaume de Siam : « Il étoit à fond d'or, tout chamarré de diamants d'une grosseur prodigieuse. » *Mémoires*, t. II, p. 163.

loin le roi sur son trône, le saluèrent sans ôter leurs bonnets, tenant leurs mains jointes à la hauteur de la bouche. A chaque salut qu'ils faisoient, ils s'inclinoient par trois différentes fois sans sortir de leur place ; ce qu'ils firent de temps en temps, s'approchant du trône, au pied duquel ils se mirent à genoux. En cette posture, ils saluèrent le roi par trois profondes inclinations de corps, après quoi ils s'assirent contre terre, et y demeurèrent pendant toute l'audience.

Les ambassadeurs, du moment qu'ils aperçurent aussi le roi, firent trois profondes révérences, pliant leur corps, et élevant leurs mains jointes à la hauteur de leur tête. Ils marchèrent ensuite, toujours les mains élevées, et firent, de distance en distance, de très-profonds saluts, jusqu'à ce qu'ils fussent arrivés au pied du trône. Alors le roi, sans se lever, se découvrit pour les saluer[1]. Sa Majesté étoit accompagnée de monseigneur le dauphin et de Monsieur, de M. de Chartres, de M. le duc de Bourbon, de M. le duc du Maine et de M. le comte de Toulouse, qui tous se couvrirent pendant l'audience ; elle avoit derrière son fauteuil le grand chambellan, les premiers gentilshommes de la chambre, les grands-maîtres de la garde-robe, et le maître de la garde-robe. Le chef de l'ambassade, qui tenoit la place du milieu, sans ôter ses mains élevées à la hauteur de son visage, fit un

---

[1]. Dangeau remarque, pour la plus grande gloire de son maître, qu'il n'ôta son chapeau qu'une fois ou deux. *Journal*, dimanche 1er sept. 1686.

compliment au roi. Les deux autres ambassadeurs étoient dans la même posture et dans la même situation que lui.

Son discours fait, l'abbé de Lyonne, qui avoit appris la langue siamoise à la maison des missionnaires de Siam, s'approcha du roi pour lui dire la harangue de l'ambassadeur[1]; à quoi le roi répondit avec des termes très-honnêtes. Quand le roi eut répondu au compliment de l'ambassadeur, le premier ambassadeur monta sur le trône, ayant pris la lettre du roi son maître d'un des mandarins qui le suivoient; il la présenta au roi, qui se leva pour la recevoir, et la mit entre les mains de M. de Croissy. Les deux autres ambassadeurs qui accompagnoient le premier ministre de l'ambassade, étant au trône, laissèrent une marche entre eux et lui. Le roi leur parla assez de temps, l'abbé de Lyonne interprétant ce qui se disoit de part et d'autre.

L'audience finie, les ambassadeurs, avant que de descendre du trône, firent de profonds saluts qu'ils réitérèrent au pied du trône, pendant que les mandarins saluoient à genoux le roi, tous pliant le corps; après quoi, les mandarins étant levés, ils se placèrent derrière les ambassadeurs, et tous ensemble firent, en se retirant, les mêmes saluts qu'ils avoient faits en entrant dans la galerie, avec cette discrétion de ne point tourner le dos au roi que lorsqu'ils virent au bout de la galerie que les

---

1. De Vizé a donné l'analyse de ce *Discours* dans le *Voyage des ambassadeurs de Siam en France*, 2ᵉ partie, p. 343-348.

courtisans, qui faisoient haie des deux côtés, eussent fermé l'ouverture du passage.

Les ambassadeurs sortirent de la grande galerie, précédés comme ils étoient venus, et accompagnés du maréchal de La Feuillade, du maréchal duc de Luxembourg[1], qui les quitta à la porte de la salle des gardes-du-corps.

Le grand-maître et le maître des cérémonies prirent congé d'eux au bas du grand escalier, et le duc de La Feuillade, avec le comte de Bonneuil, les conduisant à la salle de descente, où l'on les vint prendre peu de temps après pour les mener dîner en la salle du conseil, avec table de vingt couverts, dont le duc de La Feuillade fit les honneurs, les sieurs Bonneuil, Girault et Stolf dînant avec eux. Après le dîner, les ambassadeurs eurent une audience de monseigneur le dauphin, et y furent conduits par le maréchal de La Feuillade, par le grand-maître des cérémonies, par le sieur de Bonneuil, et par l'officier des gardes-du-corps, avec les mêmes cérémonies qu'ils avoient été conduits chez le roi. Ils étoient précédés des mandarins, qui firent leurs révérences avec le même respect qu'ils les avoient faites au roi, s'agenouillant ensuite, et s'asseyant par terre pendant l'audience.

Monseigneur reçut les ambassadeurs assis et couvert, et ne se découvrit que dans le temps que les ambassadeurs firent les dernières révérences.

Le compliment de l'ambassadeur fini, l'abbé de Lyonne le lut en français, et servit d'interprète.

1. Il étoit alors capitaine des gardes en quartier.

Les ambassadeurs ne virent point Mme la dauphine : elle venoit d'accoucher [1]. Le duc de La Feuillade, après les avoir conduits à la salle de descente, prit congé d'eux, sa fonction cessant.

Les ambassadeurs allèrent, accompagnés de l'introducteur, du grand-maître et du maître des cérémonies, du sieur Girault et du sieur Stolf, chez M. le duc de Bourgogne, chez M. le duc d'Anjou, et chez M. le duc de Berri, chez Monsieur, chez Madame [2], les visitant tous les uns après les autres dans leurs appartements avec les mêmes cérémonies.

Leurs visites faites, ils partirent pour Paris dans les carrosses du roi, sans être accompagnés du duc de La Feuillade; les gardes françaises et suisses étant, à leur passage, sous les armes, tambours appelants.

Ce même jour, à leur retour, le prévôt des marchands les envoya prier, par le greffier de la ville, de vouloir se trouver, le lendemain, au feu d'artifice qu'on devoit tirer devant l'Hôtel-de-Ville pour la naissance de monseigneur le duc de Berri ; mais comme il ne parla qu'au chef de l'ambassade, qui se mettoit au lit, l'ambassadeur s'excusa de ne

1. Elle étoit accouchée la veille d'un nouveau fils, le duc de Berry. Elle ne vit les ambassadeurs qu'un peu plus tard, lorsqu'ils revinrent à Versailles. Elle les reçut en déshabillé magnifique, étant dans son lit « presque tout couvert d'un fort beau point de France. » De Vizé, t. II, p. 308.

2. Ils virent Monsieur et Madame à Saint-Cloud, où ils retournèrent le 7 pour le duc de Chartres.

pouvoir rendre réponse qu'après avoir conféré avec les autres ambassadeurs. Le lendemain, ils envoyèrent dire qu'ils ne pouvoient prendre aucun plaisir qu'ils ne se fussent auparavant acquittés, envers les princes et princesses, de leurs devoirs.

Le 7, ils allèrent à Saint-Cloud voir M. de Chartres et Mademoiselle, et firent ensuite les autres visites, sans observer les mêmes révérences qu'ils avoient faites à monseigneur le dauphin, à Monsieur et à Madame.

Lettres de Mme de La Fayette à Mme de Sablé[1].

I

Ce mardy au soir[2].

ous ne songez non plus à moy qu'aux gens de l'autre monde, et je songe plus à vous qu'à tous ceux de celui-cy. Il m'ennuie cruellement de ne vous point

1. Nous ne donnons pas ces lettres pour inédites, loin de là ; nous prouverons en effet tout à l'heure qu'elles sont connues et ont été publiées bien avant l'époque où l'écrivain qui pensa les avoir découvertes commença leur réputation par quelques extraits qu'il en donna. Les originaux existent au département des Manuscrits de la bibliothèque impériale, dans un des quatorze portefeuilles que le docteur Valant, ami de madame de Sablé, avoit formés avec les lettres qu'elle lui laissoit recueillir parmi celles qu'on lui écrivoit chaque jour. Ces portefeuilles, auxquels la passion d'étude dont notre époque s'est prise à juste raison pour le XVIIe siècle a donné tant de prix, furent déposés par Valant à la bibliothèque de l'abbaye de Saint-Germain-des-Prés, d'où ils passèrent, pendant la Révolution, à la bibliothèque de la rue de Richelieu, où ils font partie du fonds appelé *Résidu de Saint-Germain*. Celui où se trouvent les huit lettres qui vont suivre porte le n° 4. Dès l'année 1821, un très-ardent dépisteur de manuscrits

voir, j'ay esté quinse jours à la campagne³, c'est ce qui m'a empeschée d'aller un peu vous empes-

et d'autographes curieux, J. Delort, mit la main sur le précieux paquet et le publia tout, en y joignant un *fac-similé*, dans le tome I, p. 217-223, de son livre bizarre *Mes Voyages aux environs de Paris*. Personne ne seroit allé certainement les chercher dans ce coin, où, publiées, elles étoient moins en vue que, manuscrites et inédites, dans les portefeuilles de la bibliothèque impériale. C'est là que les retrouva M. Sainte-Beuve, pour qui, comme pour tout le monde, la découverte et la publication de Delort étoient non avenues. Plusieurs lettres de cette adorable paresseuse dont madame de Grignan disoit à sa mère : « Elle ne vous écriroit pas dix lignes en dix ans; » dont madame de Sévigné écrivoit : « Elle est fatiguée de dire bonjour et bonsoir; » et qui disoit elle-même : « C'est assez que d'être! » Des lettres de madame de La Fayette! quelle bonne fortune! M. Sainte-Beuve se hâta donc de copier, et de publier, avec quelques extraits des autres, la plus longue et la plus importante dans son article sur madame de La Fayette (*Portrait*, 1842, in-18, p. 71-73). Il ne manqua pas de dire, ce qu'il croyoit sincèrement, que le tout étoit *inédit*. M. Géruzez le pensa de même, et, reproduisant dans sa notice de madame de La Fayette et au tome IV du *Plutarque français*, p. 304, note, la lettre donnée par M. Sainte-Beuve, il eut soin de lui faire honneur de la découverte. Depuis est venu M. V. Cousin, avec son livre sur *madame de Sablé*, où les lettres avoient leur place tout naturellement marquée d'avance. Les citations faites par M. Sainte-Beuve le gênèrent. S'il eût su que la découverte et la première publication étoient de Delort dès 1821, il eût été plus à l'aise et ne se fût pas privé de la principale lettre, qu'il évita de peur d'avoir l'air d'emprunter quelque chose à M. Sainte-Beuve. Il

cher de m'oublier. Si vous vouliez demain de moy, j'yrois disner avec vous, à condition qu'il n'y aura ny poulet, ny pigeon d'extraordinaire[4]. Si vous avez affaire demain, donnés-moi un autre jour.

crut se dédommager en publiant quelques-unes de celles que le fin critique n'avoit pas complétement reproduites, ou qu'il avoit simplement effleurées. Il les donna comme *inédites*, bien que Delort les eût aussi publiées. Aujourd'hui nous donnons à notre tour tout le paquet. On y trouvera les lettres citées par M. Sainte-Beuve, celles aussi qu'a citées M. Cousin, et de plus celles que Delort seul a reproduites. Comme lui, nous les transcrirons toutes avec la véritable orthographe de madame de La Fayette, à laquelle MM. Sainte-Beuve et Cousin ont substitué la leur.

2. Cette lettre, dont nous ne savons pas la date, n'a été reproduite ni par M. Cousin ni par M. Sainte-Beuve.

3. Elle y alloit souvent passer ainsi des quinzaines, « pour être, dit madame de Sévigné, comme suspendue entre le ciel et la terre. » En 1672, c'est à Fleury-sous-Meudon qu'elle se retiroit, sans doute dans la maison qui, depuis, appartint à Panckoucke.

4. Chez madame de Sablé, même lorsqu'elle fut dans sa retraite voisine de Port-Royal, à Paris, la cuisine étoit des plus fines. « Elle tenoit école de friandise, » dit M. Cousin, qui le prouve par quelques extraits des lettres de La Rochefoucauld, un des gourmets de cette table, un des élèves de madame de Sablé en l'art de la marmelade et des confitures. *Madame de Sablé*, 2ᵉ édit., p. 105. — Il sera parlé tout à l'heure des potages que La Rochefoucauld mangeoit chez Mᵐᵉ de Sablé. D'Andilly avoit donné à la marquise la recette d'un des plus délicats. On la trouve dans ses lettres manuscrites, à la Bibliothèque impériale, sous ce titre : *Pour faire une écuellée de panade*. M. P. Paris, dans son édition de Tallemant, t. III, p. 122, a reproduit cet échantillon de la gourmandise à Port-Royal.

II

Ce jeudy au soir [1].

Voilà un billet que je vous suplie de vouloir lire, il vous instruira de ce que l'on demande de vous. Je n'ay rien à y adjouster, sinon que l'homme qu'il l'escrit [2], est un des hommes du monde que j'ayme autant, et qu'ainsi, c'est une des plus grandes obligations que je vous puisse avoir que de luy accorder ce qu'il souhaitte pour son amy. Je viens d'arriver à Fresne, où j'ay esté deux jours en solitude avec madame du Plessis [3]; en ces deux jours-là, nous avons parlé de vous deux ou trois mille fois; il est inutile de vous dire comment nous en avons parlé, vous le devinés aisement. Nous y avons leu les *Maximes* de M. de La Rochefoucauld [4] : Ha Ma-

---

1. Cette lettre, des plus importantes, a, je ne sais comment, échappé à M. Cousin et à M. Sainte-Beuve.

2. C'est-à-dire *qui l'écrit*. Cette fois, madame de La Fayette n'avoit pas écrit elle-même, elle avoit dicté, à qui? je ne sais, mais c'étoit assez souvent son habitude, et toute main alors lui étoit bonne.

3. Madame du Plessis-Guénégaud, chez laquelle madame de Sévigné, madame de La Fayette, Arnaud d'Andilly, etc., alloient souvent dans ce beau château de Fresnes, près de Meaux, illustré plus tard par Daguesseau. V. *Lettre* de Sévigné, 1er août 1667.

4. Elles étoient encore manuscrites. L'auteur les avoit communiquées à madame de Sablé, qui, à son tour, sans avoir l'air d'agir en son nom, les communiquoit à ceux ou à celles qui lui paraissoient le plus capables d'en juger. V. les *Lettres* de La Rochefoucauld dans l'édit.

dame! quelle corruption il faut avoir dans l'esprit et dans le cœur, pour estre capable d'imaginer tout cela! J'en suis si espouvantée, que je vous asseure que si les plaisanteries estoient des choses sérieuses, de telles maximes gasteroient plus ses affaires que touts les potages qu'il mangea l'autre jour chez vous[1].

de ses *OEuvres*. Blaise, 1818, in-8º, p. 220 et suiv. « Mme de Sablé exigeoit, dit M. Cousin (p. 149), que l'on n'en tirât pas de copie et qu'on lui envoyât par écrit son opinion, puis elle montroit toutes ces lettres à La Rochefoucauld. » Que dut-il dire de celle-ci, où se trouve le jugement le plus violent qu'on ait certainement porté alors contre son livre, même dans le camp des femmes, dont les critiques sur ce point étoient pourtant unanimes, avec plus ou moins de vivacité dans la forme? M. Cousin, se faisant fort d'une phrase qu'on trouvera vers le milieu de la lettre suivante, décide, contre Aimé Martin, que madame de La Fayette, loin d'approuver le système de La Rochefoucauld, lui étoit absolument contraire, et déclare que, par conséquent, les notes, presque toujours admiratives, qu'on trouve aux marges d'un exemplaire qui appartint à M. de Cayrol, ne peuvent avoir été écrites par elle. (*Madame de Sablé*, 2e édit., p. 174.) Si, après ce que dit l'éloquent écrivain, le doute pouvoit être encore permis, il tomberoit devant la lettre reproduite ici, et qu'il est si regrettable que MM. Sainte-Beuve et Cousin n'aient pas connue. C'est la meilleure de leurs armes qu'ils ont laissée échapper.

1. M. de La Rochefoucauld étoit en effet, nous l'avons dit, très-friand des potages de Mme de Sablé, et de ses ragoûts. Sans cela même, pas de *maximes!* Il lui falloit un potage par paragraphe. «Voilà, lui écrit-il un jour en lui envoyant son manuscrit, voilà tout ce que j'ai de *maximes;*

III[1]

Vous me donneriés le plus grand chagrin du monde, si vous ne me montriés pas vos Maximes[2]. Madame du Plessis m'a donné une curiosité estrange de les voir; et c'est justement parce qu'elles sont honnestes et raisonnables que j'en ay envie, et qu'elles me persuaderont que toutes les personnes

mais, comme on ne fait rien pour rien, je vous demande un potage aux carottes, un ragoût de moutons, etc. » Ces potages gâtoient les affaires du moraliste, s'il faut en croire madame de La Fayette; mais quelles affaires ? et près de qui ? Affaires d'amour et près d'elle-même. Nous verrons tout à l'heure que la liaison s'engageoit alors entre madame de La Fayette et La Rochefoucauld. En dépit des potages et des *maximes*, elle fut bientôt nouée. Les *maximes* même, qui pouvoient la rompre, y servirent par les occasions de discussions qu'elles amenèrent entre l'auteur et sa spirituelle adversaire, entre le corrompu à convertir et l'aimable prêcheuse : « C'est, dit fort bien M. Sainte-Beuve, c'est cette idée de corruption générale qu'elle s'attacha à combattre en M. de La Rochefoucauld, et qu'elle rectifia. Le désir d'éclairer et d'adoucir ce noble esprit fut sans doute un appât de raison et de bienfaisance pour elle, aux abords de la liaison étroite. »

1. Cette lettre a été publiée tout entière par M. Cousin, *La Marquise de Sablé*, 2ᵉ édit., p. 173. M. Sainte-Beuve, *Portrait*, 1842, in-18, p. 75, n'en a donné que la première moitié.

2. Comme celles de La Rochefoucauld, elles étoient manuscrites et parurent bien plus tard, quelques mois après la mort de madame de Sablé. En voici le titre : *Maximes de madame la marquise de Sablé, et Pensées diverses de M. L. D.* Paris, 1678, in-12.

de bon sens ne sont pas si persuadées de la corruption générale que l'est M. de La Rochefoucauld. Je vous rends mille et mille grâces de ce que vous avés faict pour ce gentilhomme[1], je vous en irai encore remercier moy-mesme, et je me serviray toujours avec plaisir des prétextes que je trouveray pour avoir l'honneur de vous voir ; et si vous trouviés autant de plaisir avec moy que j'en trouve avec vous, je troublerois souvent vostre solitude.

IV[2]

Il y a une éternité que je ne vous ai veue, et si vous croyés, Madame, qu'il ne m'en ennuye point, vous me faittes une grande injustice. Je suis résolue à avoir l'honneur de vous voir quand vous seriés ensevelie dans le plus noir de vos chagrins ; je vous donne le choix de lundy ou de mardy, et de ces deux jours là, je vous laisse à choisir l'heure, despuis huit du matin jusques à sept du soir. Si vous me refusés après toutes ces offres là, vous vous souviendrés au moins que ce sera par une volonté très déterminée que vous n'aurés voulu me voir, et que ce ne sera pas ma faute[3].

Ce dimanche au soir.

1. Celui dont il est parlé dans la lettre précédente, à qui elle l'avoit dictée.
2. Ce billet a été donné par M. Cousin, p. 103, note.
3. La marquise se faisoit celer ainsi très-hermétique-

V[1]

Ce mardy au soir.

De peur qu'il n'arrive quelque changement à la bonne humeur où vous estes, j'envoye vistement sçavoir si vous me voulés voir demain, j'yray chés vous incontinent, après disné, car je vous cherche seule ; et si vous envisagés des vissittes, remettés-moy à un autre jour : il est vrai qu'il faut que vous ayés de grands charmes ou que je ne sois guère sujette à m'offenser, puis que je vous cherche après tout ce que vous m'avés fait.

VI[2]

Ce mardy.

Vous devés me haïr de ne vous avoir pas escrit, dès hier au matin que Madame[3] m'a commandé expressement de vous faire des compliments de sa part, et de vous dire que si elle ne fust point sortie si tard des Carmélites, elle auroit esté vous faire

ment pour tout le monde. Ces jours-là, l'abbé de la Victoire l'appeloit, dit Tallemant, « feu madame la marquise de Sablé » (t. II, p. 329) ; et La Rochefoucauld lui écrivoit : « Je ne sais plus d'invention pour entrer chez vous, on m'y refuse la porte tous les jours.... »

1. Billet reproduit aussi par M. Cousin, p. 103, note.
2. Ce billet n'a pas été cité par M. Cousin.
3. Henriette d'Angleterre, duchesse d'Orléans, dans l'intimité de laquelle madame de La Fayette vécut longtemps, et dont elle a écrit la vie.

une vissitte. Je lui dis tout ce que vous m'aviés ordonné. Madame de Saint-Loup[1] ne luy avoit point parlé de vostre grande lettre ny de vostre billet ; voilà, ce me semble, ce que vous m'aviés ordonné de sçavoir. Si vous me commandiés autre chose, vous verriés avec quelle exactitude je vous obéirois.

VII[2]

Je ne voulois rien que vous voir, Madame ; mais je me plains bien que vous ne me regardiés que comme une personne qu'il ne faut voir que dans la joye, et quy n'est pas capable d'entrer dans les sen-

---

1. C'étoit une demoiselle de La Rocheposay, qui avoit épousé le partisan Le Page, et qui s'étoit appelée madame de Saint-Loup, d'une terre achetée en son nom, par son mari, dans le Poitou. Elle étoit de la cour d'Henriette d'Angleterre, et fort galante. M. de Vardes fut son premier attachement, puis vint le tour de Candale. « Mais, dit un jour celui-ci à Saint-Evremont, qui nous l'a rapporté, elle avoit été aimée et avoit aimé, et, comme sa tendresse s'étoit épuisée dans ses premiers amours, elle n'avoit plus de passion véritable. Ses affaires n'étoient plus qu'un intérêt de galanterie, qu'elle conduisoit avec un grand art, d'autant plus qu'elle paroissoit naturelle, et faisoit passer la facilité de son esprit pour une naïveté de sentiment. » Saint-Evremont, OEuvres, 1806, in-8°, t. II, p. 309. — Elle finit par se convertir en de curieuses circonstances qu'a racontées Tallemant. Edit. P. Paris, t. III, p. 44, 141.

2. M. Sainte-Beuve et M. Cousin n'ont pas parlé de ce billet.

timents que donne la perte d'une amie ; il s'en faut peu que je ne sois offencée contre vous, et je croys que je le serois si je ne sçavois qu'en l'estat où vous estes, il faut plustot vous plaindre que se plaindre de vous ; je vous asseure que je vous plains aussi autant que vous le devés estre, et que je comprends à quel point la perte de madame la comtesse de Maure vous est douloureuse[1]. Si vous revoyés cette personne, ayés la bonté de la faire souvenir de parler à l'autre ; il ne me paroist pas qu'on luy ait encore rien dit.

VII[2]

Ce lundy au soir.

Je ne pus hier respondre à vostre billet, parce

---

1. Anne Doni d'Attichy, comtesse de Maure, qui avoit longtemps été une des filles d'honneur de la reine-mère, étoit la plus intime amie de madame de Sablé, dans le voisinage de laquelle elle étoit venue loger au faubourg Saint-Jacques. Elle mourut à la fin d'avril 1663, date précieuse pour nous, puisqu'elle nous sert à préciser à peu près quelle peut être celle de ces billets, qui durent se suivre à un assez court intervalle, sauf, toutefois, celui qu'on va lire, et qui est sans doute de deux années plus tard.

2. C'est cette lettre que M. Sainte-Beuve trouve si curieuse, comme fixant l'époque où la liaison de M. de La Rochefoucauld et de madame de La Fayette dut s'engager, à bas bruit, avec ces demi-soins qui s'efforcent de tenir encore à l'écart l'indiscrétion et de dépister les clairvoyants.

que j'avois du monde, et je croys que je n'y respondray pas aujourd'huy, parce que je le trouve trop obligeant. Je suis honteuse des louanges que vous me donnés, et d'un autre costé, j'ayme que vous ayés bonne opinion de moy, et je ne veux vous rien dire de contraire à ce que vous en pensés. Ainsi, je ne vous respondray qu'en vous disant que M. le comte de Saint-Paul[1] sort de céans, et que nous avons parlé de vous une heure durant, comme vous sçavez que j'en sçay parler. Nous avons aussi parlé d'un homme que je prends toujours la liberté de mettre en comparaison avec voùs pour l'agrément de l'esprit[2]. Je ne sçay si la comparaison vous offense; mais quand elle vous offenseroit dans la bouche d'une autre, elle est une grande louange dans la mienne, si tout ce qu'on dit est vray. J'ay bien veu que M. le comte de Saint-Paul avoit ouy parler de ces dits-là, et j'y suis un peu entrée avec luy; mais j'ay peur qu'il n'ait pris tout sérieusement ce que je luy en ay dit. Je vous conjure, la première fois que vous le verrés, de lui parler de vous-mesme de ces bruits-là. Cela viendra aisément à propos, car je lui ay donné les Maximes, il vous

---

1. Fils de madame de Longueville, né le 29 janvier 1649, à l'hôtel de ville, et qui avoit pour cela le nom de Paris dans ses prénoms. Il fut tué au passage du Rhin en 1672. A l'époque où fut écrite cette lettre, il ne pouvoit, d'après ce que dit de lui madame de La Fayette, avoir moins de seize ou dix-sept ans, ce qui nous amène à l'année 1665, date admise par M. Sainte-Beuve, et qui correspond à celle où furent publiées les *Maximes*.

2. On devine qu'il s'agit de La Rochefoucauld.

le dira sans doute; mais je vous prie de luy en parler bien comme il faut, pour le mettre dans la teste que ce n'est autre chose qu'une plaisanterie [1]. Je ne suis pas assez asseurée de ce que vous en pensés pour respondre que vous dirés bien, et je pense qu'il faudroit commencer par persuader l'ambassadeur. Néanmoins, il faut s'en fier à vostre habileté; elle est au-dessus des maximes ordinaires, mais enfin persuadés-le; je hays comme la mort que les gens de son âge puissent croire que j'ay des galanteries [2]. Il me semble qu'on leur paroist cent ans dès que l'on est plus vielle qu'eux, et ils sont touts propres à s'estonner qu'il soit encore question des gens; et

1. Madame de La Fayette tient à son idée sur le peu de sérieux des Maximes (V. le billet n° 2). Maintenant surtout qu'il y a pour elle intérêt de cœur à ce que M. de La Rochefoucauld ne puisse être accusé de sécheresse d'âme, elle cherche à faire croire et à se persuader que les Maximes, dont cette sécheresse railleuse et sceptique est le principal défaut, ne sont qu'une plaisanterie.

2. M. Sainte-Beuve a fort bien remarqué que ces mots charmants répondent exactement à cette pensée de la *princesse de Clèves* : « Madame de Clèves, qui étoit dans cet âge où l'on ne croit pas qu'une femme puisse être aimée quand elle a passé vingt-cinq ans, regardoit avec un extrême étonnement l'attachement que le roi avoit pour cette duchesse de Valentinoy. » Cette idée-là, dit M. Sainte-Beuve, « étoit, comme on voit, familière à madame de La Fayette. Elle craignoit surtout de paroître inspirer la passion à cet âge où d'autres l'affectent. Sa raison délicate devenoit une dernière pudeur. Elle n'avoit que trente-deux ans alors, La Rochefoucauld en avoit cinquante-deux. »

de plus, il croiroit plus aisément ce qu'on luy diroit de M. de la R. F.[1] que d'un autre. Enfin, je ne veux pas qu'il en pense rien, sinon qu'il est de mes amis, et je vous suplie de n'oublier non plus de luy oster de la teste, si tant est qui le l'eût, que j'ay oublié vostre message. Cela n'est pas généreux de vous faire souvenir d'un service en vous en demandant un autre.

. . . .

Je ne veux pas oublier de vous dire que j'ay trouvé terriblement de l'esprit au comte de Saint-Paul.

---

1. Elle n'ose plus écrire le nom tout entier. C'est une nuance infinitésimale qui n'a pas été conservée dans la transcription de M. Sainte-Beuve, ce qui nous étonne de sa rare délicatesse.

La nouvelle manière de faire son profit des Lettres, traduitte en françois par J. Quintil du Tronssay, en Poictou[1].

Ensemble : le Poëte-Courtisan.

A Poictiers.

1559. — In-8º.

MOY A TOY.

Salut.

uant à ce que tes vers frissonnent de froidure,
Que tes labeurs sont vains, et que pour ta pasture

---

[1]. Cette pièce, qui est on ne peut plus rare, a soulevé pour nous des questions fort curieuses et fort délicates. Elle figure, ainsi que *Le Poëte courtisan*, qui est à la suite, dans les OEuvres de Joachim du Bellay. Le recueil de ce poëte publié en 1560, in-4º, par Frédéric Morel, sous ce titre : *La Monomachie de Goliath, ensemble plusieurs autres œuvres poétiques de Joachim du Bellay, Angevin*, la repro-

A grand'peine tu as un morceau de gros pain,
Voire de pain moisi, pour appaiser ta faim;

duit, p. 41 et suiv.; elle se trouve aussi dans l'édit. de
1574, in-8°, 1re part., p. 288, mais cette fois avec une
mention qui manquoit dans l'édition précédente : *Traduction d'une épistre latine sur un nouveau moyen de faire son proufit des lettres*. De qui est cette épître latine? C'est ce que nous n'avons pu découvrir. Quel est, d'un autre côté, le véritable auteur de la traduction? Est-ce du Bellay, dont les œuvres s'en enrichirent? Est-ce Quintil du Tronssay, dont le nom figure ici sur la première publication qui en ait été faite? C'est ce que nous n'avons pu savoir davantage. L'opinion la plus probable, à laquelle nous nous sommes arrêtés, c'est que J. Quintil du Tronssay et Joachim du Bellay ne font qu'un même personnage. Du Bellay est le nom, Quintil du Tronssay serait le pseudonyme. Ce ne peut être en effet autre chose; nulle part ce nom ne se retrouve. Nous connaissons bien à la même époque un du Tronchet et un du Tronchay (V. l'abbé Goujet, t. XI, p. 135; XII, 115, 299); mais l'un s'appelle Bonaventure et l'autre Georges, ce qui exclut l'initiale J. Quant à *Quintil*, c'est un nom cicéronien de fantaisie, que tout le monde pouvoit endosser, mais que du Bellay plus que personne avait intérêt à prendre; voici pourquoi. En 1551, le Parisien Charles Fontaine avoit écrit contre *La Defense et illustration de la langue françoise*, publiée l'année précédente par du Bellay, une critique assez plate, mais souvent juste, intitulée d'abord *Quintil horatian*, puis *Quintil censeur* quand on la réimprima, en 1574, à la suite de l'*Art poétique françois* de Sibilet. Du Bellay ne répondit pas; mais ayant, quelques années après, donné de l'épître latine sur *La Manière de faire son profit des lettres*, la traduction en rimes françoises reproduite ici, et dont plus d'un trait va droit à Charles Fontaine, il aura cru bon de prendre le pseudonyme de *Quin-*

Que ton vuide estomac abboye, et ta gencive
Demeure sans mascher le plus souvent oysive,

til, consacré par Fontaine lui-même, et de le combattre ainsi sous son propre pavillon. Ce procédé n'étoit pas contraire aux habitudes de du Bellay. Dans son premier recueil, daté d'octobre 1549, il avoit emprunté à Ronsard sa manière, comme ici à Fontaine son pseudonyme, et il en étoit résulté entre Ronsard et lui un petit différend fort bien raconté par M. Sainte-Beuve, d'après Bayle, Cl. Binet et Guillaume Colletet. (*Tableau historique et critique de la poésie françoise au XVIe siècle*, 1843, in-18, p. 338.) — Il ne faut pas s'étonner que du Bellay ait joint à son sobriquet latin un autre pseudonyme poitevin, et qu'il ait fait imprimer à Poitiers cette première édition de deux de ses meilleures œuvres. Le Poitou fut autant qu'Angers où il naquit, et Paris où il mourut, la patrie de sa muse. Peut-être y possédoit-il un bien, fief ou métairie portant ce nom de Tronssay, dont il se fait ici une signature. Une chose plus certaine, c'est qu'il alla souvent à Poitiers. Il en revenoit un jour de l'année 1548, lorsqu'il rencontra dans une hôtellerie Ronsard, qui, dès lors, lui fut lié d'amitié. Il y eut toujours des amis. G. Aubert, qui recueillit ses œuvres, étoit de Poitiers. — Nous ne reviendrons pas sur l'auteur de l'épître latine, dont la première de nos deux pièces n'est que la traduction. Peut-être est-ce du Bellay lui-même, qui fut en latin aussi bon poète qu'en françois. Il se pourroit toutefois qu'il eût traduit le latin d'un autre. Il ne trouvoit pas cette tâche au-dessous de lui. Ses *Courtisanes repenties et contre repenties* sont traduites du latin de son ami le *Tolosain* P. Gilbert, sur lequel on peut lire une note excellente de M. de Montaiglon. (*Huit sonnets de Joachim du Bellay*, 1849, in-8°, p. 17-19.) — J. du Bellay survécut bien peu de temps à la publication des deux pièces données ici. Il mourut le 1er janvier 1560, frappé d'apoplexie, quoiqu'il n'eût que

Comme si le jeusner exprès te feust enjoinct
Par les Juifs retaillez [1]; que tu es mal en poinct,
Mal vestu, mal couché : Amy, ne prèn la peine
De faire désormais ceste complainte vaine.

Tu sçais faire des vers, mais tu n'as le sçavoir
De pouvoir par ton chant les hommes decevoir :
Car le dieu Apollon avec le dieu Mercure
S'assemble, ou autrement de ses vers on n'a cure.
Mercure, par finesse et par enchantement,
Dedans les cueurs humains glisse secrètement;
Il glisse dans les cueurs, il trompe la personne,
Et d'un parler flatteur les ames empoisonne :
Avec tel truchement peut le dieu Délien
Possible quelque chose, autrement ne peut rien.

trente-cinq ans : « Ceux, lisons-nous dans la traduction du *Théâtre universel* de Jehan Bodin, par François de Fougerolles, p. 885-886, seul livre où se trouve ce détail que personne n'y avoit encore repris; ceux qui sont sujets à l'ébullition de sang, avec inflammation du cerveau, sont en danger d'être suffoqués, en la pleine lune, par la force des esprits qui le dilatent jusques à crever, comme il arriva à Joachim du Bellay, poëte de mon temps, lorsqu'il s'en retournoit en sa maison, venant de souper. »

1. Il veut dire *retaillats*, épithète ordinaire accolée alors au nom des Juifs convertis. « C'est, dit Laurent Joubert, c'est un Juif ou un Turc qui a quitté sa religion, que les siens nomment depuis *retaillat*, comme nous disons *révolté;* mais c'est en autre sens et pour autre occasion. Quand on le tailla premièrement, quand on le circoncit, et depuis on le retaille pour couvrir le prépuce. » *Les Erreurs populaires*, 1585, in-8°, 2ᵉ part., p. 157.

Celuy qui de Mercure a la science apprise,
En cygne d'Apollon bien souvent se deguise;
Encore que le brait d'un asne, ou la chanson
D'une importune rane [1] ait beaucoup plus doulx son.

   Veulx-tu que je te montre un gentil artifice
Pour te faire valoir ? Pousse-toy par service ;
Par art Mercurien trompe les plus rusez,
Et pren à telz appas les hommes abusez :
Tu feras ton profit, et bravement en point
De froid, comme tu fais, tu ne trembleras point.

   Premier, comme un marchand qui parle navigage,
S'en va chercher bien loing quelque estrange rivage,
Afin de trafiquer et argent amasser,
Tu dois veoir l'Italie et les Alpes passer,
Car c'est de là que vient la fine marchandise
Qu'en bëant on admire, et que si hault on prise.
Si le rusé marchand est menteur asseuré,
Et s'il sçait pallier d'un fard bien coloré
Mille bourdes qu'il a en France rapportées
Assez pour en charger quatre grandes chartées ;
S'il sçait, parlant de Rome, un chacun estonner ;
Si du nom de Pavie il fait tout resonner ;
Si des Venitiens que la mer environne,

---

1. De *rana*, grenouille. Le nom de *rainette* en est venu pour certaine espèce de pommes, vertes comme la petite grenouille d'arbre, que l'on continue d'appeler aussi *rainette*. La rue *Chantereine*, à Paris, se nomme ainsi d'après une étymologie pareille. Elle remplace un marais où coassaient les grenouilles ou *raines*. Qui dit *Chantereine* veut dire *Chantegrenouille*.

Si des champs de la Pouille il discourt et raisonne ;
Si, vanteur, il sçait bien son art authoriser,
Louer les estrangers, les François mespriser ;
Si des lettres l'honneur à luy seul il reserve
Et desdaigne en crachant la françoise Minerve [1].

Il te faut dextrement ces ruses imiter,
Le sçavoir sans cela ne te peut profiter.
Si le sçavoir te fault, et tu entens ces ruses,
Tu jouyras vainqueur de la palme des Muses.
Ne pense toutefois, pour un peu t'estranger
De ces bavardes sœurs, que tu sois en danger
De perdre tant soit peu : tu n'y auras dommage,
Car aux Muses souvent profite un long voyage.
Tu en rapporteras d'un grand cler le renom,
Et de saige sçavant meriteras le nom.
Mais si tu veux icy te morfondre à l'estude,
Chacun t'estimera fol, ignorant et rude.

Doncques en Italie il te convient chercher

1. Tout ce passage va droit à Charles Fontaine, fils de marchand, qui entreprit le voyage d'Italie pour faire sa cour à Renée de Ferrare, et qui en rapporta, en même temps qu'une grande admiration pour ce qu'on y écrivoit, un grand mépris pour notre littérature nationale, pour la *françoise Minerve*, comme il est dit ici. Du Bellay devoit d'autant plus s'indigner de ce mépris de Fontaine pour nos muses françoises, qu'il avoit surtout éclaté dans le *Quintil horatian*, dont le but étoit la critique de sa *Défense et illustration de la langue françoise*. Au sujet du voyage de Fontaine en Italie, dont font foi plusieurs de ses élégies et de ses épigrammes, on peut consulter la *Bibliothèque françoise* de l'abbé Goujet, t. XI, p. 120-121.

La source Cabaline, et le double Rocher,
Et l'arbre qui le front des poëtes honore.
Mais retien ce précepte en ta memoire encore :
C'est que tu pourras bien François partir d'icy,
Mais tu retourneras Italien aussi,
De gestes et d'habits, de port et de langage,
Bref, d'un Italien tu auras le pelaige,
Afin qu'entre les tiens admirable tu sois :
Ce sont les vrays appas pour prendre noz François.
Lors ta Muse sera de cestui la prisée
Auquel auparavant tu servois de risée.

Il sera bon aussi de te faire advoüer
De quelque Cardinal[1], ou te faire loüer
Par quelque homme sçavant, afin que tes loüenges
Volent par ce moyen par des bouches estranges.
Mais il faut que le livre où ton nom sera mis
Tu donnes çà et là à tes doctes amys.
Ainsi t'exempteras du rude populaire,
Ainsi ton nom partout illustre pourras faire :
Car c'est un jeu certain, et quiconque l'a sçeu,
Jamais à ce jeu là ne s'est trouvé deçeu,
Surtout courtise ceulx auquelz la court venteuse
Donne d'hommes sçavants la loüenge menteuse,
Qui au bout d'une table, au disner des seigneurs,

1. Ici du Bellay critique moins Charles Fontaine qu'il ne se critique lui-même. Fontaine étoit allé en Italie à la suite d'un *belliqueur*, ainsi qu'on le voit par quelques vers de l'*Elégie sur la mort de sa sœur*, et Joachim y avoit suivi un cardinal son parent, portant le même nom que lui, et patron de Rabelais avant d'être le sien.

Deplient tout cela, dont furent enseigneurs
Les Grecs et les Latins, qui de faulses merveilles
Emplissent, ignorans, les plus grandes oreilles,
Et abusent celuy qui par nom de sçavant
Desire, ambitieux, se pousser en avant.

Ces gentils reciteurs te loüront à la table,
Non comme au temps passé, aux horloges de sable[1];
Ilz ne dédaigneront avec toi practiquer
Et avecques tes vers les leurs communiquer,
Puisque tu as le goust et l'air de l'Italie,
Mais rendz leur la pareille, et fay que tu n'oublie
De les contre-loüer; aussi quant à ce point
Le tesmoing mutuel ne se reproche point,
D'en user autrement ce seroit conscience.

Surtout je te conseille apprendre la science
De te faire cognoistre aux dames de la court

1. Allusion à un usage du Pnyx d'Athènes, où, à l'époque de Périclès, quiconque avoit la parole ne devoit la garder que pendant un certain espace de temps, mesuré sur l'horloge de sable, ou sur le clepsydre. On voulut à l'Assemblée constituante, dès les premières séances, prendre une mesure semblable contre la loquacité des orateurs. M. Bouche fit une motion, dite *du sablier*, tendant à faire restreindre, pour chaque orateur, le droit de parole à cinq minutes seulement. Un sablier de cinq minutes auroit été placé devant le président, et personne n'auroit dû laisser à son flux de paroles un cours plus long que celui du sable tombant d'un bassin dans l'autre. Quelques phrases spirituelles de M. de Clermont-Tonnerre firent rejeter cette proposition, que l'Assembl avoit d'abord très-favorablement accueillie.

Qui ont bruit de sçavoir. C'est le chemin plus court,
Car si tu es un coup aux dames agréable,
Tu seras tout soubdain aux plus grands admirable.
Par art il te convient à ce point parvenir,
Par art semblablement t'y fault entretenir;
Il te fault quelques fois, soit en vers, soit en prose,
Escrire finement quelque petite chose
Qui sente son Virgile et Ciceron aussi [1];
Car si tu as des mots tant seulement soucy,
Tu seras bien grossier et lourdault, ce me semble,
Si par art tu ne peux en accoupler ensemble
Quelque peu : car icy par un petit chef-d'œuvre
Assez d'un courtisan le sçavoir se descœuvre.

Je ne veulx toutefois qu'on le face imprimer,
Car ce qui est commun se fait desestimer,
Et la perfection de l'art est de ne faire
Ains monstrer dédaigner ce que faict le vulgaire.
Mesmes, ce qui sera des autres imprimé,
Afin que tu en sois plus sçavant estimé,
Il te le fault blasmer [2]; mais il te fault eslire
Des loüeurs à propoz pour tes ouvraiges lire.
Et n'en fault pas beaucoup. Avec telles faveurs
Recite hardiment aux dames et seigneurs,
Tu seras sçavant homme, et les grands personnages

1. Ceci va droit encore à Charles Fontaine et à son *Quintil horatian*, où il se montre si pédantesquement infatué du latin d'Horace, de Virgile et de Cicéron.

2. C'est ce que Fontaine avoit fait contre la *Défense et illustration de la langue françoise*, et ce que du Bellay ne lui avoit pas pardonné.

Te feront des presens, et seras à leurs gages.
Mais si tu veulx au jour quelque chose éventer,
Il fault premièrement la fortune tenter,
Sans y mettre ton nom, de peur de vitupère
Qu'un enfant abortif porte au nom de son père ;
Car en celant ton nom, d'un chacun tu peux bien
Sonder le jugement, sans qu'il te couste rien.
D'autant que tels escripts vaguent sans congnoissance
Ainsi qu'enfans trouvez, publiques de naissance.
Mais ne faulx pas aussi, si tu les voids loüer,
Maistre, père et autheur, pour tiens les advoüer.

Le plus seur toutefois seroit en tout se taire,
Et c'est un beau mestier, et fort facile à faire,
Le faisant dextrement. Fay courir qu'entrepris
Tu as quelque poëme et œuvre de hault pris,
Tout soudain tu seras montré parmy la ville
Et seras estimé de la tourbe civile.

Un vieulx ruzé de court naguières se vantoit
Que de la republique un discours il traitoit ;
Soudain il eut le bruit d'avoir épuisé Romme,
Et le sçavoir de Gréce, et qu'un si sçavant homme
Que luy ne se trouvoit. Par là il se poussa,
Et aux plus haults honneurs du palais s'avança,
Ayant mouché les roys avec telle practique,
Et si n'avoit rien fait touchant la republique.
Toutefois cependant qu'il a esté vivant,
Il a nourry ce bruit qui le meit en avant.
Jusqu'à tant que la mort sa ruse eut descouverte,
Car on ne trouva rien en son estude ouverte,

Ains par la seule mort au jour fut revelé
Le fard dont il s'estoit si longuement celé.

 Quelque autre dit avoir entrepris un ouvrage
Des plus illustres noms qu'on lise de nostre age,
Et jà douze ou quinze ans nous deçoit par cet art;
Mais il accomplira sa promesse plus tard
Que l'an du jugement. Toutefois par sa ruse
Des plus ambitieux l'esperance il abuse :
Car ceulx-là qui sont plus de la gloire envieux,
Le flattent à l'envy, et tachent, curieux,
De gaigner quelque place en ce tant docte livre
Qui peut à tout jamais leur beau nom faire vivre.
Ce trompeur par son art très riche s'est rendu,
Et son silence aux roys chèrement a vendu,
Noyant en l'eau d'oubly les beaux noms dont la gloire
Seroit, sans ses escripts, d'éternelle mémoire :
Car les Parthes menteurs, faulx, il surmontera,
Et nul (comme il promet) n'immortalisera;
Mais il peindra le nez à tous, et pour sa peine
De les avoir trompez d'une esperance vaine,
Dessus un cheval blanc ses monstres il fera
Par la ville, et du roy aux gages il sera.

 C'est un gentil apas pour les oyseaux attraire;
Ce que d'un autre dit le commun populaire,
Qui par les cabaretz tout exprès delaissoit
Quatre lignes d'un livre, et outre ne passoit
Avec un titre au front, qui se donnoit la gloire
D'estre le livre quart de la françoise histoire.
Qui doncques, je te pry, nyra que cestuy cy
Ne soit des plus heureux sans se donner soucy,

Qui quatre livres peult de quatre lignes faire,
Qui du doy pour cela est montré du vulgaire,
Qui pour cela de France est dit l'historien,
Et auquel pour cela on fait beaucoup de bien [1] ?

J'ay, filz d'un laboureur, discouru brefvement
Tout ce facheux propoz, moy qui ay bravement
Delaissé les rasteaux pour m'attacher aux Muses.
Tu pourras par usage apprendre d'autres ruses;
Or à Dieu, pense en moy, et pour attraper l'heur
Suy Mercure, qui est le plus fin oyseleur.

Fin.

In editione latina hæc omissa fuerant.

rea sed fœlix potiusque hæc aucupis illex
Quod fecisse alium narrat plebecula tota,
Urbis qui quandoque in diversoria nota

---

1. J'ignore à qui du Bellay faisoit allusion tout à l'heure, lorsqu'il parloit : de ce magistrat qu'un livre sur la *République*, sans cesse promis, jamais publié, avança si bien dans les honneurs; et de cet autre écrivain qui se fit une même fortune par le livre, toujours en espérance, où quiconque lui auroit fait du bien auroit eu un éloge; mais je crois volontiers que l'historien dont il parle ici doit être Denys Sauvage, qui, nommé historiographe par Henri II, n'écrivit pourtant rien sur le règne de ce roi.

Venerat, ingressus conclave relinquere fuerat
Ut multi legerent non ferme plura quaternis
Versiculis, titulo charta minioque notata.
En liber historiæ jam quartus in ordine Gallæ,
Quis neget hunc nullo fœlicem quæso labore.
Bis duo cui totidem peperere volumina versus?
Monstrari hinc digito, scriptorque hinc dicier esse
Gallorum historiæ, atque hinc maxima premia ferre [1].

Le Poëte courtisan.

Je ne veulx point icy du maistre d'Alexandre
Touchant l'art poëtiq' les preceptes t'apprendre ;
Tu n'apprendras de moy comment joüer il fault
Les misères des roys dessus un eschafault [2];
Je ne t'enseigne l'art de l'humble comœdie
Ni du Mëonien la muse plus hardie ;

1. Ces vers, dont l'avant-dernier paragraphe de la pièce françoise est la traduction, ne se trouvent pas dans les éditions de du Bellay, non plus que le reste de l'épître latine.
2. Dans le sens de théâtre. C'étoit celui qu'il avoit alors le plus communément. « Ces provinces, dit Nicolas Pasquier, *liv. VIII, lettre* 2, serviront d'un échafaud tout public et sanglant, où se joueront tous les actes de cette grande tragédie. »

LE POETE COURTISAN.

Bref, je ne montre icy d'un vers Horatien
Les vices et vertuz du poëme ancien,
Je ne depeins aussi le poëte du vide.
La court est mon autheur, mon exemple et ma guide[1] ;
Je te veulx peindre icy comme un bon artisan
De toutes ses couleurs l'Apollon courtisan,
Où la longueur surtout il convient que je fuye,
Car de tout long ouvraige à la court on s'ennuye.

Celuy donc qui est né (car il se fault tenter
Premier que l'on se vienne à la court presenter)
A ce gentil mestier, il fault que de jeunesse
Aux ruses et façons de la court il se dresse ;
Ce precepte est commun, car qui veult s'avancer
A la court, de bonne heure il convient commencer.

Je ne veulx que longtemps à l'estude il pallisse,
Je ne veulx que resvêur sur le livre il vieillisse,
Fueilletant studieux tous les soirs et matins
Les exemplaires grecs et les autheurs latins.
Ces exercices là font l'homme peu habile,
Le rendent catareux, maladif et debile ;
Solitaire, facheux, taciturne et songeard ;
Mais nostre courtisan est beaucoup plus gaillard.
Pour un vers allonger ses ongles il ne ronge,
Il ne frappe sa table, il ne resve, il ne songe,
Se brouillant le cerveau de pensemens divers
Pour tirer de sa teste un miserable vers,

---

1. Le mot *guide* étoit alors du féminin dans toutes ses acceptions, comme il l'est encore dans le sens de *rêne* pour conduire les chevaux. V. t. I, p. 75.

LE POETE COURTISAN.

Qui ne rapporte, ingrat, qu'une longue risée
Partout où l'ignorance est plus authorisée.

 Toy donc qui as choisi le chemin le plus court
Pour estre mis au ranc des sçavants de la court,
Sans macher le laurier, ny sans prendre la peine
De songer en Parnasse, et boire à la fontaine
Que le cheval volant de son pied fist saillir,
Faisant ce que je dy, tu ne pourras faillir.

 Je veulx en premier lieu que sans suivre la trace
(Comme font quelques uns) d'un Pindare et Horace,
Et sans vouloir comme eux voler si haultement,
Ton simple naturel tu suives seulement.
Ce procès tant mené, et qui encore dure,
Lequel des deux vault mieulx, ou l'art, ou la nature,
En matière de vers à la court est vuidé :
Car il suffit icy que tu soyes guidé
Par le seul naturel, sans art et sans doctrine,
Fors cet art qui apprend à faire bonne mine ;
Car un petit sonnet, qui n'ha rien que le son,
Un dixain à propos, ou bien une chanson,
Un rondeau bien troussé, avec une ballade
(Du temps qu'elle couroit [1]), vault mieux qu'une Iliade.
Laisse-moy donques là ces Latins et Gregeoys
Qui ne servent de rien au poëte françois,

---

[1]. Le genre de la *ballade*, qui commençoit à n'être plus en faveur, eut une sorte de réveil au XVIIe siècle; mais Trissotin toutefois pouvoit dire avec raison à Vadius :

<small>Ce n'en est plus la mode, elle sent son vieux temps.</small>

Et soit la seule court ton Virgile et Homère,
Puis qu'elle est (comme on dict) des bons esprits la mère.
La court te fournira d'arguments suffisants,
Et seras estimé entre les mieulx disants,
Non comme ces resveurs qui rougissent de honte,
Fors entre les sçavants des quelz on ne fait compte.

Or, si les grands seigneurs tu veulx gratifier,
Arguments¹ à propoz il te fault espier,
Comme quelque victoire, ou quelque ville prise,
Quelquenopce, ou festin, ou bien quelque entreprise
De masque, ou de tournoy : avoir force desseings,
Des quelz à ceste fin tes coffres seront pleins.

Je veulx qu'aux grands seigneurs tu donnes des devises
Je veulx que tes chansons en musique soient mises ;
Et à fin que les grands parlent souvent de toy,
Je veulx que l'on les chante en la chambre du roy.

---

1. *Argument* est ici dans le sens de sujet de pièce.
2. On sait de quelle importance furent les devises jusqu'au XVIIe siècle, où elles jouoient dans les carrousels le rôle qu'elles avoient eu dans les tournois, et figuroient comme un dernier débris des temps chevaleresques. Dans les *Entretiens d'Ariste et d'Eugène*, par le P. Bouhours, le VIe leur est tout entier consacré. Les grands seigneurs recouroient aux poëtes pour leur faire des devises, dont beaucoup furent des plus ingénieuses, comme on le voit par les citations du P. Bouhours. Les auteurs gardoient pour eux-mêmes quelque chose de leur marchandise, ils s'étoient presque tous donné des devises, qu'ils apposoient sur leurs œuvres, et qui souvent en étoient la seule signature. V. G. Guiffrey, *Poéme inédit* de Jehan Marot, 1860, in-8, p. 126, note.

Un sonnet à propoz, un petit épigramme
En faveur d'un grand prince ou de quelque grand'dame,
Ne sera pas mauvais; mais garde-toy d'user
De mots durs ou nouveaulx qui puissent amuser
Tant soit peu le lisant : car la doulceur du stile
Fait que l'indocte vers aux oreilles distille,
Et ne fault s'enquerir s'il est bien ou mal fait,
Car le vers plus coulant est le vers plus parfaict.

Quelque nouveau poëte à la court se presente :
Je veulx qu'à l'aborder finement on le tente;
Car s'il est ignorant, tu sçauras bien choisir
Lieu et temps à propoz pour en donner plaisir;
Tu produiras partout ceste beste, et en somme
Aux despens d'un tel sot tu seras galland homme.

S'il est homme sçavant, il te fault dextrement
Le mener par le nez, le loüer sobrement,
Et d'un petit soubriz et branlement de teste
Devant les grands seigneurs luy faire quelque feste,
Le presenter au roy, et dire qu'il fait bien
Et qu'il a mérité qu'on luy face du bien.
Ainsi, tenant tousjours ce pauvre homme soubz bride,
Tu te feras valoir en luy servant de guide;
Et, combien que tu sois d'envie époinçonné,
Tu ne seras pour tel toutefois soubsonné.

Je te veulx enseigner un aultre poinct notable,
Pour ce que de la court l'eschole c'est la table [1];

---

1. C'est dans les festins, à l'*issue*, c'est à-dire au dessert, qu'on chantoit les chansons nouvelles, comme cela

Si tu veulx promptement en honneur parvenir,
C'est où plus saigement il te fault maintenir.
Il fault avoir tousjours le petit mot pour rire ;
Il fault des lieux communs qu'à tout propoz on tire
Passer ce qu'on ne sçait, et se montrer sçavant
En ce que l'on ha leu deux ou trois soirs devant.

Mais qui des grands seigneurs veult acquerir la grace
Il ne fault que les vers seulement il embrasse,
Il fault d'aultres propoz son stile déguiser,
Et ne leur fault tousjours des lettres deviser.
Bref, pour estre en cest art des premiers de ton age,
Si tu veulx finement joüer ton personnage,
Entre les courtisans du sçavant tu feras,
Et entre les sçavants courtisan tu seras.

Pour ce te fault choisir matière convenable
Qui rende son autheur aux lecteurs agreable,

se fait encore dans les provinces, et que les auteurs essayoient leurs ouvrages par des lectures à haute voix. Les comiques y jouoient leurs farces. Cotin, dans sa *Satire des Satires*, reproche à Boileau d'aller avec son Turlupin, c'est-à-dire avec Primorin, son frère, et non pas avec Molière, comme on l'a prétendu, gagner ainsi, par ses bouffonneries, « de bons dîners chez le sot campagnard ». Montfleury, dans l'*Impromptu de l'hôtel de Condé* (sc. 3), fait un reproche du même genre à Molière. Il a, fait-il dire à l'un de ses personnages, à propos de l'*Impromptu de Versailles*, qui, suivant lui, n'étoit rien moins qu'un impromptu,

> Il a joué cela vingt fois au bout des tables,
> Et l'on sait, dans Paris, que, faute d'un bon mot,
> De cela, chez les grands, il payoit son escot.

LE POETE COURTISAN. 149

Et qui de leur plaisir t'apporte quelque fruict.
Encores pourras tu faire courir le bruit
Que, si tu n'en avois commandement du prince,
Tu ne l'exposerois aux yeulx de ta province,
Ains te contenterois de le tenir secret,
Car ce que tu en fais est à ton grand regret.

Et, à la verité, la ruse coustumière,
Et la meilleure, c'est ne rien mettre en lumière,
Ains, jugeant librement des œuvres d'un chacun,
Ne se rendre subject au jugement d'aulcun,
De peur que quelque fol te rende la pareille,
S'il gaigne comme toy des grands princes l'oreille.

Tel estoit de son temps le premier estimé,
Duquel si on eust leu quelque ouvraige imprimé,
Il eust renouvelé peut-estre la risée
De la montaigne enceinte; et sa Muse prisée
Si hault auparavant eust perdu (comme on dict)
La reputation qu'on luy donne à credit.

Retien donques ce point, et si tu m'en veulx croire,
Au jugement commun ne hasarde ta gloire ;
Mais, saige, sois content du jugement de ceulx
Lesquelz trouvent tout bon, auxquelz plaire tu veux,
Qui peuvent t'avancer en estats et offices,
Qui te peuvent donner les riches benefices,
Non ce vent populaire et ce frivole bruit
Qui de beaucoup de peine apporte peu de fruict.
Ce faisant, tu tiendras le lieu d'un Aristarque,
Et entre les sçavants seras comme un monarque.
Tu seras bien venu entre les grands seigneurs,

Des quelz tu recevras les biens et les honneurs,
Et non la pauvreté, des Muses l'héritage,
Laquelle est à ceulx-là reservée en partage,
Qui, dedaignant la court, facheux et malplaisans,
Pour allonger leur gloire accourcissent leurs ans.

FIN.

Comment se faisoit une éducation au XVIe siècle

(Fragment des Mémoires de M. de Mesmes) [1].

I

Mon père [2] me donna pour précepteur J. Maludan, Limosin, disciple de Dorat [3], homme savant, choisi pour sa vie innocente et d'âge convenable à conduire ma

1. Les *Mémoires* dont ce fragment et le suivant font partie sont du célèbre homme d'Etat Henry de Mesmes, qui joua un si grand rôle sous Henri II, Charles IX et Henri III, tant en France qu'en Italie, où il fut administrateur de la république de Sienne, au nom d'Henri II. Ces *Mémoires*, qui sont adressés à son fils, existent manuscrits à la Bibliothèque impériale. Ils n'ont jamais été publiés. On les connaît par l'analyse et les extraits que publia le *Conservateur* de 1760, t. IX, 2e partie, et surtout par le *fragment* qu'en donna Rollin dans son *Traité des Etudes*, liv. II, ch. 2, art. 1er (édit. in-4, t. I, p. 122). Ce morceau très-intéressant est le même que nous reproduisons ici, le premier, mais avec plus d'étendue que dans

jeunesse jusques à temps que je me sçusse gouverner moi-même, comme il fit; car il avança tellement ses études par veilles et travaux incroyables, qu'il alla toujours aussi avant devant moi comme il étoit requis pour m'enseigner, et ne sortit de sa charge sinon lorsque j'entrai en office. Avec lui, et mon puiné, J.-J. Mesmes, je fus mis au collége de Bourgogne dès l'an 1542[4] en la troisième classe; puis je fis un an, peu moins, de la première. Mon père di-

la reproduction de Rollin, et une plus grande exactitude de texte. Rollin le devoit à une communication que M. le président de Mesmes, de l'Académie françoise, mort en 1723, lui avoit faite de ces *Mémoires*, qui n'étoient pas encore sortis de la famille pour entrer à la Bibliothèque de la rue de Richelieu. Il en existoit trois manuscrits : celui dont nous parlons, un autre aux Missions étrangères; et enfin un troisième chez les Séguier.

2. Jean-Jacques de Mesmes, seigneur de Roissy, lieutenant civil au Châtelet, puis maître des requêtes, premier président au Parlement de Normandie, conseiller du roi, etc. Il mourut en 1569.

3. Jean Daurat, qui fut professeur au Collége de France, et l'un des bons grecs de ces temps-là, comme on disoit alors. Il étoit du Limousin, comme Maludan son élève. Il étoit, au dire de Ronsard, « la source qui a abreuvé tous nos poëtes des eaux pierriennes », ou bien, comme il disoit encore, « le premier qui a destoupé la Fontaine des Muses par les outils des Grecs ». Claude Binet, *Vie de Ronsard* (*Archives curieuses*, 1re série, t. 10, p. 371).

4. Il n'avoit alors que dix ans. Le collége de Bourgogne, où on le mettoit ainsi, datoit du XIVe siècle. Il devoit son nom à la comtesse Jeanne de Bourgogne, qui l'avoit fondé en 1331 pour vingt pauvres écoliers de sa province et comté. L'Ecole de médecine en occupe la place.

soit qu'en cette nourriture du collége il avoit eu deux regards : l'un à la conservation de la jeunesse gaie et innocente; l'autre à la scholastique, pour nous faire oublier les mignardises de la maison, et comme pour dégorger en eau courante. Je trouve que ces dix-huit mois au collége me firent assez bien. J'appris à répéter, disputer et haranguer en public, pris connoissance d'honnêtes enfans dont aucuns vivent aujourd'hui; appris la vie frugale de la scholarité, et à régler mes heures ; tellement que, sortant de là, je récitai en public plusieurs vers latins et deux mille vers grecs faits selon l'âge, récitai Homère par cœur d'un bout à l'autre. Qui fut cause après cela que j'étois bien vû par les premiers hommes du temps, et mon précepteur me menoit quelquefois chez Lazarus Baïfus [1], Tusanus [2], Strazel-

1. Lazare de Baïf, père du poëte, qui avoit été ambassadeur de France à Venise et en Allemagne, sous François Ier, et à qui l'on doit de curieux traités latins : *De re vestiaria, De re navali*, etc. On se réunissoit, en cercle de savants, chez Lazare de Baïf, comme on se rassembla plus tard en une sorte d'académie chez son fils Antoine (v. t. VIII, p. 31-33, note). Ronsard étoit des assidus chez Lazare de Baïf. Quoiqu'il logeât bien loin, aux Tournelles, comme gentilhomme des Ecuries du roi, il s'en venoit à la nuit avec son ami le baron Carnavalet, jusque dans le quartier de l'Université, où demeuroit Baïf. Il y trouvoit toujours nombre de savants, et notamment Jean Daurat, « honneur du pays Limosin », qui habitoit la même maison, comme professeur de grec du fils de Baïf. Cl. Binet, *Vie de Ronsard*, loc. cit.

2. C'est le célèbre helléniste Jacques Toussaint, qui se faisoit appeler en latin Tussanus. Il mourut en 1547.

lius, Castellanus[1] et Danésius[2], avec honneur et progrès aux lettres. L'an 1545, je fus envoyé à Tolose[3] pour étudier en lois avec mon précepteur et mon frère, sous la conduite d'un vieil gentilhomme tout blanc, qui avoit longtemps voyagé par le monde. Nous fûmes trois ans auditeurs en plus étroite vie et pénibles études que ceux de maintenant ne voudroient supporter. Nous étions debout à quatre heures[4], et ayant prié Dieu, allions à cinq heures aux études, nos gros livres sous le bras, nos écritoires et nos chandeliers à la main. Nous oyions toutes les lectures[5] jusqu'à dix heures sonnées, sans nulle

---

1. Il ne faut pas le confondre avec le médecin Honoré Castellan, dont il sera parlé plus loin. Celui-ci est Pierre du Châtel, lecteur et bibliothécaire de François Ier, qui, évêque de Tulle, grand aumônier de France, mourut évêque d'Orléans en 1552.

2. Pierre Danès, qui fut premier professeur de grec au Collége de France.

3. Son père y avoit professé la jurisprudence, et il avoit à cœur que son fils fût instruit et même professât où lui-même avoit enseigné.

4. C'est en effet l'heure où la cloche sonnoit pour le réveil. A cinq heures, tout le monde devoit être rendu dans les salles, et assis sur la jonchée de paille qui servoit de litière scolastique. V. dans l'*Hist. de Paris*, par Félibien, t. III, p. 727, preuves, le règlement du collége Montaigu pour 1502.

5. « Le professeur, dit M. J. Quicherat, au t. I de son *Histoire de Sainte-Barbe*, savoit se traîner sur le livre, quel qu'il fût, qui passoit pour contenir la science. Il *lisoit* et ses élèves *écoutoient*, suivant l'expression employée alors pour dire faire un cours, suivre un cours. » H. de Mesmes

intermission; puis venions dîner après avoir en hâte
conféré demi-heure sur ce qu'avions écrit de lectures [1]. Après dîner nous lisions, par forme de jeu,
Sophocles ou Aristophanus ou Euripides et quelque
fois Demosthènes, Cicero, Virgilius, Horatius [2]. A
une heure aux études; à cinq, au logis [3], à répéter
et voir dans nos livres les lieux allégués, jusqu'après
six. Puis nous soupions et lisions en grec ou en latin. Les fêtes, à la grande messe et vêpres. Au reste
du jour, un peu de musique et de pourmenoir.
Quelque fois nous allions dîner chez nos amis pa-
ternels, qui nous invitoient plus souvent qu'on ne
nous y vouloit mener. Le reste du jour aux livres;
et avions ordinaire avec nous Hadrianus Turnebus [4],

a dit tout à l'heure que son frère et lui étoient *auditeurs*.
Les premiers maîtres du collége Royal ne s'appelèrent pas
professeurs, mais *lecteurs*.

1. Ces conférences étoient ce qu'on appeloit la *répa-
ration*, exercice où les écoliers se recordoient l'un l'autre
l'objet de la leçon supposée, jusqu'à ce qu'ils fussent en
état de la répéter dans les mêmes termes.

2. Ces lectures par forme de jeu duroient une heure.
C'étoit la seule récréation qui suivoit le dîner. « Elle
ôtoit au diable, dit Robert Goulet en son *Heptadogma*,
ch. 3, l'avantage de trouver les esprits inoccupés. »

3. Henry de Mesmes et son frère n'étoient pas ce qu'on
appeloit *convicteurs* ou *portionistes*, c'est-à-dire pen-
sionnaires, ou boursiers. Ils étoient des *martinets* ou
externes libres, la classe la plus nombreuse d'écoliers qui
hantât alors les écoles.

4. Le savant Adrien Turnèbe, qui fut en effet professeur
à Toulouse, avant de diriger à Paris l'imprimerie Royale,
« pour les livres grecs ».

Dionysius Lambinus [1], Honoretus Castellanus, depuis médecin du roi; et Simon Thomas, lors très-savant médecin. Au bout de deux ans et demy nous leumes en public demy an à l'école des Institutes; puis nous eûmes nos heures pour lire aux grandes écoles et leumes les autres trois ans entiers, pendant lesquels nous fréquentions aux fêtes les disputes publiques, et je n'en laissai guère passer sans quelque essai de mes débiles forces. En fin des bancs, tînmes conclusions publiques par deux fois, la première, chacun une, après deux heures; la seconde trois jours entiers, et seuls avec grande célébrité; encore que mon âge me défendît d'y apporter autant de suffisance que de confidence..... Après cela, et nos degrés pris de docteurs en droit civil et canon, nous prîmes le chemin pour retourner à la maison; passâmes à Avignon pour voir Æmilius Ferratus qui lors lisoit avec plus d'apparat et de réputation que lecteur de son temps. Nous le saluâmes le soir

---

1. Denis Lambin, qui après avoir professé à Toulouse, en même temps que Marot son ami, et plus tard son ennemi, suivit à Rome le cardinal de Tournon, et revint professer le grec à Paris, au collége Royal. Il resta l'ami d'Henry de Mesmes. Il lui dédia ses *Commentaires sur Cicéron*, et attesta dans l'épitre dédicatoire qu'il lui devoit ce que ses observations contenoient de meilleur.

2. Emile Ferret, ou Ferretti, de Castel Franco, qui, après avoir été secrétaire de Léon X, enseigna le droit aux écoles de Valence et d'Avignon, où il mourut le 14 juillet 1552, avec le titre de conseiller au Parlement de Paris, que lui avoit conféré François Ier. On a de lui *Juridica opera*, 1598, in-4.

de l'arrivée, et il lui sembla bon que je leusse en son lieu, lendemain matin, jour de saint François, et que de foy prenant la loi où il étoit demouré le jour précédent. Il y assista lui-même avec toute l'escole, et témoigna à mon père par lettres latines de sa main qu'il n'y avoit pas pris déplaisir. Ce même fut à Orléans.....

Nous fûmes à Paris le 7 novembre 1550.

Lendemain je disputai publiquement ez escoles de droit en grande compaignie, presque de tout le parlement, et trois jours après je pris les points pour débattre une régence en droit canon, et répétai ou lus publiquement un an ou environ. Après cela il sembla bon à mon père de m'envoyer à la cour avec le garde des sceaux, depuis cardinal Bertrandy, pour me faire cognoîtrre au roi [1]...

---

[1]. Pour résumer mon sentiment sur les dures études du XVIe siècle, et ajouter quelques faits à ceux qui précèdent, je ne puis m'empêcher de citer quelques lignes d'un discours prononcé par H. Rigault à la distribution des prix du Lycée Louis-le-Grand en 1854, et recueilli dans ses *Œuvres complètes* : « Et, dit-il après avoir décrit l'horrible vie du collége Montaigu, et sa rude discipline, et cependant en ces jours terribles, on voyait accourir en foule une jeunesse prête à tout souffrir, la faim, le froid et les coups, pour avoir le droit d'étudier. Un pauvre enfant qui devait un jour devenir principal de Montaigu, Jean Stondonck, venait à pied de Malines à Paris pour être admis à cette sévère école, travaillait le jour sans relâche, et la nuit, montait dans un clocher pour y travailler encore aux rayons gratuits de la lune. C'était le temps héroïque des études classiques, le temps où Ronsard et Baïf, couchant dans la même chambre, se levaient l'un après l'au-

II[1]

« Mon père ne reçut qu'à force l'honneur de l'état de conseil privé, qui n'étoit pas vulgaire alors ; mais sur ce qu'il remontroit sa vieillesse et impuissance, le roi Charles répliqua : C'est ce qui me fait vous prier d'en être, pour éviter le blâme que ce me feroit si vous mouriez sans en être.

« Le roi François Ier lassé de feu *Rusé*, son avocat au parlement de Paris, il manda mon père, pour

tre, minuit déjà sonné, et, comme le dit un vieux biographe, Jean Daurat, se passaient la chandelle pour étudier le grec, sans laisser refroidir la place. C'est le temps où Agrippa d'Aubigné savait quatre langues et traduisait le *Criton* de Platon « avant d'avoir vu tomber ses dents de lait ». Aujourd'hui, les mœurs scolaires sont plus douces et les maîtres s'en applaudissent les premiers. La place du grand fouetteur *Tempête* est supprimée dans l'Université, et le délicat Erasme vanterait les bons lits et la bonne chère de la jeunesse moderne. Mais, ajoutait Rigault apostrophant directement les élèves, mais le savoir est-il aussi précoce ? J'en connais beaucoup d'entre vous qui ne traduiraient pas le *Criton*, et qui ont pourtant leurs dents de sagesse. »

1. Rollin, après avoir transcrit dans le *Traité des études* la première partie du morceau qui précède, dit en note : « Le même manuscrit rapporte une belle action de M. de Mesmes, qui refusa une place considérable que le roi lui offroit, et par ce généreux refus la conserva à celui qui l'avoit occupée jusque là. » Le récit de cette belle action se trouve dans le fragment qui suit.

lors fraîchement venu à Paris, pour lui donner cet office, lequel aussi rudement que sévèrement lui contesta qu'il ne feroit pas bien de dépouiller son officier sans crime, et qu'il pourroit, lui vivant, autrement vaquer. — « Mais c'est mon avocat; chacun prend celui qui lui plaît; serai-je de pire condition que le moindre de mes sujets? — C'est, dit-il, l'avocat du roi et de la couronne, non sujet à vos passions, mais à son devoir. J'aimerois mieux gratter la terre aux dents que d'accepter l'office d'un homme vivant. » — Le roi excusa cette liberté de parler et la loua, et changea de conseil, de sorte que trois jours après l'avocat Rusé se vint mettre à genoux devant mon père en son étude, l'appelant son père et son sauveur après Dieu. « Je n'ai, dit-il, rien fait pour vous, ne m'en remerciez point, car j'ai fait à ma conscience, et non à votre satisfaction. »

Les larmes et complaintes de la Reyne d'Angleterre sur la mort de son Espoux, à l'imitation des quatrains du sieur de Pibrac, par David Ferrand.

A Paris, chez Michel Mettayer, imprimeur ordinaire du Roy, demeurant en l'isle Nostre-Dame, sur le Pont-Marie, au Cigne.

M.DC.XLIX.

In-4¹.

Pleine d'ennuys et de rudes atteintes,
O tout puissant, escoute mes clameurs!
Le grand excez de mes divers malheurs
Me fait vers toy adresser ces complaintes.

1. Cette pièce, qu'on range parmi les *mazarinades* à cause de sa date et de son format, est on ne peut plus rare. (C. Moreau, *Bibliogr. des mazarin.*, t. II, p. 105.) M. Brunet, qui l'avoit omise dans les deux premières

Dans le contour de la machine ronde,
Parmy le Scythe, et peuples plus pervers,
Bien qu'il y ayt eu maints malheurs divers,
Je ne crois point en avoir de seconde.

Mon accident attaint jusqu'à l'extresme,
Et ne se peut trouver pareil courroux :
Ayant perdu mon très fidelle espoux,
Lequel j'aimois plus encor que moy-mesme.

éditions de son *Manuel*, ne l'a pas oubliée dans la troisième. V. t. II, 2ᵉ partie, p. 1230. Il l'avoit connue par l'excellent livre de M. Ed Frère, *Manuel du bibliographenormand*, t. I, p. 462. — L'auteur, David Ferrand, est le même à qui l'on doit la *Muse normande*, recueil en patois normand, dont les 28 parties sont si difficiles à réunir. V. un article de M. Rathery, dans l'*Athenæum* du 12 fév. 1853, et un autre de M. C. Moreau, dans le *Bulletin du Bibliophile*, janv. 1862, p. 811. David Ferrand s'y distingue comme homme d'esprit original, mais non comme imprimeur. Je ne sache rien de plus mal imprimé et sur plus affreux papier que cette *Muse normande* du lettré typographe de Rouen. La pièce reproduite ici n'est pas la seule qu'il ait composée en françois, mais je ne lui en connois point d'autre imprimée à Paris. Elle suivit sans doute de près la mort de Charles Iᵉʳ, dont elle est la complainte. Il fut exécuté, comme on sait, le 9 février 1649. Elle est un témoignage du grand trouble et de l'indignation que ce supplice jeta en France dans les esprits. Plusieurs autres écrits du temps font foi de la même préoccupation douloureuse, et sont empreints du même sentiment de vengeance. Dès le mois de février, le *Banissement du mauvais riche*, in-4°, contenoit des vers sur l'exécution du roi d'Angleterre. Le 18 mars, Renaudot écrivoit à Saint-Ger-

Comme deux luths de mesme consonnance,
Estant touchez, rendent mesmes accords,
Ainsi vivoit, sans avoir nuls discords,
Son cœur Anglois avec celuy de France.

Les fruits conçeuz de nostre mariage
Monstrent assez quels estoyent nos desseins;
Nous les pensions voir un jour souverains.
Mais comme nous ils sentent cet orage.

main : *La déplorable mort de Charles I*[er]*, roi de la Grande-Bretagne;* puis François Preuveray publioit : *Les dernières paroles du roy d'Angleterre, avec ses adieux aux princes et princesses ses enfants,* et aussi les *Mémoires du feu roy de la Grande-Bretagne, écrits de sa propre main dans sa prison... traduit de l'anglois en nostre langue par le sieur de Marsys.* 143 p. in-4°. G. Sassier faisoit paroître en même temps, en in-4° de 12 pages : *Les justes soupirs et pitoyables regrets des bons Anglois sur la mort du très-auguste et très-redouté monarque Charles, roy de la Grande-Bretagne et d'Hibernie,* etc. D'autres ne s'en tenoient pas aux lamentations, et, comme je l'ai dit, crioient vengeance. Ainsi, l'on vit paroître chez Arnould Cottinet : *Exhortation de la Pucelle d'Orléans à tous les princes de la terre de faire une paix générale tous ensemble pour venger la mort du roi d'Angleterre par une guerre toute particulière.* Un anonyme s'indignoit en latin, dans 4 pages in-4° que publièrent la veuve Pepingné et Étienne Maucroy : *Diræ in Angliam, ob patratum scelus, 9 februarii* 1649. Il demandoit qu'on fît la paix partout, afin de mieux faire la guerre aux deux peuples maudits : les Turcs et les Anglois. Un autre écrit du même genre, *Relation véritable de la mort barbare et cruelle du roy d'Angleterre,* se terminoit par un appel aux rois pour qu'ils ne missent pas de retard à venger leur frère de la Grande-

Et vous avez rompu cette armonie,
Maudits sujets sans croyance et sans foy :
Quand vous avez fait mourir vostre Roy,
M'avez-vous pas ensemble osté la vie ?

Vous m'eussiez fait sans doute le semblable
Quand je quittay vostre rivage Anglois [1]

Bretagne, et par cette apostrophe à la mer : « Et toi, Océan, qui couronnes cette île malheureuse, que ne vomis-tu tes eaux pour la bouleverser. » Quelques-uns tournoient la chose tout autrement, et faisoient de cette mort une menace pour le petit Louis XIV. Dans *La France ruinée par les favoris*, et dans la *Lettre d'un fidèle François à la reine*, on présage au roi le sort de Charles Stuart, et à sa mère celui de Marie de Médicis. Un autre plus sensé : *Raisonnement sur les affaires présentes, et leur différence de celles d'Angleterre*, établit judicieusement que la triste comparaison entre nos troubles et ceux de la Grande-Bretagne étoit absurde, puisque chez nous il ne s'agissoit guère que d'une question de finances et de tyrannie fiscale. Tout le monde s'émut, même les protestants, qui, craignant qu'on ne leur fît un crime de ce qu'avoient si cruellement osé les sectaires anglois, firent publier à Paris et à Rouen : *Remontrance des ministres de la province de Londres adressée par eux au général Fairfax et à son conseil de guerre douze jours avant la mort du roy de la Grande-Bretagne*. Ils vouloient prouver par cette publication que *l'infamie* de cette exécution n'étoit en rien imputable à la religion réformée, puisque ses ministres avoient été des premiers à réclamer contre la sentence.

1. La reine d'Angleterre, quinze jours après être accouchée d'une fille à Exeter, s'étoit embarquée pour la France, qu'elle ne devoit plus quitter : c'étoit au commencement

Pour m'enfuir en celuy des François,
Bien qu'en nul point je ne fusse coupable.

Auparavant que sortir d'Angleterre,
L'on a chassé mes Prestres et amis ;
L'on a brizé jusqu'à mon Crucifix,
Et mes Autels l'on a jetté par terre [1].

de 1644. (*Journ.* d'Ol. d'Ormesson, t. I, p. 224.) Elle habita le vieux château de Saint-Germain, le Palais-Royal, puis le couvent de la Visitation, à Chaillot. (V. plus haut, p. 45, note.) La misère fut souvent grande pour elle et pour tous ceux qui l'avoient suivie. On en fit un crime à Mazarin ; on alla même jusqu'à dire qu'il avoit par ses spoliations ajouté encore à la pénurie de ces Anglois réfugiés. La *Mazarinade* lui dit :

> Va rendre compte au Vatican
> . . . .
> De ta sincérité fardée,
> Des Angloys qui n'ont point de pain,
> Que tu laisses mourir de faim ;
> Et de leur reine désolée
> De ses bagues par toi volées,

1. Ceci n'est-il pas une allusion à l'énergique mesure prise par Charles Ier lui-même contre les François, gentilshommes, chapelains, etc., qui composoient la maison de la reine à Londres, et dont les prétentions turbulentes avoient soulevé de grands mécontentements à la cour et à la ville? Le roi les réunit tous un soir et leur intima l'ordre de partir sur-le-champ ; ce qui fut fait, et sans le moindre retard, car les voitures étoient prêtes. Afin que la reine ne fît rien pour s'opposer à ce départ de ses amis, le roi l'avoit traînée dans son appartement et l'y avoit enfermée. Sa colère, qui fut terrible, ne put heureusement se porter que contre les vitres, qu'elle brisa. Une lettre de

Un faut semblant de Foy, d'hypocrisie,
Vous a causé cette rebellion :
Chacun esprit fait sa Religion ;
Vous voguez tous au flot de l'heresie.

Le Ciel pour vous appreste ses tempestes ;
Vous ne voyez vos malheurs à present.

M. Pory à M. Mead, conservée à la *Bibliothèque Harléienne*, manuscr. n° 383, donne à ce sujet de curieux détails. La reine, au moment où ceci se passa, n'avoit pas moins de quatre cent quarante personnes attachées à sa maison, ce qui, suivant une lettre du temps, entraînoit une dépense de 240 livres sterling par jour. Revenue de sa colère, Henriette pria, supplia, et fit supplier par Bassompierre, qui étoit alors notre ambassadeur à Londres. Charles n'accorda rien. « Le roy, dit Bassompierre dans une lettre insérée au t. III de ses *Ambassades*, est si résolu à ne restablir aucun François auprès de la reyne sa femme, et a esté si rude à me parler lorsqu'il m'a donné audience, qu'il ne se peut davantage. » D'après une lettre de lord Dorchester à M. de Vic, l'un des agents de l'Angleterre à Paris, il paroîtroit que le roi refusa même un médecin françois à la reine, bien qu'il fût déjà arrivé à Londres avec l'autorisation de la reine-mère. Quoique tout cela se fût passé depuis bien longtemps, Henriette et ses amis renvoyés en France ne devoient pas l'avoir oublié, et leur rancune devoit être toujours vive contre ceux dont les criailleries avoient poussé le roi à cette extrémité. Il faut lire sur toute cette affaire un chapitre fort intéressant des *Curiosities of litterature* de d'Israëli ; on en trouve une traduction dans l'*Écho britannique* du 10 janv. 1835, p. 47-53, sous ce titre : *Histoire secrète du roi Charles Ier et de la reine Henriette de France.*

Asseurez-vous que ce sang innocent
Retombera quelque jour sur vos testes.

    Traistre Ecossois, mais plustost double traistre,
Le Roy s'estoit jetté entre vos bras ;
Pour de l'argent, ainsi comme Judas,
Vous avez pris et vendu vostre maistre[1].

    Il n'est permis à la puissance humaine,
Pour cas qu'il soit, d'attenter à son roy ;
Aussi n'est-il escrit en nulle loy :
Dieu seul le peut de sa main souveraine.

    Peux-tu choquer de ce Dieu la presence,
Peux-tu, meschant, estre encor plus que Dieu :
Si sa justice opère en quelque lieu,
Ce n'est le roy, mais plustost ton offense.

    Sur tous les roys Dieu est souverain maistre ;
Et si quelqu'un est injuste ou tyrant,
Ne peut-il pas de son bras tout puissant
En un clin d'œil lui arracher son sceptre ?

    Ne peut-il pas l'escraser d'un tonnerre
Sans le laisser dessus un lict mourir ;
Ne peut-il pas encore le punir
De ses fleaux : peste, famine et guerre ?

---

1. Le 27 avril 1646, le roi étoit venu d'Oxford se confier à la loyauté des Écossois, campés à Kelham. Peu de jours après il étoit livré à Fairfax.

Quand tu n'aurois qu'au cœur la souvenance
(Tout tel qu'il soit, qu'il est oingt du Seigneur),
Tu ne devois faire telle rigueur,
Puisque l'effet surpassoit ta puissance.

Ceux qui ont leu leur souvienne de l'Arche,
D'un qui voulut y apposer sa main.
Ce n'estoit pas avec mauvais dessein ;
Il fut puny, bien qu'il fust Patriarche.

Nul ne doit estre au monde sanguinaire.
L'on voit fluer le sang des massacrez !
Songez qui touche à des vaisseaux sacrez
Se voit puny de la mesme manière.

Vous n'avez mis seulement en deroute
Ce vaisseau saint beny du Tout Puissant ;
Mais vrays gloutons d'un digne et royal sang
L'avez succé ensemble goutte à goutte.

Quand il passa parmy la populace
Pour contester qu'on l'accusoit à tort,
Elle crioit qu'on le mist à la mort :
Maudits sujets naiz de maudite race.

Rougissez donc de cet arrest injuste ;
Je veux qu'il soit derivé du commun.
C'estoient corbeaux dont le cri importun
Tendoit après le sang d'Abel le juste.

Vos predicans, qu'en ces vers je ne flatte,

Pour s'exempter de ce meurtre inhumain,
Par leurs escrits ils se lavent la main ;
Mais ils le font ainsi que fit Pilate.

Si je voulois tracer un paralelle
A cet Aigneau qui mourut innocent,
Verroit-on pas mesme faux jugement ;
Mais sur ce point je veux caller ma voille.

A ton seigneur la vie ne desrobe,
Parce qu'il peut devenir ton amy :
David le fit à Saul son ennemy,
Se contentant de luy couper sa robbe.

Vous avez leu, ô race miserable,
La saincte loy du grand Dieu souverain :
Nul ne se doit souiller de sang humain,
Car il deffend d'occire son semblable.

Bien vray qu'il dit que l'homme pour son vice,
Y persistant, est digne du cercueil.
La dent pour dent, ainsi que l'œil pour œil [1],
Ce sont decrets de la saincte justice.

Mais mon espoux, vray monarque très-sage,
A-t-il jamais trempé sa main au sang ;

---

1. « *Oculum pro oculo, et dentem pro dente.* » Exod., ch. 21, verset 24.

A-t-il jamais fait un acte meschant,
Pour desgorger sur son chef telle rage?

Vous l'accusez selon votre heresie
D'un changement de loy : c'estoit à tort.
Il protesta, prest de souffrir la mort,
Qu'il n'eut jamais ce point en fantaisie.

Il protesta encore davantage
Qu'il a esté tousjours vostre soustien;
Mais comme on dit : « Qui veut noyer son chien,
On le feint estre atteint de quelque rage. »

Peuple insolent, deschargez-vous encore
(Comme insensez) dessus son royal sang;
Ces rejetons conceus dedans mon flanc
Sont les sujets qu'à present je déplore.

Estrange cas, triste metamorphose :
Je ne pensois jamais voir ma maison
Tomber aux lacs de vostre trahison;
« Mais l'on propose, et le seul Dieu dispose. »

Disposez donc, ô divine clemence,
De ces sujets comme de mes douleurs;
De mes enfants dechassez les mal-heurs,
Et dessus tout, donnez-moy patience.

Adieu, grandeurs! adieu, toutes richesses!
Et les faveurs de ce val terrien :

Le vray Dieu est tout le souverain bien ;
Le possédant, on n'a point de tristesses.

Je laisse à luy d'en faire la vengeance :
Le droit royal dépend du souverain.
Il remettra mon sceptre dans ma main ;
Je crois en luy : il en a la puissance.

Le temps present mon esperance atterre,
Ce m'est un ver qui ronge mon esprit :
Car maintenant je suis, comme on m'a dit,
La reyne en paix au milieu de la guerre.

Mais neant-moins je sçay que la malice
Se trouvera punie en ce bas lieu :
« Les jours ne sont limitez devant Dieu,
« Soit tost ou tard il en fera justice. »

Le sang royal dont j'ai pris ma naissance
Fera peut-estre un jour que le François,
Se ressentant des ruses de l'Anglois,
De son forfaict en prendra la vengeance [1].

Tousjours dans l'air ne regne la tempeste,
Tousjours la mer n'a ses flots irrités,

1. On a vu plus haut que plusieurs écrits du même temps émirent un vœu semblable.

Tousjours ne s'ouvre Opis[1] de tous costés ;
Un vain penser n'est toujours dans la teste.

Souvent le foible endure l'injustice,
Plusieurs ressorts en donnant les moyens ;
Mais neant-moins tous les princes chrestiens
Sont obligez de punir la malice.

Dieu, dont l'effet est toujours admirable,
Et qui seul est scrutateur de nos cœurs,
Peut susciter de deux vieilles rancœurs
En un moment une paix agreable[2].

1. C'est la déesse sanguinaire à laquelle on sacrifioit des victimes humaines et qui n'avoit d'autels que dans la Tauride.
2. Ces deux vieilles *rancœurs* sont les haines envenimées de la France et de l'Espagne, qui depuis si longtemps étoient en guerre. David Ferrant voudroit qu'elles fissent la paix pour s'en aller combattre ensemble la nation régicide. C'étoit l'avis de beaucoup de bons esprits en ce temps-là, notamment de M. d'Ormesson, qui, après avoir appris l'exécution du roi Charles, écrivit dans son *Journal* : « C'est un exemple épouvantable entre les roys, et jusqu'à présent inouï, qu'un peuple ait jugé et condamné son roy par les formes de la justice, et ensuite exécuté. Tout le monde doit avoir horreur de cet attentat; et si les rois de France et d'Espagne étoient sages, ils devroient faire la paix entre eux et joindre leurs armes pour restablir cette maison royale dans son trosne. » *Journal d'Oliv. Lefevre d'Ormesson*, publié par Chéruel (Docum. inéd.), 1860, in-4°, t. I, p. 678.

C'est un espoir, comme toute la France
L'aspire aussi pour soulager son faix.
O Souverain ! donne-nous donc la paix :
Nous esperons une mesme allegeance.

*La réjouissance des femmes sur la deffence
des tavernes et cabarets.*

*A Paris, de l'imprimerie de Chappellain
rue des Carmes, au collége des Lombards.*

M.DC.XIII.

Avec permission[1].

Pet. in-8°.

Ce n'est pas d'aujourd'huy que la prudence des hommes a esté surmontée par la force du vin, que le vin a rendu leurs actions ridicules, leur a faict perdre leur fortune, et leur a servy de honte et d'infamie.

1. La *défense* qui fait l'objet de cette pièce fort rare n'étoit pas chose nouvelle en 1613. Elle n'étoit que renouvelée comme la plupart des prescriptions du même genre, qui, formulées vingt fois, n'étoient pas le plus souvent observées une seule. De tout temps, notamment sous Henri III, cabarets et tavernes avoient été interdits. Au mois d'octobre 1576, Claude Hatton écrit dans ses Mémoires (t. II, p. 879) : « Renouvellement de la défense

Noé n'eust si tost cultivé, ou plustot pressuré le raisin, que ses enfans, se riant de son insolence inacoutumée, il ne payast luy mesme le tribut de son ouvrage.

Comme le vipère donne l'estre à celuy qui luy faite par le roi d'aller boire jour et nuit dans les tavernes. » On n'y alla pas moins. L'an d'après, au mois de mars, nouvel édit, daté de Blois, qui n'eut pas de résultat plus décisif (Isambert, *Anciennes Lois françaises*, t. XIV, p. 320). A Rouen, cependant, où, la même année peut-être, une mesure semblable avoit été prise par arrêt du parlement, les cabarets coururent de vrais risques. On avoit imaginé, pour empêcher les buveurs de s'y rendre, une taverne ambulante qui alloit leur porter, à doses modérées et à courtes stations, les rafraîchissements dont ils ne pouvoient se passer dans leurs ateliers. Ce fut pendant quelque temps un vrai préjudice pour les vraies tavernes, où l'on ne prenoit plus la peine d'aller chercher ce que, tout en obéissant à la loi, on avoit chez soi sans se déranger. Une pièce très-rare, pet. in-8°, vendue 65 francs en 1844, à la vente de Nodier, qui en avoit fait la matière d'une très-curieuse notice (*Bullet. du Bibliophile*, juillet 1835), fut, à ce propos, publiée *à Rouen, au portail des libraires, par Jehan du Gort et Jaspar de Remortier*. Voici le quatrain qui lui sert de titre :

> Le discours démonstrant sans feincte
> Comme maints pions font leur plainte,
> Et les tavernes desbauchez,
> Par quoy taverniers sont faschez.

Les cabarets eurent pourtant leurs consolations à Rouen comme partout. Ils se rouvrirent peu à peu, et la taverne ambulante, qu'on appeloit *triballe* ou *trimballe*, disparut. A Paris, ils n'avoient jamais eu de chômage complet,

donne la mort, ainsi Noé mist le vin au pouvoir et en la cognoissance des hommes, lequel pourtant fut cause de la mauvaise opinion que ses enfans eurent de son yvresse.

Ce n'est pas assez à l'homme de n'offencer en pu-

que je sache, pas plus après les édits de Henri III qu'après celui de Louis XIII dont il est question ici. Quelques années après, Messieurs de la taverne relevoient si bien la tête, qu'un anonyme croyoit bon de publier en leur nom une très-curieuse requête : *Les justes plaintes faites au roy par les cabaretiers de la ville de Paris sur la confusion des carrosses qui y sont et de l'incommodité qu'en reçoit le public*, par le sieur D. L. P., 1625, in-8. — Sous Louis XIV, il y eut aussi plus d'un édit de tempérance. Ainsi, par un règlement de 1666, les cabarets durent être fermés à six heures, depuis le 1er novembre jusqu'à Pâques, et à neuf heures dans les autres saisons. En 1705, les suisses et portiers des maisons et hôtels « vendant vin en gros ou en détail, soit à pot ou à assiette », reçurent, par arrêt du conseil, l'ordre de cesser ce commerce, mais n'en tinrent compte, à ce qu'il paroît, car, sur la demande des cabaretiers eux-mêmes, pour qui c'étoit une préjudiciable concurrence, il fallut le réitérer plus tard par un autre arrêt du 15 mars 1737. Voltaire, dans sa lettre à madame de Bernière, du 28 novembre 1723, a parlé de ce commerce que les suisses faisoient à la porte des hôtels : « Vous avez, lui dit-il, un suisse qui ne s'est pas attaché à votre service pour vous plaire, mais pour vendre à votre porte de mauvais vins à tous les porteurs d'eau qui viennent ici tous les jours faire de votre maison un méchant cabaret. » Il y a encore dans beaucoup de villes de l'étranger des *pensions suisses*. Leur nom vient de cet usage, qui disparut à la Révolution avec les suisses des hôtels.

blic, ou plus tost de ne recevoir le chastiment de ses offences, mais de ne servir de mauvais exemple à ceux auquel il doit servir d'instruction et d'enseignement.

Le vin traisne après luy force autres vices, et Dieu ne seroit tant offencé si les hommes n'estoient commandez du vin.

Esaü resina [1] follement sa primogeniture à son frère pour des lentilles ; je croy que la faim ne luy fit pas faire ceste faute, qu'il ne fust prevenu du vin.

Le roy des Caldéens voulut forcer la femme d'Abraham, après estre assoupy de vin, et le lendemain il luy demanda pardon de l'offence qu'il luy avoit voulu faire, et tança mesme ses porte-poulets de luy avoir mis cest amour en teste.

David fit tuer Urie après avoir festiné avec Bersabée, et fit penitence de la faute qu'il avoit commise.

Herode fit trencher la teste à S. Jean-Baptiste, enyvré de vin et passionné des beautez de sa sœur. Laissons l'Ecriture à part ; venons chez les payens, lesquels ne se debordoient qu'ez jours des baccanalles, autrement de la feste de Bacchus, où, suffoquez de vin, ils n'avoient autre Dieu que leur desbauche, ny autre vertu que leur desordre. Il est vray que les femmes estoient les premières à ceste feste, où maintenant les hommes seuls font sacrifice à Bacchus ; je ne sçay si quelque femme y sacrifie aussi.

Alexandre eust laissé une plus grande estime de

1. Pour *résigna, céda*. C'est l'ancienne forme du mot. V. *Ancien théâtre*, t. II, p. 52 ; III, p. 129.

sa personne s'il ne se fust laissé emporter par le vin, et s'il a eu de la gloire d'avoir esté continent à l'endroit des femmes et des filles de Paris, il estoit tellement assoupy de vin, qu'il estoit incapable d'amour.

Les Lacedemoniens, pour faire haïr l'yvresse à leurs enfans, faisoient ennyvrer leurs valets, afin qu'ayant leur insolence à contre-cœur, ils eussent la sobriété en plus grande recommandation; mais les hommes de maintenant ne se contentent pas seulement de servir de risée au public, mais encor de mauvais exemple à leur posterité, et bien que tous n'ayent les crochets, si ont-ils les bastions des crocheteurs ou le rouleau des patissiers pour endurcir le dos de leur femme.

Vous ne voyez pas tant de casse-museaux [1] chez les patissiers que chez les yvrongnes, ny tant d'œufs pochez au beurre noir aux cabarets que d'yeux pochez chez ceux qui font gloire et coustume de les frequenter.

Les femmes auront, les unes des cotillons de taffetas ou si gras ou si deschirez qu'elles auront

---

1. C'étoit une espèce de petits choux fort délicats, faits d'une pâte molle, et qui par conséquent n'étoient appelés casse-museaux que par antiphrase. Peut-être avoit-on dit d'abord *cache-museaux* parce que la figure de celui qui en mangeoit s'y perdoit dans la pâte. Au XVIe siècle, c'étoit déjà une friandise fort goûtée. Dans la *Farce nouvelle, très-bonne et très-récréative pour rire des Cris de Paris*, le Sot crie entre autres choses :

Casse-museaulx
Chaulx, casse-museaulx chaulx.

(*Ancien théâtre*, t. II, p. 213.)

honte de les porter, cependant que leur petit ordinaire ira ; les maris iront aux champs, aux jeux de boules et billars, et souvent à des lieux infames, despencer en un jour ce qui suffirait à leur mesnage pour un mois.

Jadis Marc-Anthoine, voyant son armée fatiguée, et pour l'aspreté des chemins, et pour la soif insuportable qu'elle enduroit, ne voulut boire, afin qu'à son modelle tous les soldats prinssent patience. Messieurs de la police, voyant le desordre de tant de desbauchez, et les mauvais mesnages des yvrongnes à l'endroit de leurs femmes, ont tary ceste fontaine, c'est-à dire ont deffendu les tavernes, afin que chacun soit content de son ordinaire.

Ils ne beuvaient verres de vin qu'ils ne tirassent autant de larmes de yeux de leurs femmes et de leurs enfans, lesquels marquez à la teste et au visage sçavoient mieux les forces des bras de leurs maris et de leurs pères que celle du vin, encores que le vin surmontant l'homme, il soit surmonté de la femme et la femme des blandices de ses enfans.

Encores entre les Allemans, les Bretons, les Flamans et les Anglois, les femmes vont à la taverne avec leur mary, où elles les empeschent de s'ennyvrer, ou elles les assoupissent ; de sorte qu'ils ont plus envie de dormir que de frapper, et sans autre cérémonie, vont le lendemain prendre du poil de la beste. Mais les François et les estrangers francisez n'esloignent leurs maisons que pour estre esloignez de leurs femmes, afin d'avoir la liberté du vin et de ce qui peut rire à leurs desbauches.

Vous en verrez une brigade de trois, de quatre,

de plusieurs quelquefois : les uns iront à la taverne par rencontre, et pour cela n'en traicteront pas mal leurs femmes ; les autres en feront coustume, pour n'estre point coustumiers d'avoir la paix à leur logis. A leur retour, toutes choses les mieux faictes leur sembleront des imperfections, et fonderont le subject de leur noise sur une escuelle renversée, ou sur une serviette pliée de travers.

A ce coup, mes commaires, rejouyssons-nous ; M. Martin viendra bien chez nous, mais baston[1] ny sera pas ; il sera dans les tavernes, ou bien au Chastellet pour arrondir les espaules des yvrongnes.

Nos marys ne craignent pas cela, ils ont des retraictes particulières, plus dangereuses que les tavernes. Jean, il n'y a pas longtemps que nous sommes mariées, nous serions bien marries qu'ils suyvissent la piste des autres ; il vaut mieux qu'ils aillent aux champs, nous en serons plus libres que de hanter ainsi ces diseurs de collibets qui les font de-

---

1. Depuis longtemps déjà Martin-bâton étoit connu dans les ménages, où, comme tiers, il prenoit haut la parole à chaque dispute. Dans la *Farce du Badin* (Anc. th., t. I, p. 278), celui-ci dit, à propos d'une femme fourbe :

> Si elle te triche, voicy
> Martin-baston qu'en fera
> La raison.

Si *Martin* étoit le bâton, *Martine* étoit l'épée. « Quiconque, fait dire Brantôme au vieux capitaine piémontais de ses *Rodomontades espagnolles*, quiconque aura affaire à moy, il faut qu'il ait affaire à *Martine* que me voylà au costé. » *Œuvres*, édit. du Panthéon, t. II, p. 16.

venir méchans. Esjouyssons-nous que les tavernes soient fermées, et qu'on aille quérir à pot et à pinte [1] nous en boirons nostre part, et cognoistrons la beste qui nous fait tant de peine [2].

Un certain poëte s'estrangla d'un pepin de raisin : si les yvrongnes en pouvoient faire autant, nous serions relevées de peines, mes commaires les mal mariées ; mais le diable est bien aux veaux quand à eux, et non pas aux vaches quand à nous, puisqu'on ne nous tette plus, de ce que plus ils en boivent et mieux s'en portent. Si quelque homme qualifié, necessaire à une republique, avoit fait le moindre excez

1. Les défenses contre les tavernes n'atteignoient pas les marchands de vin qui vendoient à pot, et que l'on n'avoit jamais confondus avec les cabaretiers. « Les marchands de vin, écrivoit Colbert le 16 octobre 1681 à M. de Mirosménil, qui n'avoit pas à ce propos fait exécuter comme il convenoit le règlement des Aydes dans la ville de Vitry, les marchands de vin ne peuvent vendre en détail qu'à huis coupé et pot renversé, et les taverniers et cabaretiers peuvent vendre du vin, donner à manger ou souffrir que l'on mange dans leur maison. » *Corresp. administ. de Louis XIV*, t. III, p. 290.

2. Dans la pièce rouennoise du XVIe siècle que nous avons citée en commençant, les femmes se réjouissent aussi de ce que désormais, vu la défense de boire ailleurs qu'au logis, elles auront leur part à la ripaille :

> Si un voisin avec son familier
> Se veut esbattre, ainsy que de raison,
> Il est contraint de boire en sa maison
> Et d'envoyer querir du vin à pot.
> Par ce moyen, en tout temps et saison,
> Femme et enfant ont leur part à l'escot.

que font les yvrongnes, il luy en cousteroit la vie, et ils en vivent davantage, pour fortifier ce proverbe : *Plus de vieux ivrongnes que de vieux medecins.* Je le croy, parce qu'il y a plus d'yvrongnes que de medecins.

Prions seulement que ceste ordonnance ne porte son appel en croupe, que les commissaires l'effectuent, et pour nostre profit et pour nostre consolation, et ainsi nous aurons la paix chez nous; car si elle est observée, nous aurons plus de biens et moins de coups. Nous sommes le plus souvent marquées à l'*H*, pour monstrer que nostre peau est tendre : on ne le jugeroit pas à nostre mine reformée comme la tirelire d'un enfant rouge.

L'utilité est si grande, nostre repos si longtemps reconneu, que toutes les femmes doivent à jamais respecter les magistrats. Ce qui se consommoit és tavernes en un jour sera suffisant pour entretenir la maison un mois. Le mary seul se ressentoit de ceste despence excessive, ou si nous en ressentions quelque chose, c'estoit plustot le fleau que le fruict, à nostre dommage qu'à notre utilité. A ceste heure, la femme, les enfans se ressentiront de l'espargne qui se fera, et auront leur part au profit aussi bien qu'à la peine ; les cabaretiers, enrichis de nostre labeur, sucçoient le meilleur de nostre aliment, et souvent pour un qui venoit saol des tavernes, il y en avoit cinq ou six à la maison qui crioyent à la faim. Tout le monde mettoit la main à l'œuvre pour subvenir à la nourriture du mesnage, et le mary seul consumoit l'argent que la femme, les enfans et les serviteurs prenoient peine de gagner.

C'est une œuvre de misericorde aux magistrats d'avoir prevu et prevenu la necessité de tant de pauvres femmes et enfans, que la honte empeschoit de demander leur vie, et qui pourtant travailloient assez pour la gaigner.

Chantons *te rogamus*, desjà le Ciel *audit nos*, et le peuple est secouru de la prudence des magistrats.

Si quelqu'un pouvoit venir jusques à l'esgalité des biens, ce seroit un grand coup pour nous, parce que nous avons autant d'ambition que les plus huppées, tout le monde seroit vestu esgalement comme à Spartes, l'homme iroit à la femme, et les vivres seroient communs; par ainsi personne n'en abuseroit à nostre dam.

Laissons là ceste superstition, c'est assez si nous n'avons plus les espaules frottées d'huille de cottret[1], et que nous ne jeunions plus souvent que le caresme, pourveu qu'on nous laisse esbaudir à nostre tour; ils seront bien camus si nous ne leur tirons les vers du nez, et pourroient avoir les testes si legères qu'il nous seroit besoin de les appuyer avec des fourches; le temps viendra que les femmes seront amazones; puis que le vin est deffendu, elles combattront avec la lance et l'eau.

Trefve à nos testes comme au vin: quand nous fusmes mariées, ce ne fut pas pour nous frapper par la teste; si vous abusez des nopces pour les mettre

---

1. On voit que cette huile fameuse, tant redoutée des épaules, n'est pas baptisée d'hier. Oudin en parle dans ses *Curiositez françoises* au mot *Huile*, et elle a son article dans le *Dictionn. du Bas Langage*, t. II, p. 52.

en noises, vous en pourrez estre chastiez, et pour avoir irrité l'amour, possible aurez-vous la mort, ou du moins, si on ne vous coupe la teste, on vous l'alongera de deux doigts. A la fin on est puny de son meffaict : qui se rend indigne de pardon en perseverant à son mal est exposé à l'ire et à la vengeance de celuy qu'il a offencé.

Nous voilà (Dieu mercy et la police) libres de la fureur du vin ; qu'un accident de fièvre chaude nous delivre de la fureur des mauvais maris, afin qu'ayant quelque repos le reste de nos jours, nous commencions à gouster une felicité que nous n'avons encor peu trouver en mariage : autrement malerage pour nous.

Fin.

*Vers d'Erasme à sainte Geneviève, traduit
en vers françois par E. Le Lièvre* (1611)[1].

O saincte Geneviefve, à qui je m'estudie
D'offrir ces vers promis que mon cœur te
 dédie,
Favorise mes vœux, arrousant le canal
De mon esprit tary, tant que d'un chant égal

[1]. Cette pièce fort rare se trouve à la suite de l'*Ordre
et cérémonie observée tant en la descente de la chasse de
madame saincte Geneviefve, patronne de Paris, qu'en la procession d'icelle*, par E. Leliepvre. A Paris, chez Jean
Du Carroy, imprimeur, demeurant en la rue de Rheims,
près le collége, 1611, pet. in-8. — C'est la traduction
exacte et presque littérale, quoiqu'en vers, du petit
poëme qu'Erasme composa en l'honneur de la patronne
de Paris, dont l'intercession l'avait guéri de la fièvre
quarte : *D. Erasmi Roterodami divæ Genovefæ præsidio a
quartana febri liberati carmen votivum, nunquam ante hoc
excusum. Parisiis excudebat Christianus Wechelus, sub scuto
Balilenti, in vico Jacobæo, anno* M.D.XXXII. L'édition de
Paris, dont nous venons de donner le titre, est on ne peut

A tes mérites saincts, je raconte ton ayde.
Donne m'en le pouvoir toy qui seurement aide
Le peuple qui t'invoque en tous les saincts endroits
Par où s'estend la Foy et sceptre des François.
Mais surtout celuy-là t'est aymé par où Seine
Roule ses flots meslez avec la blanche areine,
De Marne qui l'acroist et l'accolle à travers
Les vergers pommoneux, et parmy les prez vers,
Et entre les cousteaux renommés les plus nobles
En fertiles et beaux et genereux vignobles ;
Et par où ce grand fleuve et superbe et luysant
Va d'un cours plantureux les plaines arrousant

plus rare. Erasme avoit publié son poëme à Bâle, chez Froben, dont alors il étoit l'hôte, puis en même temps à Fribourg, chez Jo. Emmens, et à Paris, chez Ch. Wechell. Panzer n'a cité que l'édition de Bâle. M. Ap. Briquet, dans une note du *Bullet. du Bibliophile* (janv. 1859, p. 53), a fait valoir la rareté de l'édition de Fribourg, mais personne n'a parlé de celle de Paris, dont nous possédons un exemplaire. Il étoit du reste naturel qu'un poëme fait en l'honneur de sainte Geneviève eût sa publicité spéciale dans la ville dont elle est la patronne. — Je ne sais quel est le E. Leliepvre, auteur de la traduction reproduite ici. Toutefois, comme ce poëme, par sa nature un peu médicale, ne devoit pas répugner à la muse d'un médecin, je croirois volontiers que notre traducteur en rimes n'est autre que Elie Lelièvre, de qui l'on connoît deux ouvrages devenus fort rares : *Officine et jardin de chirurgie militaire, contenant les instruments nécessaires à tous chirurgiens*, etc., Paris, Robert Colombel, 1583, pet. in-8; *Epydimyomachie, ou Combat de la peste, avec le règlement politique, et douze tables démonstratives des choses naturelles et contre nature,* Paris, Robert Colombel, 1581, pet. in-12.

Qui foisonnent de fruits, et, tranchant la contrée,
Se haste d'aller faire à Paris son entrée.
Paris, chef des citez, où du gauche costé
Ses ondes à l'approche adorent la cité
Où sur toutes paroist l'eglise Nostre-Dame;
Et à coup se fendant, ses rives il entame
Et comme avec deux bras les serre estroitement,
Et d'un dévot reply se flechit humblement
Devant la Vierge mère en sa plaisante islette
Puis, retournant à soy d'une course plus preste,
Il vogue allaigrement au très plaisant terroir
Où tu naquis heureuse en très heureux manoir,
Dans un petit village, heureux par ton issue,
Où se tournant en deux en passant il saluë
Le Monastère sainct sepulchre des grands Rois,
Sacré à sainct Denis, apostre des Gaulois.
Par ces vallons retors il se recourbe et erre,
Et se recostoyant arrouse enfin la terre
Des ondes qu'il respand des cornes de son front,
Et dirois que ses flots à regret s'en revont[2].

1. L'île Notre-Dame, aujourd'hui l'île Saint-Louis, qui appartenoit alors tout entière au chapitre de la cathédrale.

2. Santeul, dans son inscription pour la pompe du pont Notre-Dame (*Opera omnia*, 1698, in-8, t. I, p. 344), parle aussi de cet amour que la Seine a pour Paris, dont ses flots ralentis semblent ne pouvoir quitter le voisinage. Voici la traduction de ces vers de Santeul par P. Corneille :

> Que le Dieu de la Seine a d'amour pour Paris!
> Dès qu'il en peut baiser les rivages chéris,
> De ses flots suspendus la descente plus douce

A bon droit les François honnorent tous Nanterre,
Qui faict monstre aux passans au milieu de sa terre,
O saincte, de ton bers [1] et des sainctes liqueurs
De la fontaine vive et propice aux langueurs [2] :
Mais par sus tout Paris, peuplade nompareille,
Se sent infiniment heureuse par ta veille
Et patronage, ô vierge, ou c'est que de ta part
Avec la vierge mère un bonheur se départ
Sans qu'elle en soit en rien jalouze qu'avec elle
Tu face là dedans garde perpetuelle.
Là bien haut eslevée à la cime du mont,
Tu descouvres de loin les plaines jusqu'au fond,
Et repousses les maux qui menacent la France.
Mais icelle au milieu de la ville s'avance
D'embrasser en pitié les habitans piteux,
Oyant les pleurs et cris des pauvres souffreteux;
Et là, comme elle sait son cher fils pitoyable,
Tu l'imites aussi son espouse amiable.
Tandis vous deffendez ensemble, en vœux pareils,

>Laisse douter aux yeux s'il s'avance ou rebrousse :
>Luy mesme à son canal il desrobe ses eaux,
>Qu'il y fait rejaillir par de secrettes veines,
>Et le plaisir qu'il prend à voir des lieux si beaux
>De grand fleuve qu'il est, le transforme en fontaine.

1. C'est la plus ancienne forme du mot *berceau*, qui n'en est du reste que le diminutif. On disoit aussi *bercelet*, comme on le voit par un passage du *Recueil des histor. de France*, et *bercerole*, joli mot employé par Pasquier, *Recherches*, liv. V, ch. 32.

2. C'est le puits de la maison du père de sainte Geneviève, dont on avoit fait une fontaine sacrée. Le P. Lallemant, dans la *Vie* de la sainte, dit qu'on faisoit boire de l'eau de ce puits à Charles VI pendant sa maladie.

A SAINTE GENEVIÈVE.

Les saincts Estats unis, le Conseil des Conseils,
Le parlement sacré, mais surtout la province
Et le Roy très-chrestien et très-auguste Prince,
Les uns qui sainctement découvrent les secrets
Au peuple très-dévôt des mistères secrets!
Les autres qui par loix équitables régissent
La ville où maintes gens, merveille! se policent.
C'est donc de voz bienfaitz qu'on ne voit aujourd'hui
Peuple florir ailleurs au-dedans de cestuy.
Mais, ô saincte, il est temps que je te remercie
Pour avoir recouvré par tes mérites vie,
Et veux, un entre mille et mille retirez
De mort par ton secours, t'offrir ces vers sacrez.
L'hivernallet frisson d'une fièvre infuiable[1],
Qui le quatriesme jour revient presque incurable,
M'avoit déjà passé jusques au fond des os,
Lorsque le médecin requis pour mon repos
Me console et promet que telle maladie
Ne sera qu'ennuieuse et sans perte de vie.
Il m'esjouit autant que s'il m'eust en effect
Dict que dans quatre jours je pendrois au gibet,
Car il me semble avis que le mal recommence
Quand après si longs ans[2] j'ai bien la souvenance

1. Erasme étoit venu achever ses études à Paris, dans l'infect et redoutable collége de Montaigu, qu'il a tant maudit en ses *Colloques*, quand sa nature délicate étant exténuée par la mauvaise nourriture, poissons pourris, œufs gâtés, etc., et par l'humidité des chambres, il se trouva pris de la maladie dont il parle. V. dans l'édit. de Leyde, in-fol., ses *Lettres*, p. 1479.

2. C'est en effet fort tard, lorsqu'il avoit soixante-cinq ans, qu'Erasme fit à sainte Geneviève ce remerciement

Que ce peu langoureux en ma prime verdeur
Me geina tout un an, dont je n'avois au cœur
Que desir de la mort, la quelle, bien que blesme,
N'est si triste qu'un mal dict du medecin mesme.
Alors, ô saincte Vierge, il me souvient de toy
Et d'un espoir très bon je confirme ma foy,
Remuant en mon cœur ces secrètes pensées :
O épouse de Dieu, qui vierge lui agrées,
Et qui durant qu'icy ta vie eut si beau cours
Souloit toujours donner aux malades secours,
Et qui peux ores plus, après que le ciel mesme
T'a donné près de Dieu ta demeure suprême ;
Icy, icy regarde et chasse de mon corps
La lente fièvre quarte et la banny dehors :
Rends moy, je te supply, et moi-mesme à mon livre
Sans la joye du quel je ne saurois plus vivre.
Car je pense qu'il est plus aisé de mourir
Une fois que fiévreux par tant de jours languir.
Mais ce n'est rien qu'icy je te fasse promesse :
Aussi tu n'as besoin de notre petitesse,
Ainsy je chanteray le loz de ton bienfaict.
A peine sans parler j'avois ce vœu parfaict,
Mais sans plus, à part moy, au secret de mon âme,

pour la guérison dont il lui avoit été redevable près d'un demi-siècle auparavant. Il avoit été guéri en 1492, et il ne remercioit qu'en 1532 ! encore son remerciement étoit-il intéressé. Erasme se sentoit vieux, malade ; et vieillesse et maladie ne lui avoient rendu la mémoire du bienfait qu'avec un secret désir de recourir une seconde fois à la divine bienfaitrice. Comme tant de débiteurs en retard, il ne payoit que pour avoir de nouveau le droit d'emprunter.

Je diray grand merveille, et si n'y aura blasme,
Je retourne à l'estude et dispos et gaillard
Sans aucun sentiment de langueur de ma part
Ni de lente frisson de sa fièvre scieuse.
Sept jours passoient déjà que la fièvre odieuse
Se devoit remonstrer, mais tout le corps devient
Plus frais qu'auparavant. Le medecin revient
Admirant le miracle, il me visage en face,
Il visite ma langue et faict produire en face
De l'urine qu'il void, puis me taste le poux,
Et me trouvant tout sain, il dict : « Qui t'a recous [1]
De la fièvre si tost, Erasme, et quelle grace,
Et quel Dieu t'a rendu le bon air de ta face?
Quiconque est le bon sainct qui t'a si bien guery,
Il en sçait plus que moy, bien que je sois nourry
En l'art de medecine, et n'en a plus affaire. »
Le nom du medecin je ne veux jamais taire :
C'est Guillaume Le Coq [2], lequel estoit alors
En la fleur de ses ans, jeune encore de corps,
Mais plus agé que moy ez vieilles bonnes lettres,
Philosophe parfaict entre les plus grands maistres,
Aujourd'huy tout chenu et chargé de vieux ans,
Il est presque adoré de tous les courtizans.
Près du grand roy Françoys entre les plus illustres,
Comme un astre esclatant de mille et mille lustres,

1. Secouru, sauvé. V. *Anc. théâtre*, t. VIII, p. 191.
2. *Guilhelmus Copus*, dit le texte; E. Lelièvre traduit donc mal en écrivant Lecoq. Le médecin dont parle Erasme est Guillaume Cop, qui vint de Bâle, sa ville natale, à Paris, du temps de Louis XII. Il fut médecin de ce roi, puis de François Ier, et traduisit une partie des œuvres de Galien et d'Hippocrate.

Var. x.

Et jouït là du bien de ses divers labeurs,
Dignement respecté des princes et seigneurs[1].
Or, je produiray donc devant ta saincte image,
O vierge (mon secours), son grave tesmoignage
De la santé reçûe et de la vie encor.
A la debilité de mon fragile corps,
Combien que tout l'honneur de ce bien appartienne
Du tout à Jesus-Christ, mais (vierge très-chrestienne)
Il t'a donné cet heur avecques luy là haut,
Pour luy avoir compleu au monde comme il fauct,
C'est de sa grâce aussi qu'après ta chère vie
Quoique morte tu peux guerir la maladie,
Comme par charité tu feis en ton vivant.
C'est ainsy que le veut ton espoux tout pouvant.
Il luy plaist d'eslargir par toy ses dons et graces,
Et de se voir loué par toy en tant de places,
Prenant plaisir de luire au temple transparent
De ton corps qu'il esleut, comme un jour esclairant
Au travers de la vitre, et comme une fontaine
Pousse par des canaux sa source pure et saine.
Ce point me reste seul, que j'obstienne de toy
Par ta saincte prière (ô vierge) que sur moy
Ce blasme ne soit mis, de quoy par si long terme
J'ay differé ce vœu, payé de foy très-ferme.
Endure, je te prie, qu'il te soit adjousté
Ce beau cantique deu à ton los merité
Et à tant de blasons, d'honneurs et de louanges

---

[1]. Lors qu'Erasme parloit ainsi de son mérite et de sa vaillante vieillesse, Guillaume Cop n'avoit plus que peu de mois à vivre; il mourut, cette même année 1532, le 2 décembre.

Et lettre de ton nom, que les peuples estranges,
Ny latins, ni Gregeois, ni aultres nations,
Ne cogneurent jamais plus de perfections
En vierge de renom ; que par ta modestie
Et par ta chasteté la grâce est departie,
A ton pouvoir parmy les bienheureux espritz
N'auront pas plus que toy de gloire en paradis.

FIN.

La Doctrine de la nouvelle devotion cabalistique, composée des veritables maximes que la nouvelle secte (formée depuis peu dans Lyon par un barbier estranger, natif du conté de Bourgogne, d'où il tasche de l'estendre aux environs au grand dommage de la vraye et ancienne piété) observe constamment, dans la pratique et methode qu'elle tient à conduire les âmes, par l'Oraison mentale, apparemment à la perfection, mais en effet à la folie, ou du moins à la simplicité, et à tirer à soy leurs biens, dans la bourse qu'il pretend estre commune à tous.
Le tout mis en forme de simple poésie, sans fiction ou priudice aucun de la verité, pour la substance des choses, afin qu'il soit appris plus aisement et agréablement de ceux qui ont encore quelque soin de ne perdre ny leurs ames ni leurs biens.

Seconde edition.

Ils se vendent en rue Mercière, à l'escu de Venise.

M.D.C.LVI[1].

1. Pièce lyonnoise on ne peut plus rare, qui n'existoit

Le Decalogue de la nouvelle devotion.

1. Un seul directeur aimeras
   Et le croiras aveuglement.
2. Tous tes péchez tu luy diras
   Quoiqu'il soit barbier seulement.
3. Les dimanches tu te rendras
   A Sainct-Pierre fidèllement.
4. Tes instructeurs honoreras
   Afin qu'ils vivent longuement.
5. Chose aucune tu ne feras
   Sinon de leur consentement.
6. Femme et fille leur fieras
   Sans en avoir nul pensement.

pas dans la bibliothèque de M. Coste, et que Brunet n'indique pas même dans la nouvelle édition si perfectionnée de son *Manuel*. Elle doit être l'œuvre de quelque jésuite de Lyon, vengeant ainsi son ordre des attaques de la secte moitié janséniste et moitié vaudoise, mise en scène dans la personne du barbier franc-comtois son apôtre. Quoiqu'ennemie des jésuites comme on le verra, cette secte singulière avoit de leurs allures, et si Molière, qui étoit alors à Lyon, en connut les adeptes, ce qui est probable, ils purent lui servir pour plusieurs traits de son *Tartufe*. Ce n'est pas à Lyon seulement que s'étoit établie cette *dévotion cabalistique* dont l'illuminisme avoit, comme on le dira plus loin, de nombreux rapports avec celui des Rose-Croix d'Espagne; elle s'étendoit aux environs jusque dans le Piémont, où elle se rattachoit aux derniers débris des Vaudois, et de l'autre côté jusqu'au Puy, en Velay.

7. De ton bien ne disposeras
   Que selon leur commandement.
8. Pour la secte tu mentiras
   A bonne fin licitement.
9. Certains jours tu te contiendras
   Au mariage mesmement.
10. Des biens d'autruy tu jouïras
    Comme eux des tiens communement.

Les Commandements de la nouvelle confraternité.

1. Mentale oraison tu feras
   Tant jours festez que jours ouvrants.
2. Tous tes péchez confesseras
   A ceux du party seulement.
3. Et ton Créateur recevras
   Trois fois dans huit jours resglément.
4. Loy œuvre de chair ne feras
   Ny vendredy pareillement.
5. Jours de jeunes tu garderas
   A demy mesme t'enyvrant [1].
6. Dans le party femme prendras
   Et chez les autres nullement.
7. Au barbier disme payeras,
   Luy fiant ton bien pleinement.

1. Chose arrivée. (*Note de l'auteur.*)

Instruction aux prédicants de la secte nouvelle[1].

> Ces maximes tu garderas
> De point en point exactement.
> Assez matin messe diras
> Pour dejeuner secrettement.
> Un bon bouillon avalleras
> Et deux jaunes d'œuf sobrement,
> Après quoy de mesme prendras
> Deux noix confittes seulement[2].
> Cela fait, tu ne manqueras
> De prescher courageusement.
> Du livre commun tireras
> Ce qu'il faut dire entierement.
> Tous nos dogmes enseigneras
> Pour les idiotz doctement.
> Des doctes conte ne tiendras
> S'ils ne sont de ton sentiment ;
> Mais aux simples croire feras
> Qu'ils ont beaucoup d'entendement.

1. Ces prédicants n'étoient pas forcément des prêtres; ils pouvoient être pris parmi les laïcs. C'est ce qui explique qu'un barbier pût être apôtre dans cette religion. Par cette admission des laïcs dans la prédication, elle se rattache à celle des Vaudois.
2. C'étoit alors une des friandises, une des chatteries à la mode. Voir ce qui en est dit dans les *Nouvelles instructions pour les confitures, les liqueurs et les fruits*, Paris, Serey, 1692, in-12.

DEVOTION CABALISTIQUE.

Par où leur persuaderas
De faire oraison hardiment.
L'esprit de Dieu tu leur diras
Aimer les simples seulement.
A tes auditeurs promettras
De vivre en santé longuement.
De tous biens les asseureras
Et du ciel infailliblement.
Soubmission d'eux requerras
D'esprit et de corps mesmement.
Biens en commun sonner feras
Pour se sauver asseurément;
Ce point tu recommanderas
Comme le grand commandement.
De la part de Dieu promettras
Tout pour total delaissement.
Parfaite oraison jureras
Suivre cest abandonnement.
Le ciel pour terre donneras
Comme doit faire bon marchand.
Vicaire et curé blasmeras
En secret et publiquement,
Excepté ceux que tu verras
S'accorder à ton sentiment.
De ceux-cy tu te serviras
Pour te prosner journellement.
Mentale oraison louëras
Comme onzième commandement.
La vocale reprouveras
Comme un petit amusement.
Petit office deffendras,
Et chapelet également.

Gagne-petit l'appelleras
Qui n'est bon que pour un enfant.
A toutes les femmes diras
Comme à tous hommes hardiment
Que le ciel tu leur fermeras
S'ils n'obéissent humblement.
D'enfer tu les menaceras
S'ils ne font tout aveuglement.
Leur couche leur interdiras
Pour aller au Saint-Sacrement.
A quoy tu les obligeras
A ton gré plus ou moins souvent,
Et fortement prohiberas
D'en user jamais autrement.
Après toy livres porteras
Pour en vendre à denier content,
Et sur un chacun gaigneras
Plus que ne feroit un marchand :
Car tout le lucre qu'y feras
Se fait pour Dieu licitement.
La bourse commune enfleras
De tout gain indifferemment.
Plus de biens y ramasseras,
Meilleur sera ton traittement.
Au Bruno vogue donneras,
Vers les plus despourveus d'argent.
L'Introduction louëras
Aux femmes principalement.
Mais les Thoniels tu mettras[1]

1. Bruno et Thoniel étoient sans doute deux des apôtres de la cabale.

A deux doigts du firmament.
A tout propos tu chanteras
Que c'est un docteur eminent;
Mais pour l'oraison tu diras
Qu'il n'en est point de plus sçavant.
Autre que toy ne permettras
En debiter publiquement,
Et ton gain ne partageras
Avec aucun autre marchand.
Comme un fol tu descrieras.
Si quelqu'un d'en vendre entreprend.
Nul billet tu ne donneras
Qu'à ceux du party nommément;
Les autres tu ne permettras
S'en pourvoir que chez ton ageant [1],
Ny le libraire nommeras
Qui nous les vend uniquement.
Par puissance tu chasseras
Qui les revendroit autrement.
Travaillant tu conserveras
Ta santé fort soigneusement.
Trois heures tu confesseras [2],
Après quoy pas un seul moment;
Le restant congedieras
Quoiqu'il t'en conjure instamment.
Chaque semaine un jour prendras
Pour te reposer doucement,
Et ton embonpoint ne perdras

1. Agent.
2. Sur ce point, la nouvelle cabale s'éloigne des doctrines vaudoises, qui proscrivent la confession auriculaire.

Pour te donner trop de tourment.
Au sortir de la chaire[1] iras
Te faire secher promptement.
Un bon feu te procureras
Pour empescher l'enroüement.
Deux devotes tu meneras
Pour te frotter soigneusement;
Mais pour l'exemple tu feras
Que le tout soit secrètement.
Ce faisant tu reformeras
L'Eglise apostoliquement,
Et dans peu de temps luy rendras
Son lustre et premier ornement.
Des champs à la ville viendras
Plein comme un œuf fait fraischement;
Sur ton cheval tu porteras
Du temporel abondamment.
Dans l'âme tu tesmoigneras
Rapporter grand contentement.
Si tu veux, alors escriras
Livres de grand emolument[2],
Et justement le signeras
De *L'Amour divin l'Instrument.*

1. Ceci nous ramène aux idées des Vaudois, qui vouloient le retour à l'organisation et à la pureté de la primitive Eglise.
2. *Emolument* étoit un terme de pratique, qui s'employoit alors dans le sens de *gain*, *profit*, etc.

*Instruction du directeur general aux femmes
mariées de la Caballe.*

De bon matin te lèveras
A la même heure règlement;
Au galetas[1] tu monteras
Pour mediter plus hautement;
Ta famille y recueilleras
Sans souffrir qu'aucun soit absent;
Mais en peine ne te mettras
Si quelqu'un medite en dormant.
De ce lieu tu ne bougeras
Que le temps coulé pleinement;
De là pour rien ne sortiras
Quand il presseroit grandement.
Ton oraison n'interrompras
Quelque cause le demandant.
Beaucoup moins du tout l'obmettras
Pour ne pecher mortellement.
Quand un des tiens reconnoistras
Parler contre ce document,
De ta maison le chasseras
Comme du demon l'instrument.
Les pedagogues recevras
Veu mon billet tant seulement,
Aveuglement tu les prendras

1. La caballe, à ce qu'il paroît, se recrutoit volontiers chez les pauvres gens, et par là se rapprochoit encore des Vaudois, qu'on avoit appelés d'abord les *pauvres de Lyon.*

Comme envoyé du firmament.
De luy les points ecouteras
Soir et matin en te levant.
Mesme respect tu luy rendras
Comme à moy personnellement.
Dans ta maison rien ne feras
Sans consulter mon lieutenant,
Et plus mal ne le traitteras
Que s'il estoit ton propre enfant.
A ton mary n'obeïras
Qu'à ta volonté seulement.
Cependant tu travailleras
De le posseder pleinement ;
Du mariage luy diras
Que c'est certes un sacrement,
Mais par addresse tascheras
De l'en degouter doucement [1].
L'oraison tu luy prescheras
Comme un plaisir plus innocent ;
Le devoir luy refuseras
Sur l'accez du Saint-Sacrement.
Le mesme aux festes tu feras
Pour les chaumer plus saintement ;
Par là tu le degouteras
Et n'auras de luy plus d'enfant.
Ceux que desjà possible auras,
S'ils sont enfans tant seulement,

1. Tout ceci et ce qui suit se rapproche de la doctrine d'Orgon et de son maître l'*illuminé* Tartufe :

Et je verrois mourir frère, enfant, mère et femme,
Que je m'en soucierois autant que cela.

En pension tu les mettras
A beau conte en mon logement,
Et plus ne t'en soucieras,
Mais de prier uniquement.
A moy tu t'en rapporteras,
J'en auray soin fidelement.
S'ils sont grands, tu commenceras
D'agir imperieusement,
Pleine authorité tu prendras
Pour les conduire absolument;
Aux miens tu les obligeras
De se confesser règlement,
Et tu les desheriteras
S'ils ne le font exactement.
Le mesme au serviteur diras
Et servantes pareillement.
Puis ton mary tu rangeras
Par pieté subtilement :
De l'enfer souvent parleras
Pour luy troubler l'entendement;
Comme toy le disposeras
A suivre notre reglement.
Ta maison à Dieu gagneras
Si j'en suis maître absolument.
Cela fait, les clefs saisiras
Du cabinet [1] et de l'argent;

1. *Cabinet* est ici, bien entendu, dans le sens qu'il avoit alors, *meuble à tiroir*, etc. Sur ce mot et sur le sens, toujours mal compris, dans lequel Alceste l'employa (*Misanthrope*, acte I, sc. 2), voir notre édit. des *Chansons de Gautier Garguille*, p. 192.

De tous les biens disposeras
Par la clef de ce document ;
Avec l'oraison tu feras
Plus qu'on ne fait communement,
Coffre et cabinet ouvriras
Et non pas le ciel seulement ;
Mais ingrate tu ne seras
A ton directeur bienfaisant,
Par qui chez toi gouverneras
Biens et mary pareillement ;
A moy donc tu te soumettras
Pour ta conduitte entierrement.
Jusqu'à la mort tu regneras,
Si je te dresse uniquement.
Ta maison commune rendras
A tous ceux de mon regiment.
Ton argent propre ne diras,
Mais le tiendras indifferent.
Plus volontiers le donneras
Au plus petit commandement,
Que pour t'enrichir ne prendras
Ce qui t'est dû bien justement ;
Chez moy tribut apporteras,
Preuve de ton destachement.
Chemises, linceuls [1] donneras
Pour vestir mes gens du Levant.
L'argent mesme n'espargneras

---

1. Draps de lit. « Il se disoit indifféremment dans l'une et l'autre acceptions, écrit M. Léon de Laborde, et je ne sache pas quelque chose de plus philosophique. » *Notice des émaux*, documents et glossaire, p. 365.

DEVOTION CABALISTIQUE.

Sans esperer remboursement,
Car à grand honneur tu tiendras
De fournir à ce qu'on pretend.
Aucune aumosne ne feras
Aux capucins absolument.
Hermite et moine escarteras
Par un : Dieu vous doin[1]! seulement,
Jusques à ce que tu sauras
Qu'ils parlent de nous autrement.
Les jesuites fuïras
Comme je les crains grandement ;
De mes secrets ne leur diras
Pas même le plus innocent.
Par cela seul tu les craindras
Qu'ils me veulent mettre à néant,
Au grand directeur tu feras
Ta confession sechement.
Tous tes péchez tu luy diras
A l'oreille confidemment ;
De tout pire rien ne craindras
Pour ton meilleur gouvernement,

---

1. Pour : *Dieu vous donne.* Cette forme se trouve très-souvent jusqu'à la fin du XVIe siècle et même plus tard, comme on le voit ici. Une lettre de Montaigne à La Boétie se termine par exemple ainsi : « Monsieur, je supplie Dieu qu'il vous doint très heureuse et longue vie. » Selon Génin, dans un article que ses *Récréations philologiques* n'ont pas reproduit, « *doint* n'est qu'une forme de subjonctif, forme isolée qui n'appartient pas à un verbe. C'est la traduction, le calque du latin *duint*, qui lui-même est déjà un archaïsme dans Térence. » *Nouvelle Revue encyclopédique*, juin 1847, p. 218.

Et boiser de paix recevras
Comme seau de ce sacrement.
Continence tu garderas
Avec ton mary frequemment [1],
Et pour ce faire te mettras
Dedans un sac separement.
Nul domestique ne prendras
Que de nostre main seulement.
D'artisan ne te serviras
Qui ne soit de nostre element.
Bien moins les tiens allieras
A qui de mediter n'apprend.
Vis au reste ainsi que voudras :
En observant ce reglement,
Tout droit au ciel tu t'en iras,
N'en doute mie, asseurement
Après la mort y monteras
Beaucoup plus viste que le vent.
Mais reprouvée tu seras
Si tu ne gardes ton serment.

---

*Chanson nouvelle de la Boutique Barbifique,
sur l'air :* AH FRIPONNE ! AH COQUINE !

Vien çà, ma Musette,
De longtemps tu n'as chanté,
Ne sois pas muette.

1. Chose conseillée et pratiquée.

DEVOTION CABALISTIQUE.

Pour la confraternité.
Un venerable ouvrier
   Implore ton mestier
A l'honneur de sa boutique
Barbifique, barbifique,
   Car c'est un barbier.

   Suy donc le menage
D'un si celèbre artisan,
   Apprens-nous l'usage
Qu'il en sçait faire à present.
   Tant de divers outils
   Si nets et si gentils,
N'estant plus une boutique
Barbifique, barbifique,
   A quoi servent-ils?

   Tout change d'usage,
Les outils les plus cruels,
   Rasoir et badinage
Deviennent spirituels.
   Sainte conversion
   A depuis peu, dit-on,
Sceu faire d'une boutique
Mechanique, mechanique,
   Maison d'oraison.

LE RASOIR.

   Le fer barbifique,
Sçavant à raser menton,
   Aime qu'on l'applique

A faire autre section.
Le tranchant acéré,
D'un empire adoré
Rompt le nœud du mariage
Sans veusvage, sans veusvage,
Du ciel veneré.

La Lancette.

Cette pointe aigüe,
Qui tiroit le sang du corps,
Devient la sangsuë
Dont on saigne les thresors;
Car celuy qui n'a rien
Qu'il puisse dire sien
Porte jusqu'à la lancette,
La lancette, la lancette,
Pour avoir du bien.

Le Bistori[1].

Mais à ce miracle,
Qui de vous n'aura pas ry,
Q'un nouvel oracle
Perce tout d'un bistory[1]?
Il ouvre bourse et cœur,

---

1. C'est la première forme de ce mot, alors nouveau. Il se rapproche ainsi davantage du nom de la ville de Pistoie (*Pistoria*), où, suivant Huet, les premiers *bistoris* furent fabriqués.

Comme aposthème meur,
D'où comme pus il retire
Par empire, par empire,
Un fonds de bonheur.

La Sonde.

Ce n'est qu'à la pierre
Qu'on ordonne de sonder [1],
Ce barbier empierre
Qui pretend le seconder.
La nouvelle oraison,
Qui fait perdre raison,
Veut qu'en vertu de la sonde
Tout se fonde, tout se fonde,
Dans une maison.

Les Pincettes.

Sans faire la taille

---

1. Les sondes de toutes sortes, même celles qu'on croyoit n'avoir été inventées que deux siècles plus tard, étoient déjà employés par les praticiens, et même, à ce qu'il paroît, par les barbiers qui se mêloient de chirurgie. Antoine Guainer dit, par exemple, au chap. 15 de son Traité *De orthetica et calculosa passione*, compris dans son grand ouvrage *Tractatus de febribus*, etc., 1573, in-fol. : « Qu'on se serve d'une fine bougie de cire, ou d'une petite verge d'argent ou d'étain. » Il devançait, je le répète, de près de deux cents ans ce M. Daran, dont les sondes-bougies faisoient dire au marquis de Bièvre qu'il prenoit des vessies pour des lanternes, et qui fut, grâce à elles, d'un si grand secours pour J. J. Rousseau dans son infirmité. V. les *Confessions*, 2e partie, liv. VIII.

Par cruelle incision,
Il met à la taille
Son association.
Sans tenailles il prend,
Et jamais il ne rend,
S'il porte dans les cassettes,
Les pincettes, les pincettes,
Pour happer l'argent.

Le Costic.

Cette pierre ardente,
Qui nous brûle sans douleur,
D'oraison fervente
Ressemble à la sainte ardeur :
L'une oste sentiment,
Et l'autre entendement,
Pendant qu'un barbier applique,
Sans replique, sans replique,
L'onguent de Tiran[1].

1. Je ne sais quel est cet onguent caustique, mais il doit être du genre de ceux dont il est parlé dans les *Secrets du sieur Alexis, Piémontois*, 1561, in-8, 2ᵉ part., liv. I. Les caustiques violents étoient fort employés en chirurgie, surtout depuis l'invasion des maladies vénériennes. Bayle a tiré de leur usage une métaphore énergique pour expliquer la nature corrosive de son dictionnaire : « C'est, disoit-il, un caustique violent, qui, après avoir consumé les chairs baveuses d'une plaie, carie les os et perce jusqu'à la moelle. »

Le Boetier.

La boette partie
En carrets bien prattiquez,
Ne se voie remplie
Que d'onguents sophistiquez.
Femmes et villageois,
Ignorants du narquois[1],
Sont pris sans addresse ou force,
A l'amorce, à l'amorce,
D'un barbier contois.

Le Peigne.

De plus, à son peigne,
Armé de dents et cornu,
On dit qu'il enseigne
Un employ bien inconnu.
Il ajuste les mœurs

---

2. *Le narquois*, c'est l'argot. « On entend par ce mot *narquois*, dit La Monnoie dans le glossaire de ses *Noëls bourguignons*, édit. Fertiault, p. 4-334, un trompeur, un filou.... et comme ces narquois se sont fait un langage particulier, ce langage a été dit le *narquois*. » Il y a dans Tallemant, édit. in-12, t. I, p. 220, un exemple de ce mot à propos de M. d'Angoulême, dont l'humeur d'escroc étoit bien connue : « Un jour, écrit-il, qu'on disoit à feu Armentières que M. d'Angoulême savoit je ne sais combien de langues : « Ma foi, dit-il, je croyois qu'il ne savoit « que le narquois. »

Des petits directeurs ;
Mais ce peigne ecorche et blesse
La richesse, la richesse,
De ses sectateurs.

Les Ciseaux.

Ce nouveau menage,
Qui veut que tout ne soit qu'un,
Fait un autre usage
De ces ciseaux en commun ;
Il trenche avec un mot
Jusqu'à la chair du pot,
Et tout ce qu'il dit s'observe,
Sans reserve, sans reserve,
De tous aussi-tost.

La Savonette.

Il fait l'âme nette
De tous ses plus confidents,
Par la savonette,
Qui lave ses penitents ;
Mais l'esprit decevant
Passe bien plus avant,
Car il degraisse la bourse
Sans resource, sans resource,
Qu'il remplit de vent.

Le Relève-Moustache.

Pour donner courage

A l'esprit qui depuis peu
  Est hors du village,
Où jamais bien n'a repu,
  Après que le rasoir
  A bien fait son devoir,
Il fait, pendant qu'on le cache,
La moustache, la moustache,
  Puis il le fait voir.

Les Vergettes.

Ses suppots fidelles,
Pour la pluspart des oysons,
  Remplûment leurs aisles,
Ne vivants que d'oraisons ;
  Ils sortent du debris,
  On les voit noirs de gris,
Et, tant jours ouvriers que festes,
Les vergettes, les vergettes,
  Grattent leurs habits.

La Brosse.

Or, comme leur teste,
Qu'on destine aux grands emplois,
  Pour lever la creste,
Est crasseuse en villageois,
  D'abord un bon frater,
  Par l'ordre du pater,
Prend dans un tiroir la brosse,
Rude et grosse, rude et grosse,
  Pour les en frotter.

Le Frisoir.

Mais ces testes viles,
Sans science et sans vertu,
Seroient inutiles
A ce grand corps pretendu,
Si, faute du dedans,
Les dehors evidents
N'ont une mine ajustée
Et frisée, et frisée,
Sous les fers ardents.

Le Frottoir.

Si, parmy la peine
D'une longue mission,
L'ouvrier perd haleine
Dans la prédication,
Crainte de se tuer,
Pour se trop remuer,
Une suivante dévote
Sèche et frotte, sèche et frotte,
S'il vient à suer.

L'Emplastre.

D'ailleurs cette secte,
Ayant de principes faux,
Ainsi qu'un insecte
Tout composé de défauts,
Ne voulant les guerir,
Mais les faire courir,

Il faut employer l'emplastre
Et le plastre, et le plastre,
Pour nous les couvrir.

Les Ventouses.

La race est petite
Et de taille à remper bas,
Le chef en depite,
Car il ne pretend pas ;
Il pousse donc avant
Cet insecte bavant,
Et par la ventouse sèche,
Quand il presche, quand il presche,
Il l'enfle de vent.

Le Miroir.

Mais les femmelettes,
Dans ce miroir enchanté,
Sans prendre lunettes,
Prennent toutes de beauté,
Et ce charme trompeur
Qui les flatte d'erreur,
Les fait voir pleines de grâce ;
Mais en glace, mais en glace,
Gît tout leur bonheur.

Le Bassin.

Les femmes rasées
Sans le travail du barbier,
Par belles menées,
Vont à foule à cet ouvrier ;

Mais il n'est pas mal fin,
Car, visant à sa fin,
Les prend au col pour les faire,
En prière, en prière,
Cracher au bassin.

Le Bandage[1].

Si la procedure
De ce nouveau directeur
Fait quelque rupture,
D'un delire par malheur,
Il n'en a plus de soin,
Puisqu'il n'espère point
De le pouvoir par bandage
Faire sage, faire sage,
Comme il a besoin.

A tant ma Musette,
Sur un air harmonieux,
Dit à son poëte
Les points les plus curieux.
Le barbier et ses gents,
En bien peu de moments,
Pourront voir icy la liste
Creteniste, creteniste,
De leurs instruments.

1. Le mot usuel en médecine étoit *brayer*. C'étoit une invention très-ancienne. V. Du Cange, au mot *bracca*. Les *brayers* étoient d'acier. On en donnoit pour rien, chez les Grands-Augustins, aux pauvres gens attaqués de la *hergne*.

DEVOTION CABALISTIQUE.

*Aux Dames de l'oraison faite au Puy,
et se chante partout.*

    A la minuit se coucher d'ordinaire,
    Après avoir ensemble fait grand chère,
1. Beu des santés et fait le reveillon,
    Est-ce le fruit qu'apporte l'oraison?

    On fait intrigue, on cajole, on se moque,
2. Le double sens nullement ne vous choque,
    Vous en riez, et le trouvez fort bon :
    Est-ce le fruit qu'apporte l'oraison?

    Vous vous piqués d'une belle conqueste,
3. Et tous les soirs vous les passez en feste,
    Vous epuisez le sçavoir de Crepon[1] :
    Est-ce le fruit qu'apporte l'oraison?

    Le directeur vous presche penitence,
4. Monsieur Tenant en crie à toute outrance,
    Pourtant tousjours on vit de la façon :
    Est-ce le fruit qu'apporte l'oraison?

    Vous accordez de si belle manière
5. Le monde, Dieu, le plaisir, la prière,
    Qu'il n'en est point de si bon compagnon
    Qui ne voulust ainsi faire oraison?

Je pourrois bien dire quelque autre chose,

---

1. C'est le meilleur pâtissier du Puy. (*Note de l'auteur.*)

6. Mais par respect je me tais ou je n'oze,
Car je veux croire, après cette leçon,
Que vous ferez un peu mieux l'oraison.

Si quelqu'un est curieux d'avoir une plus grande lumière sur les points de pratique qui ne sont que touchez et indiquez plustot qu'expliquez et prouvez dans cette introduction, il pourra voir quelques autres petits traitez qui ne sont encore qu'escrits et qui sont entre les mains de ceux qui ont desiré d'avoir une plus parfaite connoissance du procedé de la caballe par leurs actions particulières, comme sont :

1° L'Entrevue et la Conference des Hermites de Beaunan et du Mont-Cindre, voisins de Lyon ;

2° Les Rapports d'une extrême opposition dans la chose, nonobstant l'affinité des noms du cretenisme et du christianisme[1], rangez en deux colonnes par thèses et antithèses ;

---

1. L'affinité de *chrétien* et de *crétin*, donnée ici pour rire, est cependant sérieuse. Le second n'est qu'un dérivé du premier. F. Génin, à qui ce rapport ne dut pas déplaire, l'a constaté longuement avec une complaisance toute voltairienne dans ses *Récréations philologiques*, t. II, p. 163-165 ; et récemment, un journal d'une opinion différente, la *Revue d'économie chrétienne* (février 1862), consacroit ainsi cette étymologie, en faisant valoir ce que, sous son apparence ridicule, elle a d'édifiant : « L'origine du mot *crétin* est à la fois curieuse et triste. Fodéré a démontré dans un traité spécial (Turin, 1792), qu'il dérive du mot chrétien. Ils sont en effet pauvres d'esprit, inca-

3º Les Rapports de ressemblance entre les illuminez d'Espagne, qui parurent l'an 1623, à Seuille et Cadix, dont les auteurs y furent brulez, et les illuminez de Lyon en ce temps par les propositions de ceux-là, et les prattiques et actions de ceux-ci opposées et confrontées en deux colonnes ;

4º L'Apologie de la nouvelle caballe, où il est respondu aux principales accusations dont on la charge ;

5º La docte et ingenieuse lettre d'un veritable chanoine de Saint-Just à un de messieurs de Sorbonne sur le sujet des nouveaux illuminez de Lyon ;

6º L'Addresse methodique pour decreteniser un esprit et detacher de corps un membre qui n'est ny ensorcellé ny tout à fait encore depourvu de raison, attendant une plus ample declaration du tout, dans l'œuvre burlesque de la boutique du cretenisme et dans le serieux de l'anatomie, ou dissection de la nouvelle caballe, sous le pretexte specieux de l'oraison mentale, partagée en trois sections, dont la première traitte et prouve par raison et par exemple une douzaine de ses maximes principales ; la deuxiè-

pables de pécher ; et les populations du moyen âge, pleines de foi, confiantes dans la parole du Seigneur qui leur dit : *Beati pauperes spiritu*, adoptoient avec charité et se faisoient un bonheur de recevoir à leur foyer ces pauvres déshérités de l'intelligence, mais prédestinés au ciel, choisis pour être bienheureux, en un mot chrétiens par excellence. » V. aussi, dans les *Annales du Bibliophile*, t. I, p. 22, un curieux article de M. Anatole de Montaiglon sur *le nom du poëte Guillaume Crétin*.

me, de mesme le secret et la fin où vise la caballe, qui, estant la première dans le dessein qui est l'ordre de la prétension, ne paroistra néantmoins que la dernière en effet dans l'ordre de l'execution quand le mal sera plus fort que le remède; la troisième traitera de l'esprit de la caballe, qui agit et meut diversement tout le corps, selon les divers usages qu'il fait de ses membres differents pour abboutir et arriver au but où tout cet appareil conspire d'une haleine...

2. V., sur la *Cabale* de ces *illuminés* d'Espagne, nos t. I, p. 115, et IX, p. 280.

Fin.

Logemens pour la cour de Louis XIII[1].

Monsieur mon bon amy,

Je ne puis bonnement vous representer la peine que j'ay eüe pour faire marquer les logemens pour Sa Majesté et toute la cour; car, comme c'est l'ordinaire de nos François de ne faire rien qu'avec precipitation, sans

---

1. Cette pièce, que je crois *inédite* et dont la date doit être l'année 1636, se trouve dans les *manuscrits* de Conrard, que possède l'Arsenal, partie in-4, t. V, p. 1235-1238. Elle est d'un genre de plaisanterie qui fut très à la mode au XVIIe siècle, et dont l'esprit consiste dans le rapprochement satirique du nom, du rang, du caractère d'une personne avec le nom ou la figure de l'*enseigne* que porte l'hôtellerie où l'on suppose que cette personne est logée. Au moyen âge, c'étoit un jeu d'esprit déjà connu, et dont notamment maître Pierre Tasserye s'amusa dans son monologue du *Pèlerin passant* qui prend gîte tantôt à *l'Escu de France*, tantôt à *l'Escu d'Alençon* ou *d'Orléans*, tantôt à *l'Escu de Calabre*, etc ; c'est-à-dire qui se cherche des patrons chez le roi, chez les ducs d'Alençon et d'Orléans, ou chez les princes de Calabre. Nous avons analysé dans notre histoire des *Hôtelleries et cabarets*, t. I, p. 262-264, ce curieux monologue publié par Techener dans la

jugement et sans ordre, chacun vouloit estre logé en mesme temps et prendre des logis à ses plaisirs

collection de *farces, moralités, sermons joyeulx,* etc. — Un des livres les plus curieux de la fin du règne d'Henri IV, le *Paysan françois,* fit sous la même forme son envoi à la reine Marie de Médicis. *Lors,* dit-il :

> Lors qu'à Fontainebleau, distant de mon village
> Six lieux, j'alloy, Madame, vous y pensant trouver,
> Pour ce discours rustic, mais bon, vous presenter,
> Tel, que j'avois ouy ailleurs qu'au labourage,
> Je logeai au *Dauphin* à petit hostellage,
> Ne pouvant à l'*Escu,* pour y peu despencer;
> Ni à la *Fleur de lys,* car il y fait trop cher:
> Hostelleries des grands, non des gens de village;
> Je fus bien toutes fois. Puissé-je, dis-je alors,
> Trouver à me loger au *Dauphin* tousjours, lors
> Ou qu'à la *Fleur de lys* ou à l'*Escu de France*
> Je ne pourray loger. Or encore, dit-on
> Que l'on est bien traitté et qu'en somme il fait bon
> A l'*Escu Medicis* ou celuy de *Florence.*

Sous Louis XIII, comme notre pièce le prouve, le même système de satire à *l'enseigne* fut adopté, et quand arriva le temps des *mazarinades,* il n'étoit pas encore usé. En 1649 parut un pamphlet de six pages très-impertinent, *Les Logements de la cour à St-Germain-en-Laye,* in-4; et en 1652, *Le Fourrier d'Estat marquant le logis de chacun suivant sa fortune;* puis, comme contre-partie de celui-ci : *Le Nouveau Fourrier de la cour.* A la fin du règne de Louis XIV, on revint encore à ces *facéties,* qu'on fit débiter, en hors-d'œuvre, dans les farces de société. Palaprat, qui ne faisoit que les remettre au jour, se vanta de les avoir inventées : « Pour soulager la mémoire des acteurs, dit-il dans son *Discours* sur le *Grondeur,* j'imaginois pour leurs rôles tout ce qui pouvoit être lu avec grâce et en action, comme *lettres, titres de livres,* ENSEIGNES DE

sans respect ou consideration de qualité ni de merite. Je vous en diray les particularitez.

Nous avons marqué le logis du roy à l'*Aigle impériale*[1] ; mais, avant que d'y venir loger, il faudra venir aux mains avec des Alemans qui s'en sont emparez et qui ne veulent point quiter prise. Nous verrons qui sera le maître. Pour la reyne, nous eussions fort désiré la loger au *Dauphin*[2], je m'asseure que ce logement eust esté fort agréable à Sa Majesté, mais il y a je ne sçay quoi qui l'en empêche ; en attendant que cet obstacle soit levé, nous la logerons à *l'Espérance*, c'est un beau et grand logis. Nous avons marqué le *Grand Serf*[3] pour Monsieur, et avons bien de la peine à loger Son Éminence, car vous savez qu'il a grande suite et

BOUTIQUE, *étiquettes de boîtes, et fioles d'opérateurs et de charlatans*, etc. ; et, par là, j'ose me vanter d'avoir donné l'idée de ce qu'on a depuis appelé dans le monde : *Logements et Bibliothèques*, qu'on a tant promenées et sur le théâtre et ailleurs. » Le Sage, dans *Crispin rival*, et Dancourt dans *Les Agioteurs*, ont glissé quelques-unes de ces plaisanteries sur les logements que Palaprat se vante si gratuitement d'avoir inventées.

1. On étoit alors en pleine guerre de Trente ans, et ce logement à *l'Aigle impériale* n'est pas mal trouvé pour le roi, au nom duquel Richelieu tâchoit d'abattre la maison d'Autriche.

2. Ceci prouve que cette pièce est antérieure à la naissance de Louis XIV, et même à toute espérance de voir Anne d'Autriche nous donner un *Dauphin*.

3. Pourquoi, pour Gaston, cette enseigne du *Grand Cerf*? Peut-être à cause de sa couardise.

force bagage, et que sa court est aussy grosse que celle du roy. C'est pourquoy il luy faut beaucoup de lieus. Nous avons marqué l'*Ancre*, la *Couronne ducale* et l'*Écu de Bretagne*[1], mais on nous a dit que cela nous suffiroit pas seulement pour la moitié de sa suite, et qu'il en faudra bien marquer d'autres pour sa personne. Il veut avoir la *Couronne royale*, mais cela ne se peut, parce qu'il y revient un esprit qui tourmente le monde. J'estois d'advis de lui marquer la maison des *Clefs*[2], croyant qu'elle luy seroit plus propre; mais l'on m'a dit que l'on n'y loge que des Italiens par un privilége special. Nous avons fait marquer l'*Homme d'argent* pour M. le Prince à tout hasard; car nous ne croyons pas qu'il vienne icy, parce qu'il n'est guères souvent en court[3]. Pour M. le Comte, on luy vouloit donner la *Cage*[4];

1. Ces enseignes : l'*Ancre*, la *Couronne ducale*, l'*Ecu de Bretagne*, conviennent bien pour Richelieu, qui étoit grand amiral, et qui, en même temps que le titre de *duc et pair*, avoit reçu le gouvernement de Bretagne.

2. C'est-à-dire les *Clefs de Saint-Pierre*, enseigne du Vatican, demeure du pape. Richelieu n'eut jamais l'ambition du trône pontifical; il visa un instant, selon Vitterio Siri, à se faire déclarer patriarche de France; ce fut tout.

3. Henri II de Bourbon, père du grand Condé, qui, en effet, depuis ses malheureuses campagnes de Dole et de Fontarabie, ne venoit plus beaucoup en guerre. Il se contentoit d'être riche, car il étoit avare, et par là pouvoit bien s'accommoder de loger à l'*Homme d'argent*.

4. Le titre de M. *le Comte* appartenoit aux comtes de Soissons, comme celui de M. *le Prince* aux aînés des Condé. Le comte de Soissons, en ce temps-là, n'étoit pas, comme on sait, des amis du cardinal; et ses manœuvres

mais ses gens l'ont refusé à cause que le logement est trop melancolique. Ils ont mieux aimé la *Banière de France*. M. de la Vallette s'est fait marquer l'*Epée royale*[1]. Nous l'avons fait par complaisance, car nous n'estimons pas que ce logement luy demeure. Il y a longtemps que Monsieur son père a desiré l'y loger, mais il trouve toujours la place occupée ; possible que la faveur l'y pourra etablir. M. le chancelier est marqué au *Cerf-volant*[2] ; Monsieur son gendre et M. le general des galères, au *Chameau*[3]. Il y a deux personnes de la faveur

de rebelle avoient déja failli le faire arrêter, et loger en effet à l'enseigne de la *Cage*. Rentré un peu grâce, il avoit obtenu le commandement de l'armée de Picardie, désigné ici par la *Bannière de France*. Un peu plus tard, il fit cause commune avec Gaston et lança un manifeste contre Richelieu, qui riposta par un arrêt qui le déclaroit criminel de lèze-majesté. L'armée du comte et celle du roi se rencontrèrent près de la Marfée, et le rebelle fut tué. Avec lui s'éteignit le titre de *M. le comte*, que Louis XIV essaya vainement de rétablir en faveur du comte de Toulouse. (Saint-Simon, *Mémoires*, édit. Hachette, in-12, t. IV, p. 356-357.)

1. Le duc de la Valette, fils du duc d'Epernon, qui commandoit alors en Biscaye. C'étoit avoir *l'épée royale*. Il ne la garda pas longtemps. On sait le terrible procès que lui fit Richelieu, et dont une condamnation à mort par contumace fut le résultat.

2. Pierre Séguier, qui venoit d'être nommé chancelier en remplacement de M. d'Aligre. On le loge au *Cerf-volant*, sans doute parce que c'étoit l'homme le plus disposé à suivre tous les vents de la faveur. V., sur lui, t. IX, p. 22-26.

3. Le général des galères étoit Pont-Courlay, neveu au

(sans les nommer, c'est le père Joseph et M. Des Noyers) qui veulent loger au *Chapeau rouge*[1]; plusieurs desirent ce logement, parce qu'il est beau; mais, comme ces messieurs sont recommandez de bonne part, je croy qu'ils y demeureront. Il s'est formé un grand conflit pour le logis de la *Harpe*[2] entre messieurs des finances et monsieur le grand-maître de l'artillerie[3]. Messieurs des finances soutiennent que ce logis leur est affecté de tout temps; Monsieur le grand maître allègue deux ou trois raisons par les quelles il pretend qu'il le doit avoir; outre que c'est une impertinence à ces messieurs de vouloir resister aux puissances superieures. Enfin, ils ont trouvé bon de s'accommoder et M. de Bu-

cardinal-ministre. V. t. IX, p. 31. — Loger sous l'enseigne du *Chameau*, quadrupède voyageur des espaces sans eau, le général des galères, seroit un trait de satire assez amusant, mais c'est une autre malice moins fine qu'il faut chercher ici. Si Pont-Courlay loge au *Chameau*, c'est parce qu'il étoit bossu, « un fort vilain gobin », dit Tallemant. (Édit. in-12, t. III, p. 53.)

1. Richelieu faisoit des démarches près du saint siége pour obtenir que le P. Joseph fût fait cardinal, et teindre ainsi en rouge l'Eminence grise. Elles n'aboutirent qu'en 1638, et quand le chapeau arriva le P. Joseph étoit mort. V. t. IX, p. 24.

2. *Harpe* est ici dans un sens argotique, qui fait épigramme contre messieurs des finances, gens toujours prompts à *harper*, prendre. V. sur ce mot Fr. Michel, *Recherch. sur l'argot*, p. 221. — Molière a nommé Harpin le receveur des tailles dans *La Comtesse d'Escarbagnas*.

3. Le grand maître de l'artillerie étoit M. de La Meilleraye.

lion¹ a fait dire qu'il ne luy importe pourveu qu'il ait le couvert, et qu'il s'accomodera au *Mortier*. M. Bouthillier² au *Bras d'or*, M. Du Houssay³ au *Cheval bardé*, M. Cornüel⁴ à la *Galère*, M. d'*Emery* a l'*Ecu de Savoye*⁵, et messieurs les secretaires à la *Main d'argent*. Mais ce qui nous a travaillé le plus, c'est une dame de haut parage⁶ (je ne sçay si elle est dame ou damoiselle, car tantôt on l'appelle madame, tantôt mademoiselle⁷). Elle vouloit avoir l'*Ecu de Bourbon*⁸; mais la vieille hostesse⁹ s'y est

1. Il étoit surintendant des finances depuis 1632. V. t. IX, p. 32.
2. Cl. Bouthillier, qui fut aussi surintendant des finances. V. t. IV, p. 22.
3. Trésorier des parties casuelles, qui fut grand ami d'Emery et mêlé comme lui à toutes les affaires. V. *Catalogue des partisans* dans le *Choix des mazarinades*, t. I, p. 234.
4. Président à la chambre des comptes. V. t. IX, p. 33-34.
5. Emery étoit alors notre ambassadeur près la cour de Savoie.
6. C'est la nièce du cardinal, Marie de Vignerot, veuve du marquis de Combalet.
7. On disoit que son mariage avec Combalet n'avoit pas été consommé, et Dulot avoit fait à ce sujet, avec les noms MARIE DE VIGNEROT, cette curieuse anagramme : *Veuve de ton mari*. (Tallemant, édit. in-12, t. III, p. 13-14.)
8. Il avoit en effet été question, en 1631 et en 1632, alors que le comte de Soissons, — qui étoit, comme on sait, de la maison de Bourbon, — faisoit cause commune avec le cardinal, de marier madame de Combalet avec ce eune prince.
9. Mademoiselle de Lucé, mariée le 7 décembre 1601

opposée¹, alleguant qu'elle n'est de la qualité requise²; bien plus, on avoit juré qu'elle auroit l'*Ecu d'Orléans*; mais la place est prise³, de sorte que, n'estimant pas les autres logis propres pour elle, je croy qu'elle sera contrainte de prendre l'*Abbaye*⁴. Nous avons bien eu du bruit pour cela; je ne m'etonne pas si les hostelliers refusent de loger les femmes, car elles sont trop mal aisées à contenter, et donnent souvent de la peine à leurs hostes. L'on a marqué l'*Ecu de Milan* à M. de Créquy⁵, à la charge qu'il fera deloger les Espagnols qui l'occupent; il

au comte de Soissons, et mère du prince dont on vouloit faire le mari de madame de Combalet.

1. Aubery, dans la *Vie du cardinal* (liv. IV, ch. 23), dit au contraire, mais à tort, que c'est madame de Soissons qui avoit proposé le mariage.

2. Tallemant est du même avis. « Il l'eût épousée, dit-il, parlant de madame de Combalet et du comte, si elle eût été veuve d'un homme plus qualifié. » (T. III, édit. in-12, p. 13.)

3. Gaston d'Orléans, qu'on avoit, à ce qu'il paroît, voulu marier aussi à madame de Combalet, avoit épousé secrètement, en 1632, Marguerite de Lorraine.

4. Elle n'eût fait qu'y retourner, car une partie de son veuvage s'étoit passée chez les carmélites; elle n'y retourna pas. Son oncle, désespérant de lui donner un mari, voulut lui donner un beau titre. Il lui acheta, en 1638, le duché d'Aiguillon, dont elle porta le nom jusqu'à sa mort en 1675.

5. Le maréchal de Créqui étoit alors aux prises dans le Milanais avec le marquis de Leganez. Il n'obtint pas ce qu'on lui souhaite ici, il ne délogea pas les Espagnols et ne se logea pas dans Milan.

aura de la peine à en venir à bout. J'oubliois un grand prelat des plus *eminents* que l'on doit faire loger au *Moulin à vent*. Il nous reste deux secrétaires d'Estat à loger; nous avons fait marquer pour eux la *Plume d'or*.

FIN.

Le Louis d'or[1].

A Mademoiselle de Scudery.

Sapho, qui recevez de mille endroits divers
Tant de prose galante et d'agréables vers,

---

1. Cette pièce agréable « si souvent imitée » comme l'a dit M. Cousin (*La Société françoise au XVIIe siècle*, t. II, p. 195), ce petit roman monétaire, prototype de tant d'autres, où l'on a mis en scène écus, schellings et même jusqu'à l'humble sou, pour leur faire raconter leur histoire, fut très-remarqué dans la société des précieuses, dont le règne finissoit quand il parut. La première édition fut presque contemporaine des *Précieuses ridicules*. Elle ne portoit pas le titre inscrit ici. Voici celui qu'on lisoit sur sa première page : *La Pistole parlante, ou la Métamorphose du louis d'or*, Paris, de Sercy, 1660, in-12. L'année suivante paraissoit une nouvelle édition avec le titre nouveau qui est resté : *Le Louis d'or; à mademoiselle de Scudéry*, Paris, Loyson, 1661, in-12. Nous n'en connoissons pas d'autre réimpression séparée. Le *Louis d'or* ne fut de

Jettez les yeux sur cet ouvrage :
De grâce, daignez le souffrir ;
Quand j'eus dessein de vous l'offrir,
Votre seule bonté m'en donna le courage !
Ainsi, rare Sapho, l'ornement de nos jours,
Sans chercher de plus longs detours,

nouveau publié que dans le *Recueil des Poésies de Madame de La Suze*, etc.; et dans celui des *Pièces choisies tant en prose qu'en vers*, dont La Monnoye fut l'éditeur anonyme, — La Haye, Van Lom, Pierre Gosse et Albers, 1714, pet. in-8, II, p. 241-272. Ces recueils sont rares ; les deux éditions isolées du *Louis d'or* le sont encore plus. On nous saura donc gré de lui donner place dans ce volume. Il le mérite non-seulement à cause de sa rareté et de son tour ingénieux et spirituel, qui en fait l'écrit le moins *précieux* peut-être qui soit sorti de l'école des *précieuses*, mais aussi à cause de l'attention accordée à son auteur Isarn par M. Cousin, dans le beau livre cité tout à l'heure, et l'espèce de bruit fait dans un journal spécial, autour de ce même Isarn dont M. A. T. Barbier nioit l'existence, tandis que M. P. Lacroix soutenoit qu'il avoit bel et bien écrit. V. *Bulletin du Bouquiniste*, 1858, p. 271, 359. — Isarn ou Yzarn, dont on ne sait pas l'autre nom, étoit de Castres, comme Pellisson, mais beaucoup plus beau, plus riche, et même, ou peu s'en faut, aussi spirituel quand il falloit s'en tenir à la galanterie. — Tallemant, qui le vit beaucoup chez la femme de son cousin Gédéon Tallemant, dont la passion pour Isarn fit grand bruit, dit de lui (édit. P. Paris, t. IV, p. 389) : « Garçon bien fait, qui a bien de l'esprit et qui fait joliment des vers. » On jugera tout à l'heure de la vérité de ce dernier éloge. Il eut force aventures galantes, car il se piquoit peu de constance, ainsi que nous le ferons voir plus loin en son lieu. C'étoit un des assidus de la *société du samedi* chez mademoiselle de Scudéry ou chez mademoiselle Boquet. Dans

Le Louis d'or.

Ni sans m'excuser davantage,
Je vais commencer mon discours :

Ne vous imaginez pas, Mademoiselle, que ce que je vais vous conter soient des nouvelles particulières de la cour ; bien que j'y sois depuis quelque temps, je n'en sai pas davantage. Les gens aussi peu considerables et aussi peu empressez que moi la suivent assez ordinairement sans la voir, ou la voyent bien souvent sans la connoître. L'autre jour, m'étant retiré de meilleure heure qu'à l'ordinaire, dans l'oisiveté où je me trouvai, m'amusant à compter ce

la fameuse *journée des Madrigaux* (20 décembre 1653), dont Pellisson rédigea le procès-verbal, Isarn est présent, et, comme toujours, place son mot et ses petites rimes : « Isarn, dit M. Cousin, pressé de rimer à son tour, répond en vers qu'il lui faut un délai d'une quinzaine, et proteste qu'à l'avenir il aura toujours des impromptus dans sa poche. » Fait-on quelque part gala de précieux ou de précieuses, dîne-t-on, par exemple, chez l'évêque de Vence, Godeau, soyez sûr qu'Isarn est du régal, avec Chapelain, mademoiselle de Scudéry et mademoiselle Robineau. S'il s'absente de Paris pour aller à Bordeaux, il est toujours d'esprit, et de cœur avec ses amis. Ainsi au mois d'octobre 1656, Pellisson écrit à mademoiselle de Scudéry qu'il a reçu deux billets galants d'Isarn, à qui une nouvelle maîtresse qu'il aime fort ne fait pas oublier sa chère société de Paris. Je ne sais ce qu'il devint, ni quand il mourut. Après le temps des *précieuses*, je ne trouve plus Izarn. Un personnage de ce nom, commis de Seignelay, m'est indiqué, par les *Mémoires* d'Amelot de la Houssaye (t. II, p. 366), comme ayant suivi à Venise ce jeune secrétaire d'Etat ; mais ce n'est pas le nôtre, c'est un de ses parents.

qui me restoit d'argent pour mon voyage; il me tomba dans la pensée que, si tant de pièces différentes que je tenois avoient du sens et de l'intelligence dans la tête, dont elles étoient marquées, il n'y auroit presque rien qu'elles ne pûssent m'apprendre; et que, l'or et l'argent ayant de tout temps gouverné le monde, on pourroit sçavoir par leur moyen des nouvelles de tous les siècles. A peine avois-je eu cette pensée, qu'une pistole d'Italie [1],

1. Les *pistoles* étoient une monnoie d'Espagne, mais il en venoit aussi d'Italie. « Elles étoient du poids des louis et au même titre et remède. » Voilà pourquoi Isarn a pu indifféremment appeler la pièce qu'il fait parler *pistole* ou *louis d'or*. La *pistole* avoit déjà la valeur qu'on lui a laissée dans les provinces, où son nom est encore employé comme signe monétaire. Elle valoit dix francs; c'étoit aussi le taux du louis. En 1648, pendant les premiers temps de la misère de la Fronde, on le fit monter jusqu'à douze francs; mais, en 1662, le roi le rabattit à son ancien taux. En 1689, par ordonnance du mois de décembre, il revint à sa valeur révolutionnaire et même la dépassa; il fut porté à 12 liv. 10 sols *(Journal* de Dangeau; édit. complète, t. III, p. 39). Sous la régence, en 1718, il monta d'un tiers; il étoit à 18 livres, et le *double louis* à 36. « Mon fils, écrit la duchesse d'Orléans (*Nouv. Lettres*, édit. G. Brunet, p. 150), est venu cet après-midi, et nous a apporté l'arrêt qui modifie le cours du numéraire; le louis d'or vaut désormais 36 livres. Ceux qui ont beaucoup d'argent gagneront joliment. » Sous Louis XV, il redescendit à 30 livres, et le louis simple à 15, mais ce fut pour remonter à 20, puis à 24, où nous l'avons vu. — Il y a dans la *Muze normande* de David Ferrand, 26e *partie*, une ballade *sur le rabais des Louys*, en 1662.

que j'avois separée des autres, prenant brusquement la parole pour toutes, me parla de cette sorte

  Comme je te connois discret,
  Je t'avertis en confidence ;
 Mais n'en dis rien, car c'est un grand secret :
A tort vous nous croyez manquer de connaissance ;
  La pluspart des hommes sont fous,
  Car, bien que nous sçachions nous taire,
  Nous voyons ce qu'ils font pour nous,
  Et savons ce qu'ils nous font faire.

Je fus fort epouvanté d'une nouveauté si extraordinaire ; bien que je n'ignorasse point que les pistoles se mêloient de beaucoup de choses, je ne sçavois pas encore qu'elles sçussent parler. Mais enfin, m'étant un peu rassuré, je lui repartis : « Eh quoi as tu bien assez d'esprit pour repondre à toutes les questions que je te ferai ? »

Alors, avec ardeur reprenant la parole ;
 « Je dirai d'or ! » repliqua la pistole.

« Vraiment, lui dis-je, tu ne te contentes pas de parler, tu fais des vers, et, qui pis est, tu fais des pointes ! Mais, puisque te voilà de si belle humeur, je suis prêt à t'écouter. Je ne serai pas le premier qui me serai engagé dans des dialogues extraordinaires ; en tout cas, puisqu'il y en a dans Lucien d'aussi surprenans, il sera mon garant. Surtout, si tu me veux plaire, entretiens-moi de diverses choses dont tu peux avoir connoissance ; conte-m'en des galantes autant qu'il te sera possible, mais au moins que je ne sçache rien de certaines aventures qui ne meritent pas le nom de galanterie, et dans les quelles les pièces de moindre valeur que toi peuvent avoir cours.

> Sur cet article, par avance,
> J'impose un eternel silence
> Aux ecus d'or autant qu'aux ecus blancs.

« Ne crains point, interrompit gravement un double louis qui mouroit d'envie de parler; si nous avions à t'entretenir de quelque chose qui approchât de l'amour, où l'interêt peut avoir quelque lieu, nous ne traiterions pas cette matière si grossierement ; je ne te parlerois que de ces dons, utiles et secrets, que l'on appelle generosité et grandeur d'âme; que de ces personnes bien faites et bien faisantes [1] qui, pour donner courage à leurs galans, travaillent à leur etablissement et à leur fortune, ou de ces galans industrieux qui sçavent faire des liberalitez si

---

1. *Bien faisant*, qui étoit un mot tout nouveau, ne s'écrivoit pas alors tout d'une pièce. On séparoit, comme ici, l'adverbe du participe, de façon qu'ils ne fissent jamais complétement corps et pussent garder l'allure qui leur étoit propre. On auroit cru faire une faute alors si l'on avoit dit : *plus bien faisant.* On disoit, comme fit Voiture dans une de ses lettres : *mieux faisant.* Quant à *bienfaisance*, c'étoit un mot créé par Balzac, mais qu'on n'employoit pas. Un siècle après, l'abbé de Saint-Pierre le retrouva (V. *Mémoire pour diminuer le nombre des procès*, p. 37), et on lui en fit honneur comme d'une invention.

à propos qu'on ne sçauroit les refuser ; enfin, de tous
ceux qui employent leurs richesses pour l'utilité ou
pour le plaisir des personnes qu'ils aiment.

Qui sçait de ses grands biens faire un parfait usage
    Est magnifique en equipage,
    Fait tout avec profusion,
Tâche à donner souvent bal ou colation ;
Que s'il peut engager en quelque promenade
L'objet dont les beaux yeux l'ont sçû rendre malade,
Son carrosse attelé de six chevaux de prix
Fait trembler sous ses pas le pavé de Paris ;
Il se met en campagne, et, sans reprendre haleine,
En d'agréables lieux il conduit l'inhumaine.
Là l'aimable musique et les mets delicats,
Par des soins diligens, ont devancé leurs pas.
    Cependant, ce train magnifique,
Tous ces mets delicats, cette aimable musique,
    Ce qui devance ou ce qui suit,
Et qui gagne le cœur des plus indifferentes,
    Ce n'est que de l'argent traduit
    En cent manières differentes.

« En effet, poursuivit le louis, recevoir ou donner
de l'argent est une chose également honteuse ; même
après l'avoir donné, quelques-uns tâchent de le ra-
traper. Une dame de ma connoissance en usa de
cette sorte assez plaisamment, il y a quelque temps.
Après avoir fait un present considerable à son amant,
elle le pria, à deux jours de là, de lui prêter tout
ce qu'il auroit d'argent en son pouvoir pour une
affaire de consequence qui lui étoit survenue.

Le cavalier, surpris d'entendre ces paroles,
De sa mourante bourse arracha ses pistoles,
 Et, confus autant qu'interdit,
 Les croyant prêter, les rendit.

« Toutes fois, continua le quadruple, si tu voulois être entièrement satisfait, il te faudroit parler à tous ceux que tu viens de remettre dans ta bourse. Quand nous sommes seuls, comme je suis présentement, nous ne sommes pas propres à grand chose ni ne sommes point d'un fort grand entretien. Cependant, beaucoup de nous ensemble faisons tous les jours des choses incroyables ; et c'est en grande compagnie que nous avons contribué au gain de plusieurs batailles, à la prise de plusieurs villes imprenables, et à mille conquêtes amoureuses. » Il m'avertit même de bonne foi que, le plus souvent, la vertu des gens ordinaires n'alloit que du plus au moins [1] ;

Que leur grand nombre avait des charmes si puissans,
Que souvent la plus prude, et que le plus habile,

---

[1]. Isarn, qui étoit très-magnifique dans ses courts amours, savoit mieux que personne le pouvoir des pistoles bien employées pour la conquête d'un cœur. Dans le *Cyrus* (t. VII, liv. III), où, comme nous verrons, il est peint sous le nom de *Thrasile*, on le voit toujours en dépense pour quelque maîtresse : « Tantôt il luy donnoit le bal, une autre fois il la surprenoit par une musique. Si elle s'alloit promener et qu'il y fust, il faisoit qu'elle trouvast une collation magnifique. »

Qui peut resister à deux cens,
Se laisse emporter à deux mille.

« Je croi fort aisément ce que tu dis, lui repondis-je ; mais, quoi qu'il en soit, j'aime mieux ne m'engager en conversation qu'avec toi seul, de peur d'embrouiller la chose. — Tu n'as pas tant de tort, me dit-il ; si nous étions plus de deux, nous voudrions peut-être parler tous à la fois, comme font assez ordinairement les hommes quand ils se trouvent plusieurs ensemble. Ecoute-moi donc tout seul, je t'en conjure, et sois persuadé que je te ferai sçavoir des choses assez curieuses. Comme je suis d'un or le plus ancien qu'on puisse trouver, je pourrai te conter mes aventures : car, afin que tu ne t'y trompes pas, j'ai conservé le même sens et la même intelligence que j'ai présentement, dans toutes les formes différentes sous lesquelles j'ai paru. Je fus tiré de la mine sous le règne du dernier Darius, et j'ai vû tout le bouleversement de ce grand empire. Cependant, sans te rien dire de toute la suite de l'histoire, dont je te fais grâce et que je te pourrois conter ici s'il m'en prenoit fantaisie, il me suffira de t'apprendre qu'en ce temps-là je portai la figure du conquerant qui renversa le trône des Perses ; et je me contenterai de te faire sçavoir, en passant, quelque chose des amours de ce siècle-là, qui étoient tout à fait differentes de celles de celui-ci. Les langueurs, les plaintes et les desespoirs n'étoient point en usage parmi les courtisans de ce grand prince. Comme c'étoient tous gens accoutumez à de promptes et grandes expeditions, ils avançoient bien plus

en un jour qu'on ne fait maintenant en une année.
Pour te confirmer en cette verité, souviens-toi de
la reine des Amazones.

  Rappelle un peu dans ta memoire
  De Talestris la memorable histoire,
Qui, pour se delivrer de ce mortel ennui
   Qu'on a toujours de trop attendre,
Arriva le matin dans le camp d'Alexandre
   Et coucha le soir avec lui.
Mais depuis est venu le règne des fleurettes [1],
Veritable chicane en matière d'amour :

---

1. C'étoit le mot qui, depuis quelque temps, étoit devenu à la mode pour exprimer les *fleurs de bien dire*, dont l'amoureux parfume ses paroles pour faire accepter son amour. Les livres où ceux dont le cœur ne parloit pas d'abondance alloient se fournir de belles phrases avoient même pris pour titre le mot que je viens de dire : *Fleurs de bien dire.... pour exprimer les passions amoureuses de l'un comme de l'autre sexe*, Paris, Guillemot, 1598, pet. in-12; *Les Marguerites françoises, ou Fleurs de bien dire*, etc., Rouen, Behoust, 1625, in-12. Le Nicodème du *Roman bourgeois* (édit. elzevir., p. 88), « qui estoit un grand diseur de fleurettes », avoit cueilli celles qui jonchoient sa conversation avec Javotte dans ces *Marguerites françoises*. — Chez les Grecs, on disoit, dans le même sens, ῥόδα εἴρειν, *parler roses* (Aristoph., *Nuées*, act. II, sc. 2). Le Noble a voulu chercher une autre étymologie : il a cru que *conter fleurettes*, c'étoit *compter* à celle qu'on aime une somme d'argent, en cette jolie monnoie du temps de Charles VI sur laquelle étoit marquée une petite fleur, florette. Il s'est trompé. V. *Lettres* de madame Du Noyer, 1757, in-12, t. III, p. 225.

L'on ne fait qu'en dix ans ce qu'on fit en un jour.
    Encore, dans ces amourettes
    Où l'on se brûle à petit feu,
Si l'on trouve jamais ou coquette ou cruelle,
    Ce n'est qu'un pitoyable jeu,
    Et tout se passe en bagatelle [1].

« Mais, pour te conter par ordre mes aventures, il faut que je te die que, long-temps après la mort

---

[1]. Isarn n'étoit pas homme à faire sa pâture de ces creuses bagatelles; il lui falloit l'amour réel et toujours nouveau. Dans le *Cyrus*, où sous le nom de Thrasile il est donné pour le type de l'inconstance, on le voit tour à tour amoureux de quatre princesses (t. VII, liv. III). Cyrus lui en fait reproche, et Thrasile répond : « On peut avoir plusieurs amours sans être infidèle. » S'il n'aimoit qu'un jour, ce jour du moins étoit tout de galanterie et de magnificences, ainsi que nous l'avons fait voir tout à l'heure. Une *Gazette du Tendre*, conservée dans les manuscrits de Conrart (in-fol., t. V, p. 147), nous donne des nouvelles de son inconstance. Elles sont datées d'Oubly : « Il arriva icy, il y a quelques jours, un estranger (M. Izarn) de fort bonne mine, qui, après avoir passé de Nouvelle-Amitié à Grand-Esprit, de Grand-Esprit à Jolis-Vers, de Jolis-Vers à Billet-Galant, et de Billet-Galant à Billet-Doux, s'égara en partant de cet agréable village; de sorte qu'au lieu d'aller à Sincérité, il vint dans notre ville, où il fut un jour tout entier sans s'apercevoir qu'il estoit égaré. Mais aussy, dès qu'on l'en eut fait apercevoir, il partit d'icy avec tant de diligence, qu'il y en a qui assurent qu'il a plus fait de chemin en deux jours qu'il en n'en avoit fait depuis qu'il étoit parti de Nouvelle-Amitié. » Un peu plus tard, on le retrouve à Respect, d'où il part pour Tendre, à la nage.

d'Alexandre je tombai entre les mains d'un avare qui, ne se contentant pas de m'enfermer avec plusieurs de mes compagnons, il nous enterra, ce miserable, dans les fondemens d'une vieille tour, et mourut enfin sans s'être servi de son argent ni sans l'avoir enseigné. Nous demeurâmes là plusieurs siècles, jusqu'à ce qu'on nous deterra par hazard, en creusant pour avoir les pierres des murailles sous les quelles nous étions. Nous fûmes ainsi de nouveau remis au jour, mais nous n'y fûmes pas plutôt que nous trouvâmes une grande différence dans le monde.

  Depuis ce long enterrement,
Le monde avoit changé de forme et de figure :
  L'on y parloit differemment ;
  Tout etoit d'une autre nature.
Nous n'étions même plus à l'usage de tous,
Puisqu'enfin, en sortant de dessous la muraille,
  Jusques à la moindre de nous,
Parvint à la grandeur d'antique et de medaille.

« Aussi fûmes-nous recherchez avec soin des curieux, qui nous firent valoir un prix excessif et qui nous montroient comme le plus rare ornement de leurs cabinets. Je pense que je serois encore entre leurs mains, si mon dernier maître, qui se mêloit de chymie, me jugeant d'un or très-pur, ne m'eût voulu multiplier. Je ne sçache point de tourment qu'il ne me fît endurer. Il essaya toutes choses inutilement ; il me fit passer plusieurs fois par le feu ;

  Mais il ne fit que s'y morfondre.

Il eut beau me fondre et refondre,
Le bon homme fut confondu,
Car je ne fus rien que fondu.

« Je ne demeurai pourtant pas longtemps en cet état : je fus donné à un orfévre, qui m'employa à mettre en œuvre plusieurs diamans de prix, et fit une boëte de portrait magnifique. A peine étoit-elle achevée, qu'un jeune Romain l'achetta pour mettre le portrait de sa maîtresse. Au reste, comme l'on ne conte jamais d'histoire pareille à celle-ci sans qu'il soit à propos de se souvenir de quelques vers, il faut que je t'en dise, qui ont été traduits en françois, et que j'entendis reciter à notre cavalier un jour qu'il regardoit le portrait de sa maîtresse et qu'il parloit à soi-même, suivant la louable coutume des amans :

Malgré la rigueur de l'absence,
L'Amour, qui sçait charmer la plus forte douleur,
Vient au secours de ma constance
Et tient ce doux propos dans le fond de mon cœur :
Vis en repos, Tircis ; ta divine princesse
Partage en ce moment ta profonde tristesse,
Et, par mille transports secondant tes desirs,
Elle te rend avec tendresse
Et douleur pour douleur et soupirs pour soupirs.
Alors, dans l'excès de ma joye,
Je sens dans mon esprit tant de charmes secrets,
Qu'en quelque rang que je la voye,
J'abandonne mon cœur aux plus hardis souhaits.
Amour, qui prens le soin d'une flamme si belle,
Afin de la rendre immortelle,
A nos cœurs amoureux donne une même loi :

> Que je ne vive que pour elle,
> Qu'elle ne vive que pour moi!

« Tu jugeras, par ces vers, que c'étoit un simple cavalier qui aimoit une personne fort au-dessus de lui ; et je ne t'en dirai pas davantage, car, en matière de digressions comme de folies, les plus courtes sont les meilleures. Aussi, sans m'arrêter à cette histoire, je t'apprendrai que je passai entre les mains d'un autre maître, qui m'employa d'une manière bien différente, quoiqu'au même usage : il me fit servir à cinq ou six portraits en moins de rien, et j'eus le divertissement de voir que tantôt la blonde chassoit la brune, selon que la blonde ou la brune regnoit dans son cœur. J'avois pourtant bien du dépit de ce qu'il en quittoit quelquefois une belle pour une laide, car il ne lui importoit pourvû qu'il changeât. Il ne laissoit pas, après cela, d'avoir des momens bien amoureux ; et il me souvient qu'un jour qu'il attendoit sa dernière maîtresse, il dit plusieurs fois d'un air assez languissant, passionné et chagrin :

> Qu'une impatience amoureuse
> Est un supplice rigoureux!
> Qu'une heure qu'on attend, et qui doit être heureuse,
> Cause de momens malheureux!

> Quoi! Climène n'est point venue?
> Cette ingrate ne m'aime pas ;
> Qui pourroit l'avoir retenue,
> Si l'Amour conduisoit ses pas?

« Enfin, ce galant homme se lassa de celle-ci

comme des autres, et, quelque temps après l'avoir quittée, comme il étoit changeant en tout, il fit faire de sa boëte de portrait deux tables de diamans[1]. Nous fûmes ensuite au service d'une dame, qui nous donna bien du plaisir avec ses façons : elle avoit deux galans, dont l'un étoit fort riche et fort sot, mais faisant grande dépense ; l'autre étoit bien fait, plein d'esprit et de cœur, mais marchant à fort petit train.

Aussi, pour adoucir cette fière inhumaine,
    Ecrire juste et parler bien
    Ne lui purent servir de rien.
    Il perdit ses pas et sa peine ;
    Car, par un silence eloquent,
L'autre, sans dire mot, lui comptoit de l'argent.

« Cependant, le règne de cette belle finit en moins de rien. L'un se lassa de souffrir et l'autre de payer, et je fus separé des diamans avec les quels j'avois été depuis longtemps pour être employé à mille usages differens. Je fus tantôt en bague, tantôt en montre, tantôt en chaîne ; mais, sur toutes choses, je devins un des plus jolis cachets du monde. Je portai la figure d'un petit Amour qui, au lieu d'avoir son bandeau sur les yeux, l'avoit sur la bouche, et qui, marchant comme à la dérobée, et fort doucement,

---

[1]. On appeloit *diamant en table* celui qui étoit taillé de sorte que sa surface restoit plane, avec de simples biseaux. Ainsi taillé et enchâssé dans l'or, il servoit surtout pour les bracelets.

tenoit une de ses mains devant son flambeau pour en cacher la clarté ; ces cinq paroles étoient écrites autour :

  Ni le bruit ni l'éclat [1].

« Je pourrois bien te conter ici mille choses si je voulois, mais ma qualité de cachet m'en empêche, et je te puis même assurer que jamais personne n'a rien sçû des mystères dont j'ai été depositaire.

 Mon empreinte, toujours heureuse,
  Ne ferma jamais de poulet,
Ni ne servit à de lettre amoureuse
  Qui vit eventer son secret.

« Il fallut pourtant changer de condition avec le temps. Je fus encore fondu plusieurs fois, et j'ai servi à plusieurs statues ; j'ai été employé tantôt à celle d'un héros, d'un demi-dieu, d'une déesse, d'un homme, et tantôt à celle d'un animal. Mais, à la verité, bien que j'aye été dans tant de conditions

---

1. M. Cousin, qui a cité ce passage (*La Société françoise du XVIIe siècle*; t. II, p. 195), pense avec quelque raison que ce cachet, au discret emblème, est une allusion évidente à celui que Conrart, le soir de la *journée des Madrigaux*, avoit donné à mademoiselle de Scudéry : « Le généreux Théodamas, en se retirant, avoit donné à Sapho je ne sais quoy, enveloppé d'un papier bien parfumé, à la charge qu'elle ne le regarderoit que lorsqu'il seroit parti. Ce je ne sais quoy estoit un cachet de cristal, gravé du chiffre de Sapho et du sien mêlés ensemble. »

differentes, je n'ai jamais pû devenir or potable, quelque soin qu'on y ait apporté : je suis revenu en monnoye plusieurs fois, et il n'y a point d'usage où je n'aye été mis : tantôt j'ai été employé pour payer, tantôt pour prêter, tantôt pour donner, rarement pour honorer la vertu, mais plus rarement encore pour la récompense d'un poëte. Les choses magnifiques qu'ils disent de tous ceux qui leur peuvent faire du bien leur sont presque toujours inutiles.

> Leur merite est toujours connu;
> Mais les grands seigneurs sont étranges,
> Et qui subsiste de louanges
> Vit avec peu de revenu.

« Mais, pour ne m'arrêter pas davantage, il faut que je t'apprenne que j'ai presque couru toute la terre, que j'ai été sequin en Turquie, mouton à la grandlaine[1], noble à la rose[2] et jacobus en Angleterre,

---

[1]. C'est un mot que maître Isarn a trouvé dans Rabelais (liv. I, ch. 8, § 3, et liv. III, ch. 2). On appeloit ainsi une monnoie d'or fin qui eut cours depuis saint Louis jusqu'à Charles VII. Elle valoit 12 sols 6 deniers d'argent, et portoit sur la face un *agneau*, avec ces mots autour : *Agnus Dei, qui tollis peccata mundi, miserere nobis.*

[2]. Monnoie d'or qu'Édouard III fit frapper en 1344. On l'appeloit *noble* à cause de la pureté de son or, et *à la rose* parce que sur le revers elle portoit la rose de Lancastre et d'York. Dans les *Bigarrures de Des Accords*, 1608, in-12, p. 14, se trouve représenté un noble à la rose à l'effigie de Henri VIII; il valoit alors cent sous, d'après le taux

double ducat en Espagne; et que je te pourrois compter mille sortes de choses; mais j'aime bien mieux qu'on m'accuse d'avoir oublié beaucoup que d'avoir trop dit. Il me suffira donc de t'apprendre qu'après toutes ces aventures, comme je semblois être destiné au service des dames, je fus remis en œuvre et fus employé en une paire de pendans d'oreilles. Je ne fus pas plutôt en cet état, que je benissois ma bonne fortune, m'imaginant que je ne pouvois manquer d'être du secret de la personne que j'allois servir, et je crus que tous ces petits mots, qu'on disoit si bas, étoient des choses si agréables, que j'aurois un plaisir extrême à les entendre. Je fus pourtant bien attrapé quand je connus que ce n'étoit le plus ordinairement que des secrets que tout le monde sçavoit, que de fausses confidences et que des sottises dites avec precaution. Je m'avisai même qu'il y avoit certains galans qui parloient à ma maîtresse de cette sorte pour faire les importans, ou pour faire croire à ceux qui les voyoient qu'ils n'étoient point mal avec une dame aussi bien faite. Cependant, comme celle-ci étoit fort coquette, et qu'elle écoutoit à droite et à gauche, chacun de nous n'avoit que la moitié de son secret; ce n'est pas que la pluspart du temps ce ne fût la même chose, car ce qui entroit par une oreille

---

réglé par l'ordonnance de 1532. Les plus beaux étoient les *nobles de Raymond*, qu'on appeloit ainsi parce qu'on croyait qu'ils avoient été faits avec l'or que Raymond Lulle avoit, par œuvre hermétique, fabriqué pour le roi d'Angleterre. V. Delecluze, *Notice sur Raymond Lulle*, p. 28.

sortoit par l'autre : surtout pour les reprimandes d'une vieille dame qui lui faisoit souvent des leçons. Enfin, je n'aurois jamais achevé si je voulois dire tout ce qu'on entend à l'oreille d'une coquette, et tout ce que j'appris au service de celle-là! Elle l'étoit si fort qu'après avoir trompé tout le monde, tout le monde la quitta.

>   Vous qui pensez avec adresse
>   Fourber et coqueter sans cesse,
>   Même chose vous aviendra,
>   Autant vous en pend à l'oreille ;
>   Et quiconque coquetera
>   Craigne une avanture pareille.

« Enfin, après m'être beaucoup ennuyé avec la belle dont je viens de parler, je faillis à perir absolument, car une demoiselle suivante nous vola et me separa des emeraudes avec les quelles j'étois depuis un temps si fâcheux ; si bien que je fus brisé en mille pièces et mis au billon avec quelque passement d'argent[1]. Je ne fus pas plutôt en cet etat qu'il ne tint presque à rien que je ne fusse donné à ces hommes impitoyables et cruels qui, à force de coups de marteaux, mettent l'or en feuille ou en couleur. J'étois anéanti, si cette dernière aventure me fût arrivée, et je te laisse à penser le grand plaisir que j'aurois eu, ou quel avantage ce doit être de servir à la do-

---

1. Les passements d'or et d'argent venoient d'être interdits par l'ordonnance du 27 novembre 1660, et comme notre louis d'or, le billon, où l'on fondoit les pièces décriées, les attendoit. V. notre t. I, p. 224.

rure d'un plancher, d'être appliqué au derrière d'un carrosse[1], ou de finir malheureusement sa vie en papier doré! Ma bonne fortune me garantit de tous ces malheurs, et je suis parvenu à la dignité et en l'etat où tu me vois, dans lequel je souhaite de demeurer à jamais. Car, ni l'image de tant de princes que j'ai portée, ni la figure du grand Alexandre que j'ai conservée durant tant de siècles, ne m'embellissoit point tant que celle du jeune heros que je porte aujourd'hui, qui, avec toutes les vertus qui manquoient à l'autre, et avec encore plus de courage que lui, s'il ne venoit de donner la paix, auroit trouvé la conquête de tout le monde aisée[2].

Aux lauriers immortels qui couronnent sa tête
Jules vient de mêler les myrthes de l'Amour,
Un calme bien heureux succède à la tempête :
La Discorde est rentrée en son triste sejour.
Nous ne verrons former nos heureuses années
    Que de beaux et paisibles jours.

1. Les carrosses « où tant d'or se relevoit en bosse » étoient alors un luxe à la mode. Pendant la Fronde, on les avoit dédorés (*Œuvres* de Sarazin, 1696, in-8°, p. 383), mais ensuite ils ne brillèrent que de plus belle. En 1706, il fallut contre le scandale de leur dorure une défense du roi. (*Corresp. administr. de Louis XIV*, t. II, p. 829.)

2. Un petit roman satirique qui reprit, un peu modifié, le titre de cette pièce, ce qui l'a souvent fait confondre avec elle, bien qu'il lui soit très-postérieur, *Le Louis d'or politique et galant*, 1695, in-12, est aussi amer contre Louis XIV vieillissant qu'Isarn est ici flatteur pour sa jeune royauté.

De nos cruelles destinées
Jules vient d'arrêter le pitoyable cours.

« Cependant il est temps que je finisse, de peur de t'ennuyer, et que je te laisse en repos pour ce soir. S'il te prend fantaisie d'en sçavoir davantage, tu n'as qu'à t'informer à d'autres pièces à qui il sera arrivé des choses d'une nature différente. »

Notre dialogue finit ainsi, et le louis n'eut pas plutôt cessé de parler, que je pris la resolution d'avoir, quelques jours après, une pareille conference avec les autres : à quoi je n'aurois pas manqué, si toute cette bonne compagnie ne se fût bientôt separée, et si je n'eûsse vû, avec un deplaisir tout à fait sensible, qu'il m'était impossible de faire de longues conversations, et retenir long-temps mon argent avec moi.

Reponse de Mademoiselle de Scuderj.

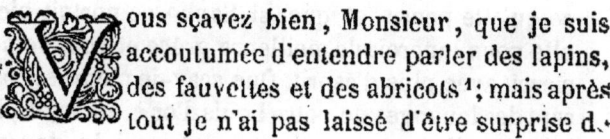ous sçavez bien, Monsieur, que je suis accoutumée d'entendre parler des lapins, des fauvettes et des abricots [1]; mais après tout je n'ai pas laissé d'être surprise d..

---

1. Allusion à des fables, allégories et autres pièces faites sur ce sujet par Mlle de Scudéry ou à elles adressées. Dans le *Recueil de vers choisis*, 1701, in-8°, p. 123, on trouve, sous son nom, des stances avec ce titre : *La Fauvette à Sapho, en arrivant à son petit bois, suivant sa coutume, le 15 avril*.

la conversation que vous avez eue avec votre louis d'or, et je le trouve si bien instruit des choses du monde que j'en suis étonnée.

Quand il seroit du temps des premiers jacobus,
Des nobles à la rose et des vieux carolus,
    Il ne sçauroit pas plus de choses.
Ovide a moins que lui fait de metamorphoses.
Il fait aux plus galans d'agréables leçons;
Il raille, il fait des vers de toutes les façons.
    Mais ce qu'il fait de plus etrange,
    C'est qu'entre mes mains il se range;
    Car ses frères ne m'aiment pas.
Ils n'ont aussi pour moi que de foibles appas,
    Et par le mepris je m'en vange.
Mais pour ce Louis d'or que je reçois de vous,
    De qui la gloire est immortelle,
    Qui ne craint plus ni touche ni coupelle,
Il fait seul un trésor dont mon cœur est jaloux.

Voilà, Monsieur, tout ce qu'une malade vous peut repondre; mais je vous assure que ce n'est pas tout ce qu'elle pense, et que, si Sapho se portoit bien, elle vous loueroit de meilleure grâce et vous remercieroit avec plus d'esprit. Que sçay-je même si, passant des louanges de votre Louis d'or à un sujet plus relevé, elle ne se sentiroit point inspirée de vous parler

D'un Louis dont la vie, en merveilles feconde,
Est l'ouvrage du ciel et le bonheur du monde,
Dont le bras triomphant et les charmes vainqueurs

Domptent les nations et captivent les cœurs;
D'un Jule dont les soins redonnent à la France
Les jeux et les plaisirs, la paix et l'abondance,
Qui va faire couler dans nos heureux climats
Ces larges fleuves d'or, la force des Etats,
Et gemir de regret le Pactole et le Tage
Que la Fable a flattez d'un pareil avantage;
D'un Jule dont les soins ont nos desirs bornez;
Dont les sages conseils, justement couronnez,
Font voir à l'univers que la plus belle gloire
Est de cesser de vaincre au fort de la victoire.

Mais je m'apperçois que ce sujet là est trop relevé pour moi, et qu'il vaut beaucoup mieux ne rien dire que de n'en pas dire assez. Il n'en est pas de même de vous, Monsieur; au contraire, je vous exhorte à faire quelque ouvrage plus grand à la gloire de ceux que vous avez loués en huit vers seulement, car il ne faut pas faire des portraits en petit d'un grand héros, comme on en fait d'une maîtresse, puisqu'on ne doit avoir les uns que pour les cacher, et que les autres doivent être vus de tout le monde.

FIN.

Var. x.

*Le Cotret de Mars, avec le fagot, la fascine
et le gros bois, pour feu de joye à la France.*

M.DC.XVI.

Petit in-8[1].

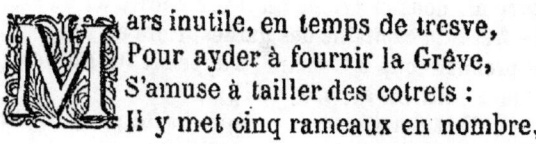ars inutile, en temps de tresve,
Pour ayder à fournir la Grêve,
S'amuse à tailler des cotrets :
Il y met cinq rameaux en nombre,

---

1. Cette pièce est une des plus rares de celles qui ont été faites contre le maréchal d'Ancre et son entourage. Elle rappelle, par le tour qu'y prend la satire, cette épigramme contre l'abbé Terray, qui, suivant les *Mémoires secrets*, couroit Paris au mois de décembre 1774 :

> Grâce au bon roi qui règne en France,
> Nous allons voir la poule au pot :
> Cette poule c'est la Finance,
> Que plumera le bon Turgot.
> Pour cuire cette chair maudite,
> Il faut la Grève pour marmite
> Et l'abbé Terray pour fagot.

Tirez des halliers[1] de qui l'ombre
Gaste ainsi nos jeunes forests.

Tous les cinq sont divers d'escorce,
De tronc, de matière et de force;
Mais tous cinq, comme chacun sçait,
Sont propres pour un feu de joye
Dans le Royaume, afin qu'on voye
L'effect du pseaume trente-sept.

Le plus gros tizon, qui tout pare,
C'est l'homme à la fortune rare,
Roy de *Metz*, sieur de Cadillac[3].
Il est sec et de bois de tremble,

---

1. Si cette pièce eût été faite après l'assassinat de Concini, nous croirions qu'il y a encore ici une allusion. Le frère du capitaine des gardes, frère de Vitry qui porta le premier coup à Concini, s'appeloit Du Hallier. (Tallemant, édit. in-12, t. I, p. 192.)

2. C'est dans ce psaume que David parle le plus éloquemment des disgrâces qui l'accablent, et dont triomphent ses ennemis : *Quoniam iniquitates meæ supergressæ sunt caput meum; et sicut onus grave, gravatæ sunt super me.* » (Verset 5.)

3. Il s'agit du duc d'Epernon, qui cumuloit le gouvernement de Metz et celui de la Guienne, où se trouve Cadillac. Dans une autre pièce de la même année, *Pasquin*, ou *Coq à l'asne de Cour*, p. 12, il est aussi parlé des prétentions du duc à se faire roi dans son gouvernement de Metz :

> Il est fin ce vieux roy de Metz....
> Ainsy l'evesque de Coulongne
> Autre fois se fist souverain.

Depuis qu'il voit armer ensemble
Tant d'enquesteurs sur Ravaillac[1].

Il joint la *Verge* de Florence[2] ;
Mais leur bonheur a difference
D'un poinct que j'admire souvent :
C'est que l'un, tournant le derrière,
A gaigné la charge guerrière,
Et l'autre en poussant le devant.

Celuy qui sans *O* rien ne scelle,
Soubs qui la Justice chancelle[3],

1. On sait qu'il passoit publiquement pour complice de Ravaillac ; on disoit même que c'est lui qui avoit porté au roy le dernier coup de couteau. La tragédie de Legouvé, *La Mort de Henri IV*, roule tout entière sur cette complicité de d'Epernon.
2. Il s'agit d'un des *coglioni* que le maréchal d'Ancre avoit à sa solde, et dont nous avons déjà parlé, t. IV, p. 19, 25 ; mais duquel est-il ici particulièrement question ? Je ne saurois le dire. Le *Pasquil Picard coyonnesque*, 1616, in-8, p. 4, parle ainsi en son patois de la sequelle italienne que traînoit après soi Concini :

> Ce conquerant et monarque d'Idée
> Void tous les jours sa fortune en fumée
> Assisté par un tas de mors de faim (*sic*)
> Qu'il a choisi, achepté de sa main
> Des thresors pris dans la Bastille.
> Voyez qu'il a sa main habile
> A bien compter et par millions
> Soudoyer nombre de Coyons.

3. C'est le nom de Claude Mangot, fait tout nouvellement *chancelier*, qui se cache sous ces allusions à équi-

En est le troisiesme baston,
Qui, couvert de cire bruslable,
Fors l'ecorce, a le cœur semblable
Aux arbres qui portent *Cotton*[1].

Son *frère*[2] à patte ravissante
Estoit de race florissante ;

voques. Au commencement de l'année 1616, après la paix de Loudun, dont le renvoi du chancelier Sillery avoit été une des conditions, du Vair, président au parlement d'Aix, avoit été investi de cette charge. Quelques mois après il ne l'avoit plus, Mangot l'occupoit à sa place. La résistance de Du Vair aux volontés de la reine et du maréchal, qui avoient résolu l'arrestation du prince de Condé, et la complaisance de Mangot pour ce même désir, avoient fait la prompte disgrâce de l'un et l'élévation inattendue de l'autre. La place de secrétaire d'Etat, laissée vacante par Mangot, fut donnée à l'évêque de Luçon, qui, lisons-nous dans les *Mémoires* du maréchal d'Estrées, p. 324, « ne fut pas longtemps secrétaire d'Etat sans être considéré comme un homme rare, d'un mérite extraordinaire. » Vous avez reconnu Richelieu. Cela se passoit à la fin d'août 1616. Notre pièce, qui fait allusion à Mangot, comme chancelier, est donc des derniers mois de cette année-là.

1. Le célèbre père Cotton, jésuite, qui fut confesseur du roi jusqu'à l'assassinat du maréchal, accompli, comme on sait, au mois d'avril 1617.

2. Anne Mangot, frère du chancelier, qui, après avoir eu quelque part, comme négociateur, au mariage du roi et d'Anne d'Autriche, n'eut cependant pas d'emploi plus élevé que celui de maître des requêtes. Tallemant donne à entendre que c'était un assez faible esprit. (1e édit., t. IV, p. 51.)

Mais comme son sort est mouvant,
Luy à qui l'Infante d'Autriche
Commit son affiquet plus riche
Est demeuré de bois puant.

S'ensuit pour la cinquiesme pièce
Un surgeon de plus vile espèce,
Mais tant raboté, tant *Dolé*[1],
Qu'il ne le faut pas mettre en cendre ;
Mais pour noyer il le faut prendre,
Ne meritant d'estre bruslé.

Bullion[2] sert de hart pliante[3],

1. Louis Dollé, intendant des finances, l'un des hommes qui étoient le plus à la complaisance de Concini, et par là le mieux en passe pour les hauts emplois. Peu s'en étoit fallu qu'il n'eût les sceaux, deux ans auparavant, au moment des États. Il fut grand bruit alors, d'après le *Financier à Messieurs des Etats*, 1614, in-8, p. 38, « de la promesse faicte au seigneur Louis Dollé, d'estre chancellier de France, de Navarre et des Roynes, à la premiere boutade du marquis, pour les bons advis et conseils qu'il baille contre les pouvoirs et authoritez. » Il mourut à la fin de 1616, peu de temps après la mention malveillante qui est faite ici de lui.

2. Claude Bullion, dont la fortune commençoit alors. Il avoit pris part vers ce temps-là aux conférences de Soissons, et l'on avoit parlé de lui pour la place de chancelier de la jeune reine. (*Lettres de Malherbe à Peiresc*, p. 434.) Mais, peu après, un caprice du maréchal d'Ancre lui fit tout perdre. Richelieu, qui le fit surintendant des finances, le lui rendit, et de reste. Voir sur lui t. IX, p. 32-33.

3. La *hart* est cette branche flexible qu'on prend pour

Fauce, tortuë et bien liante,
A ce très-mistique fagot :
C'est la plus dangereuse branche :
Car avant que le feu la tranche
N'approcheroit pas un magot[1].

Soubs cela, comme une fascine,
Mettez-moy la seiche *Conchine*[2],

lier un fagot. Elle le serre comme la corde sur le cou du pendu, de là vient que celle-ci s'appeloit aussi une hart. V. *Anc. Théâtre*, t. II, 45 ; VII, 25 ; VIII, 101 ; et *Caquets de l'Accouchée*, p. 172, où se trouve rappelé le proverbe : « La *hart* sent toujours le fagot. »

1. Il y a encore ici quelques allusions au chancelier Mangot, qui, dans les chansons et pasquils du temps, n'est pas en effet appelé autrement que Magot. Au bas de l'une des estampes qui parurent après l'assassinat de Concini, avec ce titre : *Tableau et emblesme de la detestable vie et malheureuse fin du maistre Coyon*, on lit, entre autres stances satiriques :

> Magot, leur Suçon et Barbin,
> Sont tout au plus haut de la roue
> Et au bas quand le Coyon joue
> Vieille-Foy, Du Vray et Nanin.
>
> Du Vray, Vieille-Foy et Nanin
> Sont maintenant au haut estage ;
> Le Coyon n'est plus dans la cage :
> A bas Magot, Suçon, Babin.

Babin, c'est Claude Barbin, contrôleur général des finances ; *Suçon*, c'est l'évêque de Luçon, Richelieu ; *Du Vray*, le chancelier Du Vair, congédié ; *Vieille-Foy*, Villeroy, ministre disgracié aussi ; et *Nanin*, le président Jeannin.

2. La femme de Concini, Eléonora Dori, qui se faisoit

Pour faire un feu clair à la fois,
Et dessus, si la France unie
Se veut sauver de tyrannie,
Le *roy d'Espagne* pour gros bois[1].

appeler Galigaï, « parce qu'à Florence, dit Tallemant (édit. in-12, II, p. 194), quand une famille est éteinte, pour de l'argent on peut avoir permission d'en prendre le nom, et c'est ce qu'elle a fait. »

1. Concini étoit vendu au roi d'Espagne, qui par là semble bien digne à notre satirique d'être compris dans l'autodafé. — Nous avons parlé en plusieurs autres pièces des richesses immenses entassées par Concini, et qui lui venoient soit de ses connivences avec l'Espagne, soit de la dilapidation de nos finances ; nous ajouterons ici une note à propos des trésors que, plus de trente ans après son assassinat, le peuple croyoit encore enfouis dans l'hôtel du maréchal, rue de Tournon : « Bruit par Paris, écrit Dubuisson-Aubenay, dans son *Journal* manuscrit, sous la date du 23 avril 1650, qu'hier au soir on travailla par ordre de M. le duc d'Orléans dans le jardin de l'hôtel des ambassadeurs extraordinaires, où loge à présent le duc de Damville, comte de Bryon, qui est allé en son gouvernement de Limousin et y a laissé sa femme : et ce pour chercher deux cent mille pistoles qu'un advis, venant d'Italie, envoyé par une femme, devoient estre cachées en terre, en ce lieu là, dès le temps que le maréchal d'Ancre y demeuroit. »

FIN.

Menipée de Francion, ou response au Manifeste anglois[1].

Omne malum ab Aquilone.

Il ne vint jamais d'Angleterre
Bon vent, bonne gent, bonne guerre,
Bonne guerre ny bonne gent;
Beaucoup plus de plomb que d'argent.
Pour n'estre attaint du vent de bise
Qui souffle du bord de Tamise,
Et de l'infidelle Albion,
Lisez ce qu'escrit Francion.

A Paris, chez Jean Bessin, rue de Reims.

M.DC.XXVII.

Il se porte sous la cape, et se distribuë au coing des ruës, à l'escart des commissaires. Ce n'est pas un vieux boucquin, boucquin (*inquam*)[2] comme ces vieux calepins, c'est un livret; il est de peu de feuillets, doré sur la tranche, couvert de peau de beste rousse, qui sent un peu mal, ou bien le colporteur qui le

1. Ce manifeste est celui que le duc de Buckingham avoit daté de son bord, le 21 juillet 1627, veille de son

cachoit sous ses aisselles. Un maistre ès arts le marchandoit, qui, ne pouvant souffrir l'odeur, en recherchant la cause, il s'ecria : *Hircum sub alis*[3]. Τετραγμαχαλος. Survint un courtisan qui dissipa la mauvaise odeur avec son colletin parfumé[4].

débarquement à l'île de Ré. Il y expliquoit les raisons qui avoient déterminé le roi Charles à l'envoyer avec une flotte au secours de La Rochelle, « par pur zèle de religion ». (Leclerc, *La Vie de Richelieu*, 1724, in-12, t. I, p. 301.) — On verra tout à l'heure que, malgré l'exacte police de Richelieu, des exemplaires de ce manifeste s'étoient glissés jusque dans Paris, et se vendoient sous le manteau. Le cardinal prit alors le parti d'y faire répondre, et choisit une des bonnes plumes qui fussent à son service. Nous connoissons en effet peu de livrets de ce temps où il se trouve autant d'esprit et de verve. Il est probable que Richelieu fut pour beaucoup dans l'inspiration de ce pasquil, peut-être même dans sa rédaction, et j'assurerois qu'il en fut content. L'auteur, que nous ne connaissons pas, avoit pris avec intention le pseudonyme de Francion, qui accusoit bien sa qualité de François et le but tout patriotique de sa réponse. C'étoit du reste un nom aimé de Richelieu. Nous le trouvons porté par le personnage qui parle pour la France dans la tragédie d'*Europe*, qu'il fit en collaboration avec Desmarets.

2. Notre Francion joue ici sur le nom du duc de Buckingham, que l'on prononçoit alors partout en France *Boucingant*.

3. Encore une allusion au nom du duc, dont, je viens de le dire, la première syllabe, telle qu'on la prononçoit, était bouc.

4. Il étoit toujours à la mode, parmi les courtisans, de porter de ces collets « de peau de daim parfumé », *coleto de ambar*, dont parle Cervantes (D. Quichotte,

OU RESPONSE AU MANIFESTE ANGLOIS.

Pastillos Ruffinus olet, Gorgonius hircum [1].

Ayant achepté ceste droguerie du Pont-Neuf, ce menu fatras, en la première page il y avoit en taille doulce un oyseau de proye, d'un plumage roux, quasi comme ce grand oyseau que l'on porte à la vollerie pour amasser les jays et agasses [2], que l'on appelle duc ou ducquet [3]; il estoit un peu plus petit. Il y avoit un escusson timbré de liseaux comme ceux que les valets de feste estallent pour le bal le jour de la feste de village, des bouffantes jartieres [4], et aux entrelas il y avoit en grosses lettres cette devise: *Honny soit qui mal y pense.* D'un autre costé estoit une grande déesse portant sur le front ces mots: Χαρος αμαλθιας; elle estoit guirlandée de fleurs blanches trois à trois, qu'un petit bouc voulloit brouter, mais Mercure de son caducée luy donnoit sur les cornes, et luy disoit ce quolibet: *Ce n'est pas pasture de capricorne, c'est le moly des Dieux* et la Nephante: je dis le *moly*, et non le *mol lis*. J'admiray ces figures énigmatiques, et, ayant ouvert le cahier et entamé le discours, je recogneu

ch. 23), et qui s'appeloient chez nous *collet de fleurs* ou *collet de senteur*. « Mon collet de fleurs, dit Montaigne (liv. I, ch. 22), sert à mon nez; mais, aprez que je m'en suis vestu trois jours de suite, il ne sert qu'au nez assistant. »

1. Horace, liv. I, sat. 2, v. 27. Au lieu de *Ruffinus* il faut lire *Rufillus*.

2. On sait que c'est l'ancien nom de la pie.

3. Allusion au titre de Buckingham.

4. Allusion à la jarretière qui entoure l'écusson d'Angleterre.

que c'estoit le ramage d'un oiseau passager que l'on avoit sifflé à la perche, et appris un françois corrompu, tel que le vieil normand que l'on parloit du temps de Guillaume le Conquerant, un langage d'outre mer, qui ne venoit ny du Levant, ny du Midy, mais du Septentrion, de bise ou Soubise [1]. Cet oyseau s'estoit essoré l'aisle sur une roche, et à ses vervelles [2] il y avoit, en grosses lettres : ROCHE AISLE ; il estoit de la grandeur d'un tiercelet [3], se se disoit souverain de l'aigle, le pelican des chrestiens, la colombe qui porta le rameau d'olive hors de l'arche de Noé, et se donnoit mille autres fanfares et banderolles de vanité ; hagard neantmoins et mal leurré pour gibier sur terre ; fort bon pecheur, neantmoins il ne valoit rien que sur la marine, car sur terre il estoit *tanquam piscis in arido;*

1. Allusion par équivoque au duc de Soubise, qui, avec son frère aîné le duc de Rohan, avoit fait alliance avec l'Anglois et s'étoit mis en guerre ouverte contre le roi. Richelieu n'ignoroit rien de ses menées ; il savoit notamment qu'il avoit fait main basse sur plusieurs vaisseaux français. Pour toute réponse à cet acte de rebelle, il s'était contenté d'écrire, vers le milieu de juillet de cette année, à M. de Maillezais, « fera venir un commissaire pour raser Soubise. » C'était la demeure seigneuriale du duc sur la Charente, près de Marennes. (Avenel, *Lettres, instruct. diplomat. et papiers d'Etat du Card. de Richelieu*, t. II, p. 506.)

2. C'étoient les anneaux ou plaques que l'on attachoit aux pieds de l'oiseau de proie, avec l'empreinte des armes du seigneur auquel il appartenoit.

3. On appeloit *tiercelet* le mâle des oiseaux de proie : *faucons, autours, gerfauts, éperviers.*

il faisoit force bruit du battement de ses aisles, comme un cormorant gorgé de poisson quand il sort de l'eau. Ce livre ne portoit le nom de son père, et toutes fois il s'appeloit *Manifeste ;* l'on l'impute à un advocat qui de despit quitta le barreau et se mulcta luy mesme, et comme Icare de sa cheute signala la mer de son naufrage, s'etant mulcté luy mesme[1], il en a pris son nom. Il fut plus heureux en robbe courte qu'en robbe longue, il se fist ambassadeur volontaire et sans charge, traffiqua de toille de Hollande et de plusieurs negoces, grand zelateur de la cause, si sçavant aux controverses qu'il faisoit la nicque à Tilenus[2], jusques à disputer la palme du ministère, messager des grands de son party, furet de cour, passe-partout. Ce livre apologetique estoit brouillé d'un jargon funeste, injurieux, insolent, digne du poinçon de la loy Remnie[3], un discours de renegat, d'un denaturé François, d'un parjure à sa nation, qui fait leçon publique en anglois, afin, par le barbarisme d'une langue baltique, de profaner la pureté de la nostre. Ce manifeste thrasonique, libelle de presomption, comme disoit le maistre ès arts, *projicit ampullas, etc.* Il

1. Malgré cette allusion assez transparente au nom de l'avocat à qui le *Manifeste anglois* étoit attribué, nous n'avons pu découvrir qui il étoit au juste.

2. C'est le grand controversiste protestant, le Silésien Daniel Tilenus, qui vivait encore à cette époque. On l'accusoit d'avoir fait l'*Anti-Coton*, libelle alors fameux. V. le *Borboniana*, à la suite des Mémoires de Bruys, t. II, p. 271.

3. Encore un jeu de mots; cette loi *Remnie* n'est invoquée que parce que l'auteur du manifeste avoit *renié* notre cause.

commence par l'enflure d'une emphase boucquinesque : *Quelle part les roys de la grande Bretagne ont tousjours pris des affaires des Eglises reformées de ce royaume de France? Quelle part, ô manifeste!* Ce n'est pas la part de Marie Magdelaine ny de Marthe, c'est la part d'Esaü, et de ce mauvais voisin, ce laboureur, *qui superseminavit zizania, etc.* C'est la part des soldats qui jouèrent la robbe sans couture, qui l'ont deschirée ; la part qu'usurpa Henry VIII, la primogeniture de S. Pierre, que lui et ses successeurs ont usurpée, et l'ont faict tomber en quenouille. Mais qui vous a donné l'authorité, homme de delà les mers, de faire le tuteur de ceux qui ne sont ny vos enfants, ny vos pupilles, ny vos sujets? Pourquoy venez-vous en la maison du père desbaucher ses enfants et les soustraire de leur obeïssance? Vous respondés que c'est le soing des Eglises reformées. *Scilicet hic superis labor est, ea cura quietos sollicitat.* Vostre Anglicane est du tout differente de celles de France, elles n'en recognoissent ny le langage ny les ceremonies ; celle de vostre père Jacques estoit contraire à celle des puritains et calviniens, qu'il detestoit, se plaignant de l'avoir voulu estouffer dès le berceau. Vostre Eglise angloise est contraire en habits, mœurs et police ; elle retient une forme exterieure du clergé : ses evesques sont mitrés et crossés, les doyens et chanoines portent bonnets, robbes et aumusses, chantent en vulgaire, solemnisent les festes des apostres et celle de leur sainct George à cheval, avec les banderolles de leur ordre ; et nos ministres de France sont docteurs en robbe courte, portent le castor, sont emmantelés de panne de soye, peignés et godronnés sur la rotonde, equippés à la mode, et qui sortant de la chaise peuvent entrer au bal au mesme habit qu'ils ont presché. Et puis, dites maintenant que le soing des Eglises de France vous a fait descendre en Aulnis[1]? Vous avés, dites-vous, recherché l'alliance de France[2]. Il est vray, c'estoit le plus glorieux advantage que monarque de l'Europe peust esperer, c'est le surhaussement de vostre Estat, et le solstice de Vostre Majesté. Je louë cette alliance, je blasme et deteste l'infraction de ceux qui, ayant promis un temperament politique aux affaires de la religion, et une souffrance telle quelle aux catholiques, dès le lendemain de l'arrivée de la reyne leur ont deffendu l'entrée de la chapelle à coups de hallebarde, ont chassé son evesque et ses prestres, contre les articles du mariage. Qui a commencé la querelle[3]? « L'on avoit

1. Nous avons déjà dit plus haut que le principal prétexte allégué par le *manifeste* au sujet de la descente des Anglois à l'île de Ré étoit la defense des réformés.

2. Le manifeste déclaroit, en effet, que le roi de la Grande-Bretagne avoit recherché la sœur du roi de France, mais il ajoutoit que le mariage avoit eu lieu surtout pour que le roi fût mieux en état d'appuyer les François réformés.

3. V. à ce sujet une des pièces précédentes, p. 165-166. — Au chapitre VI des *Mémoires* du comte Leveneur de Tillières, qui étoit alors notre ambassadeur à Londres, il est aussi parlé fort en détail de la mesure qui força les prêtres françois de s'éloigner du service de la reine femme de Charles Ier, et cette proscription y est en partie attribuée au duc de Buckingham. On conçoit d'autant

promis de rompre le fort », ce dit l'Anglois [1] ; le François respond : « Vous aviés promis de faire ouvrir la Rochelle et la faire obeyr. » Le roy conservoit ses sujects en la seurté des edicts ; ils estoient non seulement gardés, mais amplifiés. Et ainsi, Manifeste, pour vous rendre vos mots, vostre maistre n'estoit eludé, c'est vous qui avés illudé le nostre, et nous faites des illusions ; c'est pourquoy il m'est permis d'alluder sur vostre nom. Vous luy deviez conseiller le voyage du Palatinat, le restablissement de son beau-frère en son Estat, usurpé depuis tant d'années [2] ; c'estoit là son Maraton et la glorieuse

mieux qu'il en soit fait ici mention. (*Mém. inéd. du C*te *Leveneur de Tillières*, publiés par C. Hippeau, 1862, in-18, p. 88-150.)

1. Le *manifeste* se plaignoit de ce qu'au mépris des paroles données pour les réformés de La Rochelle, et des promesses faites au sujet de la démolition du fort Saint-Louis, dans l'île de Ré, non-seulement on l'avoit conservé, mais de plus qu'on avoit augmenté sa force, et même bâti d'autres forts dans l'île.

2. Frédéric V, électeur palatin, s'étant laissé faire roi de Bohême, avoit attiré contre lui toute la puissance des Impériaux, et dans une courte lutte, qui fut la première phase de la guerre de Trente Ans, il avait perdu ses deux couronnes d'électeur et de roi. Retiré en Hollande, puis à Mayence, avec sa femme Elisabeth d'Angleterre, sœur de Charles Ier, il mourut dans cette dernière ville, le 29 nov. 1632, peu de temps après la mort de Gustave-Adolphe, qui avoit entrepris pour son rétablissement ce que Francion conseille ici au roi d'Angleterre, et qui eût tenu complétement sa promesse sans le coup mortel dont il fut frappé à Lutzen.

lice de ses entreprises, et non pas fomenter des rebelles à leur prince : il falloit remettre le Palatin. Je vous en dirois davantage en autre langue, mais vous n'estes pas Latin, moins bon François ; je passe pour Romain, et vous Anglois, comme vous le professés et escrivés en vostre *Manifeste*, que vostre roy a patienté au delà de la patience. Il n'a point esté moyenneur[1] de paix; elle estoit auparavant vostre alliance, et si elle a esté esbranlée depuis, la cause en est plus manifeste que le nom de vostre satyre. L'on avoit promis la demolition de Fort-Louys, l'on avoit promis à Louys une plaine et absoluë obeïssance de ses sujets[2], et une entrée en ses villes sans train limité. Qui a deu commencer à accomplir, ou le maistre ou le vallet, ou le prince ou le sujet? Le Fort-Louys est une hostellerie pour loger ceux qui arrivent tard, les portes fermées, et si l'on ne veut souffrir que le gouverneur de la province loge en ville, au moins que le bourgeois de la Rochelle luy permette de demeurer dans les faux-bourgs, ou en la banlieuë, et le Manifeste

1. Ce mot étoit depuis fort longtemps dans notre langue avec le sens de *négociateur*, et, moins noblement, d'entremetteur. On lit dans Commines (liv. III, ch. 8) : « Le connestable de Saint-Pol vouloit tousjours estre moyenneur de ce mariage. » Et dans la traduction du *Gusman d'Alfarache*, par Chapelain (2ᵉ part., liv. III) : « Sa bonne amie la moyenneuse de leurs plaisirs secrets. »

2. Le *manifeste* prétendoit que cette obéissance et complète soumission étoit obtenue, et par là les réformés s'étoient rendus dignes d'obtenir à leur tour ce qu'on leur avoit promis, notamment la démolition du fort Louis.

est si incongru au langage françois qu'il ne veut souffrir les diminutifs *Roche, Rochelle, Rochellete.* Chacun peut bastir sur son fond ce qui luy plaist, et aux villes les plus republicaines à la portée d'un mousquet. Le fort n'est qu'un monceau de gazons, l'on batist tous les jours de nouvelles villes : Nancy, Charleville, Boisbelle [1], Orange; souffrés que les roys facent ce que fait un chacun. Le fort est une petite colonie où le brave Arnault avoit commencé une belle police, que le vaillant et courageux Thoras [2] avoit amplifiée; les bourgeois y

1. Sully ayant acheté, en 1597, du prince Charles de Gonzague, la principauté de Bois-Belle, en Berry, qui étoit totalement indépendante, y avoit fait construire une ville toute neuve, qui conserve encore aujourd'hui la physionomie de son époque, et que le vieil ami d'Henri IV avoit appelée Henrichemont, en l'honneur de son bien-aimé maître. Ce franc-fief ne fut réuni à la conronne qu'en 1766.

1. Thoiras, gouverneur pour le roi au pays d'Aunis, rendit alors de très-grands services. Il ne put s'opposer au débarquement des Anglois dans l'île de Ré, et perdit même un de ses frères dans le combat qui leur fut livré à la descente; mais, s'étant retiré dans le fort Louis, il y fit une si belle défense qu'il donna le temps à MM. de Schomberg et de Marillac de débarquer dans l'île six mille fantassins et trois cents chevaux, qui culbutèrent les Anglois et les forcèrent de repartir à toutes voiles pour l'Angleterre. « Sa Majesté, écrivit Richelieu le 9 nov. 1627, surlendemain de cette victoire, a receu en cette occasion ce qu'elle attendoit de la bonne conduite et du courage de M. le mareschal de Schomberg et des sieurs de Marillac et de Thoirax (*sic*), qui sortit de la ci-

entrent librement et seurement, les villageois y
viennent au marché ; que si l'artisan quitte sa boutique et fait le mutin, pour luy apprendre le droit
civil on luy fait à la volée quelque petite leçon
de droict canon, qui faict plus de bruict que de
mal : comme quand il fait trop chauld, le temps se
rafraischit par un ou deux esclats de tonnerre, mais
cela n'est que *brutum fulmen*. Le fort incommode
la ville ; dittes : la ville incommode le fort ; le puissant foulle le foible. La Rochelle fut jadis un second
d'Anvers, la retraitte de bons et riches marchands,
bons François, bons sujets ; maintenant elle est remplie d'estrangers, de coureurs, de picoreurs, la grotte
de Cacus, la tasnière des renegats, le bureau des
rançonneurs ; depuis deux ans l'on n'en a peu approcher à plus de vingt lieues à l'entour. Les mes-
sagers et ordinaires de Bourdeaux, Perigueux, Li-
moges, et tout le Poictou, ont esté contraincts de
marcher en trouppe avec escorte ; les juges magistrats et conseillers des cours souveraines ont esté
pris, destroussez et mis à rançon, et cependant le Manifeste les figure non comme loups, mais comme bre-
bis, comme simples colombes, et non comme sacres
et vautour : *Introrsum turpes speciosa pelle decori*.
Mais qui a commencé la querelle, qui le premier a

tadelle avec six cents hommes du régiment de Champagne. Toute la noblesse y a si bien fait, qu'il est impossible d'en remarquer un seul aux actions duquel on
puisse trouver à redire. » (*Lettres* de Richelieu, t. II,
p. 707.) — Dans les *Œuvres poétiques* de Jean Auvray,
1631, p. 5, se trouve un sonnet sur la *Descente des Anglois
dans l'Isle de Ré*, et sur leur fuite.

rompu, qui a saisi et aresté les marchands et les vaisseaux, qui a picouré, qui a fourragé, depredé, piratisé et pilatisé? L'on demandoit à un Lacedemonien comment il avoit esté blessé : *Prodente me scuto.* Nostre bouclier, c'estoit la paix, on l'a percé à l'improviste; l'on a plutost frappé que denoncé, contre le droict des gens, contre les loix sacrées des alliances. Il n'y a nation si barbare qui auparavant que d'armer ne denonce : l'on envoyoit des herauts que les Romains appelloient *fœciales : Habemus,* disoit l'orateur, *hominem in fœcialium manibus educatum, in publicis fœderum religionibus sanctum et diligentem;* ils renvoyoient les arres et gages de l'alliance, les roys renvoyent les ordres, et ne font la guerre à pied levé comme les nomades, les Tartares, qui enlevent d'emblée et destroussent sans recognoistre. Il ne faut plus dire que l'on est surpris *de Gallico*, il faut dire *de Anglico.*

Il ne falloit point qu'un Achitofel commist deux grands roys, et prendre le faux pretexte de l'oppression des Eglises reformées. C'est une fueille blafarde que l'on met sous une hapelourde pour la faire passer pour diamant[1]. Ce que vous appellez

1. Pour savoir qu'on disoit *happelourde* pour pierrerie fausse, il suffit de se rappeler ces vers de La Fontaine :

Tout est fin diamant aux mains d'un habile homme,
Tout devient *happelourde* entre les mains d'un sot.

Plus tard, vers 1657, quand le sieur d'Arce se fut enrichi, dans l'enclos du Temple, à contrefaire d'une façon merveilleuse « les diamants, émeraudes, topazes et rubis, etc. » (*Journal d'un Voy. à Paris en* 1657, p. 45), on

Eglise, c'est un ramas de mutins, de libertins, qui tendent à l'anarchie, qui pour un maistre en veulent plusieurs. Au reste c'est un blasphème insolent, que l'on a mis l'honneur du roy très-chrestien à couvert. Blasphème que le papier ne peut souffrir, dont il rougit de honte, que l'honneur du plus grand monarque de la chrestienté soit mis à couvert sous l'authorité d'un inferieur. Quand on parle des roys, des images de Dieu, il faut user de paroles de soye, il ne les faut approcher qu'avec des parfums et de l'encens. Nul n'ignore la grandeur du roy de la Grande-Bretagne; en mon particulier j'ay de l'obligation à l'auguste memoire de son ayeul, et à celle du roy Jacques, qui me defendit de la supercherie que me voulut faire un sien ambassadeur puritain. Vous parlez des roys, ô Manifeste, comme nostre maistre ès arts expliquant l'oraison *Pro rege Dejotaro*. Vos comparaisons ne sont pas comme celles que fait Plutarque des empereurs grecs et romains; vous estes un mauvais géomètre d'egaller un angle de terre à un grand cercle auquel il n'y a commencement ny bout. Ne parlons point de nos maistres, nous ne serons jamais leurs arbitres: le maistre aux arts disoit que *non tutum est scribere in eos qui possunt proscribere*, et moy, à qui il a appris le latin, je le traduisois: *Il ne faut point honnir contre celuy qui peut bannir.* Au reste, vous faites un

---

n'appela plus les fausses pierreries que diamants du Temple. (V. notre *Paris démoli*, p. 45.) Comme les marchands du Palais en vendoient aussi, on disoit encore *bijoux du Palais*. V. Œuvres de Montreuil, p. 165, 234.

partage des elements : vous vous attribuez le trident, les ondes ne sont que pour vous, vous estes les Jasons, les Tiphis et les Argonautes ; Neptune, Eole et les Tritons sont vos vassaux. Je ne veux desrober la gloire de vostre nation ; vous estes bons pilotes, et nous surmontez en l'œconomie de la marine et au soin de bien freter, mais non en l'adresse ny en la dexterité : nos Normans, Maillouins, Bretons et Olonnois ont fait des routes plus loing que vous, et Jean Ribault, Dieppois[1], a montré le chemin à vostre Drach, qui n'a fait que retracer ces pas. Vostre equipage est bien lesté et calfeutré, mais il n'est pas temps de sonner le triomphe, l'Automne sera le correcteur de son insolence par le doux poison de ses raisins et de son moust ; l'Hyver, avec ses bourrasques, en sera l'executeur. Tandis que le secours de la terre se prepare, l'on attend celuy du ciel avec cette allegresse et le péan d'acclamation :

O Roy cheri de Dieu, pour lequel fait la guerre
L'air d'orages esmeu, et Æole desserre
Ses tourbillons armés ; pour lequel icy bas,
Au bruit de ses clairons, les vents font leurs combats.

 Vous ferez comme les mousches, qui voltigent pendant la tiedeur de l'automne, succotent la dou-

---

1. J. de Ribault, qui fut envoyé dans la Floride par Coligny pour y fonder une colonie, et qui y fut massacré par les Espagnols. Ses voyages précédèrent de dix ans ceux de Drach.

ceur des fruicts, et aux premiers frimas tombent de faim et de froid. La vendange de l'isle de Ré, avec ce grand curateur des successions vacquantes, avec ses Mores sous le pampre et sa compagne la dissenterie, et le moust, donneront leurs premières escarmouches ; vous ne vous abstiendrez jamais de la grappe ny de son jus, car vous estes de l'humeur de l'un de vos princes qui, condamné par son frère impiteux, choisit le doux supplice en une pipe de malvoisie[1] ; et desjà se commence l'eschet,

cito præterit æstas.
Appetit Autumnus, Libitinæ quæstus acerbæ.

Pour vous faire dire vray, que ce que vous avez amené n'est qu'une poignée de gens, au moins le sera-elle dans trois mois, si tant vous durez, une poignée *sine pugna* d'un couteau secret, et d'une allumelle[2] cachée dans le sein de la Providence ;

---

1. Tout le monde sait que le duc de Clarence, frère d'Edouard IV, condamné à mort pour rébellion aux ordres de son frère, demanda qu'on le noyât dans un tonneau de Malvoisie. Ce fait est aujourd'hui contesté. V. *L'Esprit dans l'histoire*, p. 16.

2. Petite lame d'épée ou de dague. On lit dans les comptes royaux de 1458 : « Pour une dague à deux taillants d'un pié et demi d'alumelle. » On saluoit avec l'*alumelle* dégaînée, et de là est venue une singulière erreur de l'auteur du Glossaire de l'*Histoire de Paris*. Ayant lu dans les registres du Parlement pour 1419 : « Charles mist tantôt la main à son allumée, faisant semblant de saluer nostre dict cousin, etc. », il crut que Charles l'a-

car, quant à ces troupes sur pied, à ces levées que vous marquez en la charte de vostre manifeste pour l'Allemagne, le maistre ès arts, qui est un peu boucquin et satirique, *dum vellicat aurem*, me disoit : *Hic fingit pietas acies, simulataque castra*. Mais j'approuve autant cet armement, comme je condamne vostre invasion en Aunis : là vous appelle Frederic et vostre sœur Elizabeth, et ses bambins avec leurs maillots et berceaux ; là vous appellent les reliques de Bohême, les riches despouilles de l'Electorat.

*Dulces exuviæ, dum fata Deusque sinebant;
Eia, age, rumpe moras*, etc.

Mais oyez la *chamade en rime* du bonhomme Artus Désiré [1] :

Bouté selle, boutés bas ;
Au choc, au choc et aux combats !

voit salué du bonnet, et il mit en note : « *allumée*, bonnet.» (De Laborde, *Glossaire des émaux*, p. 126.)

1. Le grand ennemi des protestants, dont les nombreux écrits, plus empreints de fanatisme que de poésie, sont catalogués au long dans le tome 35, p. 286 et suiv., des *Mémoires* du P. Niceron. La *Chamade en rime*, citée ici, n'est pas indiquée dans ce catalogue, et comme elle est de beaucoup postérieure à l'année 1577, date du *Désordre et scandale de France*, que l'on croit être son dernier livre, elle permet de croire qu'il vécut beaucoup plus tard qu'on ne le suppose. V. encore, sur lui, l'abbé d'Artigny, *Nouv. Mém. de Littérat.*, t. II, p. 49 ; Viollet Le Duc, *Biblioth. poét.*, p. 262-264 ; et notre t. VI, p. 39.

A l'assaut, à l'assaut, gensdarmes !
Prenés vos lances et vos armes,
Vos halcrets et vos bombardes,
Et vous tenés dessus vos gardes.
Quittés le rivage marin
Et la Tamise, allez au Rein.
D'estoc, de pistollet, de dague,
Allez vanger le tort de Prague,
Rendez luy le Palatinat
Et l'aneau de l'electorat,
Et retrouvez en la Bohême,
Pour Frederic, un diadême.

Je vous le dis et predis, auxiliaires des Eglises, volontaires des oppressés, milords protecteurs des bourgeois, et neantmoins cette rousse pelée, et, comme disoit ce maistre ès arts excoriateur, *Rupe pellée*, ne meritoit que vous vinsiez en ce curieux arroy, *in navibus atque phasellis*. Les Espagnols, aussi glorieux que vous, viennent *in curribus et equis*, et, pour rimer, *in mulabus et asellis*, et, certes, encores certes, pour jurer à la reforme, ceste bourgeoise reformée ne meritoit un secours en si bel arroy, car, comme rechantoit le maistre aux arts avec sa Penelope :

Vix Priamus tanti totaque Troja fuit.

C'est assez pour un petit Manifeste. Vacations sont données, je m'en vais manger des raisins doux dans ma coste, salutairement, innocemment, et les defendray mieux que ceux de l'isle de Ré ; et si quelqu'un passe dessus ma haye, je luy feray souffrir la peine que fit le bon père Denis à cet animal petulque et ennemy de ses presents.

> Celui qui a fait cet ouvrage
> Fut Francion de haut courage,
> Qui pour Romain se fait nommer,
> Qui n'ayme le vent d'outre mer,
> De galerne ny de Soubize,
> Ny ce faux pretexte d'Eglise.

FIN.

*Epistre de Madame la Daulphine escripvant
à Madame Marguerite*[1].

 ous vous pourrez esmerveiller, Madame,
Dont si soubdain, sans avoir appris d'asme[2],
Je me suis mis à composer en vers,

---

1. Ces vers, dont l'intérêt n'échappera certainement à personne lorsqu'on les aura lus, et surtout lorsque l'on connaîtra le nom de leur auteur, n'ont été imprimés, si nous ne nous trompons, que dans la brochure à petit nombre publiée par M. Fréd. Chavannes, *Notice sur un Manuscrit du XVIe siècle, appartenant à la Bibliothèque cantonale de Lausanne* (Lausanne, 1844, in-8), et dans la *Revue de Paris*, du 28 avril 1844, p. 278-280, d'une façon même assez peu correcte. Ils sont extraits, ainsi que ceux de Clément Marot, dont le même numéro donnait des fragments, d'un manuscrit de la bibliothèque de Lausanne, formant 282 pages petit in-fol., et provenant de la succession du docteur Favre de Rolle, célèbre au dernier siècle par sa science et par ses hautes amitiés. Ce manuscrit ne porte aucune signature, mais on voit par certains détails qu'il dut être copié par un maître d'écriture qui vivoit à Genève au temps de Calvin. L'écriture est d'une assez belle gothique. Passons à la question la plus importante. Quelle est la *Daulphine* dont nous donnons ici l'*épistre* ? Ce ne peut être que Catherine de Médicis. On en doute

Vu que dormi n'ay sous les arbres verds
De Parnassus, ni bu en la fontaine

dans un article du *Bulletin de l'Alliance des Arts*, 10 mai 1844, p. 347; l'anonyme qui écrivit l'article de la *Revue de Paris* n'en est pas non plus très-sûr. Quant à nous, nous n'en doutons pas. Catherine de Médicis, c'est Brantôme qui l'assure, « disoit et parloit bon françois, encores qu'elle fût italienne. A ceux de sa nation pourtant, continue-t-il, ne parloit que bon françois souvent, tant elle honoroit la France et la langue.» Non-seulement elle savoit parler celui de la cour, mais aussi celui du peuple. « La Reyne mère, lisons-nous dans le *Scaligerana* (1667, in-12, p. 46-47), parloit aussi bien son goffe parisien qu'une revendeuse de la place Maubert, et l'on n'eust point dit qu'elle estoit italienne. » On sait par ses lettres qu'elle écrivoit fort bien en prose; pourquoi, amie de la poésie comme elle le fut toujours, n'eût-elle pas de même écrit fort bien en vers, surtout s'adressant à une muse, à la spirituelle Marguerite de Navarre, tante de son mari? L'auteur de l'article de la *Revue* se demande à quelle époque ces vers furent écrits, et penche pour l'année 1536. Ce seroit trop tôt, selon nous. Catherine n'avoit alors que dix-sept ans, il n'y avoit que trois années qu'elle étoit en France, et elle ne devoit pas, par conséquent, s'être encore rompue à toutes les finesses de notre langue. Je préfère pour date l'année 1543. Comme en 1536, le roi est absent de la cour avec ses deux fils, et Catherine, dont l'affection ne s'est pas attiédie, mais dont l'esprit mieux formé et le langage plus expert peuvent enfin traduire à l'aise la délicatesse de cette affection, est plus à même qu'à tout autre moment de sa vie d'écrire ces vers excellents, les meilleurs peut-être qui soient partis d'un cœur de princesse. Esprit et sincérité, ardeur et grâce, éloquence et naïveté, rien n'y manque de ces rares qualités dont la plupart semblaient si incompatibles avec son caractère.

2. De personne, d'*âme qui vive*.

Où puiser fault science si haultaine.
Peut estre aulcuns n'en seront esbahis
Et vous diront que je suis du pays
Où de tout temps les neuf Muses habitent[1].
Elles, pour vray, à rymer ne m'invitent.
Le grand desir d'envelopper et mettre
Mes durs regrects en moins fascheuse lectre,
Et que je sçay que de nature aymez
Le son plaisant des vers qui sont rymez :
C'est ce qui m'a, et si ne sçay comment,
Faict devenir poeste en un moment.
Ce que l'amour qu'a vous j'ay indicible
M'a fait trouver bien aysé l'impossible.
Helas! tous ceux qui à rymer se peinent
Les arguments de plaisir entreprennent;
Mais, pour monstrer ce que faire je sçay,
Me fault escrire en ce mien coup d'essay
L'ennui que j'ay d'estre loing demourée
De vous, Madame et sœur tres honourée,
Sans que esbatz ne me semblent qu'ennuis
Et que les jours ne me semblent que nuits[2].

1. Ici Catherine se révèle elle-même par sa patrie italienne.

2. Ces vers sur les ennuis de l'absence trouvoient un facile écho dans le cœur de cette bonne reine de Navarre, qui en a fait de si charmants sur les mêmes souffrances. Je ne citerai que ces couplets d'une chanson de Marguerite, qui se trouve dans un manuscrit appartenant à M. Fouques, et n'a pas encore, je crois, été réunie à ses autres poésies :

> Si tost qu'il souspire,
> Je fonds toute en pleurs.

Aulcunes foys avecques habit noir
Je me proumesne en ce noble manoir,
Le quel plus grand qu'il ne souloit me semble,
N'y voyant plus la compagnie ensemble.
Aulcunes foys au jardin m'en alant,
Tout à part moy à luy je vais parlant,
Car vous diriez, tant il croit qu'il agrée,
Qu'il est marri qu'en luy ne me recrée.
« Jardin royal, ce dy-je, ta verdure,
« Tes fruits, tes fleurs, tout ce qu'art et nature
« T'a pu donner, n'a ores la puissance
« De me donner un peu d'esjouissance.
« Si tu veux donc qu'aultre chère te fasse,
« Rends moy la fleur quy les tiennes efface,
« Rends moy la noble et franche Marguerite;
« Rends moy aussy de noblesse l'eslite,
« Mon cher espous, qu'elle et moy soulions voir
« Sur grands chevaulx, et faire son debvoir
« A les picquer sur tes allées grandes[1].

S'il plaint mon martyre,
Je plains ses douleurs.

Pas je ne puis vivre
Si je ne le voy,
Mon cœur pour le suivre
S'absente de moy.

Viens donc, mon amy,
Approche de moy,
Passe ton envie,
Il ne tient qu'à toy.

1. Catherine, dans ses regrets, ne devoit pas oublier ces nobles exercices du Dauphin, son mari, car c'étoient ceux auxquels elle-même se plaisoit le mieux : « Elle es-

« Lors me verras ainsy que me demandes.
« En ce temps là, pour plaisir les picquoit,
« Et sans danger aux armes s'apliquoit.
« Mais maintenant pour le bien de la France
« Et pour honneur prend armes à oultrance.
« Que Dieu luy doint, aprez tout debastu,
« Fortune esgale à sa grande vertu. »
Sur ce m'en vay à ma chambre ou ma salle ;
Lieux desolez, on ny chante ny balle.
Là, devisant, à mes gens je m'adresse,
Aussy faschez quasy que leur maistresse.
Tandis, parfoys, devers vous se transporte
Hoste ou lacquays qui nouvelles apporte,
Mes lettres prends avec extresme joye ;
Mais tout à coup j'ay si grand peur que j'oye,
En les lisant, quelque mal advenu,
Qu'entre ayse et poine est mon cueur destenu.
Quand j'ay tout leu, et que rien je n'y treuve
De mal venu, m'est advis que j'espreuve
L'ayse de ceulx qui ont faict leur voyage
De sur la mer sans avoir eu orage.
O plus heureux que Mercure celuy
Qui dez demain, ou plus tost aujourd'huy,
Me vouldrait dire, en riant de vray zesle :
« Madame vient ; » ou : « Allez devers elle ; »

toit, dit Brantôme, fort bien à cheval, et hardie, et s'y tenoit de fort bonne grâce, ayant esté la première qui avoit mis la jambe sur l'arçon, d'autant que la grâce y estoit bien plus belle et apparoissante que sur la planchette, et a toujours fort aimé d'aller à cheval jusqu'à l'âge de soixante ans ou plus, qui pour sa foiblesse l'en privèrent, en ayant tous les ennuis du monde. »

Var. x.

Et plus heureux celuy qui viendroit dire :
« Henry vainqueur en France se retire. »
Soubs cest espoir en grants devotions,
Journellement faisons processions.
Processions, regrects, deuil et soucy
Sont les esbats que nous prenons icy,
En attendant la fortune prospère
Des fils aimez [1] et de l'honouré père.

1. Ces « fils aymez » étoient le Dauphin, Henri, et son frère le duc Charles d'Orléans, tous deux au siége de Perpignan, dans les premiers mois de 1543, pendant que leur père étoit allé réduire une sédition à La Rochelle. En 1536, date préférée par l'écrivain de la *Revue de Paris*, le roi et ses fils, nous l'avons dit, étoient aussi tous en campagne, mais à cette époque Henri n'étoit pas encore dauphin. Son frère aîné, François, ne mourut en effet cette année-là qu'à la fin de l'expédition en Provence contre Charles-Quint. Les vers que Catherine auroient faits sous l'inspiration de l'absence motivée par cette expédition ne pouvoient donc être donnés comme étant de la dauphine, puisque Catherine ne l'étoit pas encore. Le copiste auroit dit : *Epistre de madame la duchesse d'Orléans*, seul titre qu'elle eût alors. Si donc, pour conclure, Catherine est appelée madame la Dauphine en tête de ces vers, c'est qu'ils sont d'un temps où on l'appeloit ainsi, et par conséquent d'une époque postérieure à l'expédition de 1536.

TABLES DES MATIÈRES

CONTENUES DANS LES 272 PIÈCES FORMANT LES 10 VOLUMES

TABLE MÉTHODIQUE.

Pièces sur l'Église et le clergé.

Histoire miraculeuse de trois soldats punis divinement pour les forfaits, violences, irreverences et indignités par eux commis avec blasphemes execrables contre l'image de M. saint Antoine, à Souley, près Chastillon-sur-Seine, le 21ᵉ jour de juin dernier passé (1576). IV, 307.

Le Vray Discours des grandes processions qui se font depuis les frontières de l'Allemagne jusques à la France (1584). VII, 347.

Sermon du Cordelier aux soldats, ensemble la responce des soldats au Cordelier (1612). II, 333.

Recit veritable de l'attentat fait sur le precieux corps de N.-S. Jesus-Christ entre les mains du prestre disant la messe, le 24 mai 1649, en l'eglise de Sannois. III, 11.

Passe-port pour l'autre monde, delivré par les jesuites, moyennant 200,000 florins (29 mars 1650). IX, 337.

Catechisme à l'usage de la cour ecclesiastique de France, contre le jansenisme (1665). V, 84.

Lettre du sieur d'Aligre au chancelier Seguier, sur une proposition scandaleuse touchant le pouvoir des papes sur les rois (29 oct. 1660). IX, 339.

Stances sur le retranchement des fêtes en 1666. VI, 245.

Sur les revenus des pasteurs. VII, 53.

Le Cochon mitré, dialogue. VI, 209.

Lettre de Calvin, apportée des enfers par l'esprit du sieur Groyer, aux pasteurs du petit troupeau. VII, 217.

Ordre à tenir pour la visite des pauvres honteux. V, 127.

Satyre contre l'indecence des questeuses (1710). V, 331.

Lois et Ordonnances.

Edit du roy pour contenir les serviteurs et servantes en leurs devoirs (1565). VII, 205.

Ordonnance pour le faict de la police et reglement du camp (1568). I, 259.

Arrest de la cour de parlement qui fait deffenses

à tous patissiers et boulangers de fabriquer ni vendre, à l'occasion de la feste des Rois, aucuns gasteaux (1740). V, 239.

Lettre du roi pour que les arbres du Mai soient pris dans le bois de Vincennes (1777). IX, 359.

Edit du roy portant suppression des charges de capitaines des levrettes de la chambre du roy (1787). VI, 181.

Histoire de France.

L'Entrée de la Reyne et de Messieurs les Enfans de France à Bourdeaulx (1529). VIII, 247.

L'Ordre du combat de deux gentilshommes faict en la ville de Moulins, accordé par le roy nostre sire (1537). III, 93.

L'Interrogatoire et deposition de Jean de Poltrot sur la mort de M. de Guyse (1563). VIII, 5.

Catalogue des princes, seigneurs, etc., qui accompaignent le roy de Pologne (1574). IX, 81.

Conspiration faite en Picardie (1576). VII, 315.

Discours sur les causes de l'extresme cherté qui est aujourd'hui en France (1586). VII, 137.

Discours de la deffaicte qu'a faict M. le duc de Joyeuse et le sieur de Laverdin contre les ennemis du roy à La Mothe Sainct-Eloy (1587). VII, 211.

Le Vray Discours sur la desconfiture des reistres (nov. 1587). IX, 111.

L'Estrange et veritable accident arrivé en la ville de Tours, où la reyne couroit grand danger de sa vie sans le marquis de Rouillac et de M. de Vignolles, le vendredy vingt-neufviesme janvier 1616. VI, 303.

Manifeste de Pierre du Jardin, capitaine de la garde, prisonnier en la conciergerie du Palais, 1619 (pièce relative à Ravaillac). VII, 83.

Sommaire Traicté du revenu et despenses des finances de France, ensemble les pensions de nosseigneurs et dames de la Cour, escrit par Nicolas Remond, secretaire d'Estat (1622). VI, 85.

La Nouvelle Defaicte des croquans en Quercy, par M. le mareschal de Themines (1624). VII, 323.

Histoire veritable du prix des vivres de La Rochelle pendant le siège. VI, 23.

Louis XIII au pas de Suse, par Saint-Simon. IX, 327.

La Journée des Dupes, par Saint-Simon. IX, 309.

Lettres de Vineuil sur la conspiration de Cinq-Mars. VIII, 119.

Passage du cardinal de Richelieu à Viviers. VII, 239.

Rapport d'un affidé de l'Angleterre à Paris, en 1655. X, 35.

Particularités de la conspiration et la mort du chevalier de Rohan, de la marquise de Villars, de Van den Ende, etc. II, 301.

Fragments de Mémoires sur la vie de Mme de Maintenon, par le P. Laguille. VIII, 53.

Sur les Dragonnages en Dauphiné. VIII, 217.

Réception des ambassadeurs du roi de Siam, en 1686. Extrait des *Mémoires* du baron de Breteuil. X, 99.

*Variétés satyriques et autres, pouvant se rapporter
à l'histoire de France.*

Brief dialogue, exemplaire et recreatif, entre le vray soldat et le marchand françois, faisant mention du temps qui court (1576). VI, 329.

Les Choses horribles contenues en une lettre envoyée à Henry de Valois par un enfant de Paris, le vingt-huitième de janvier 1589. VI, 201.

Discours de la fuyte des impositeurs italiens (1589). VII, 261.

Lettre d'un gentil-homme françois à dame Jacquette Clement, princesse boiteuse de la Ligue, (1590). X, 55.

Les Vertus et proprietés des Mignons. VII, 331.

L'Umbre du mignon de Fortune, avec l'Enfer des ambitions mondaines, sur les dernières conspirations, où est traicté de la cheute de l'Hôte (1604). X, 77.

La Rencontre merveilleuse de Piedaigrette avec maistre Guillaume revenant des Champs-Elysées, avec la genealogique des Coquilberts (1606). III, 165.

Conference d'Antitus, Panurge et Gueridon (1614). VIII, 279.

Harangue de Turlupin le souffreteux (1615). VI, 51.

Legat testamentaire du Prince des Sots à M. C. d'Acreigne, Tullois, pour avoir descrit la defaite de deux mille hommes de pied, avec la prise de vingt cinq enseignes, par monseigneur le duc de Guise (1615). III, 353.

Extrait de l'inventaire qui s'est trouvé dans les coffres de M. le chevalier de Guise, par Mlle d'Entraigue, et mis en lumière par M. de Bassompierre (1615). V, 147.

Les Advis de Charlot à Colin sur le temps present (1616). VIII, 237.

Plaisant Galimatias d'un Gascon et d'un Provençal, nommés Jacques Chagrin et Rufin Allegret (1610). II, 275.

Le Cotret de Mars (1616). X, 259.

Songe (1616). IV, 23.

Les Contre-vérités de la cour, avec le dragon à trois têtes (1620). IV, 335.

Les Jeux de la cour (1620). IV, 17.

Discours sur la mort du chapelier (tué au siége de Montauban, 1621). V, 31.

La Grande Division arrivée ces derniers jours entre les femmes et les filles de Montpellier (1622). VII, 247.

Le Coq-à-l'asne, ou le pot aux roses, adressé aux financiers (1623). IV, 349.

Le Grand Procès de la querelle des femmes du faux-bourg Saint-Germain avec les filles du fauxbourg Montmartre, sur l'arrivée du regiment des Gardes, avec l'arrest des commères du faux-bourg Saint-Marceau, intervenu en ladicte cause (1623). IV, 323.

Le Caquet des poissonnières sur le departement du roy et de la cour (1623). II, 131.

Discours de M⁰ Guillaume et de Jacques Bonhomme sur la defaicte de trente-cinq poules et le cocq (1624). IX, 137.

Le Pasquil touchant les affaires de ce temps (1624). VIII, 347.

Le *Salve Regina* des prisonniers (1626). VIII, 193.

Le Purgatoire des prisonniers (1626). VIII, 201.

L'Emprisonnement D. C. D. (1626). VIII, 211.

Le Musicien renversé (1626). VIII, 93.

Menipée de Francion, ou Response au manifeste angloys (1627). X, 267.

Le Pot aux roses decouvert du plaisant voyage fait par quelques curieux au bois de Vincennes à dessein de voir Jean de Werth (1638). VII, 199.

Logement pour la cour de Louis XIII. X, 225.

La Milliade, satyre contre le cardinal de Richelieu. IX, 5.

Sur l'enlèvement des reliques de saint Fiacre, apportées en la ville de Meaux pour la guerison du derrière du C. de R. VII, 232.

La Passion de M. Fouquet. V, 86.

Mazarinades.

Catechisme des courtisans de la cour de Mazarin (1649). V, 75.

Les Triolets du temps (1649). V, 5.

Les Contens et Mescontens sur le sujet du temps (1649). 5, 335.

La Famine par le sieur de La Valise (1649). VIII, 337.

L'Onophage, ou le mangeur d'asne, histoire veritable d'un procureur qui a mangé son asne (1649). III, 67.

Le Hasard de la blanque renversé et la consolation des marchands forains (1649). II, 325.

Le Pont-Neuf frondé (1652). III, 337.

Les Louanges de la paille (1652). VIII, 325.

Satyre sur la barbe de M. le président Molé. VI, 315.

Paris.

Memoire touchant la seigneurie du Pré-aux-Clercs, appartenant à l'Université de Paris, pour servir d'instruction à ceux qui doivent entrer dans les charges de l'Université. IV, 87.

Histoire veritable de la mutinerie, tumulte et sedition faite par les prestres Sainct-Medard contre les fidèles, le samedy XXVIIe jour de decembre 1561. VI, 185.

Deluge du faubourg Saint-Marcel (9 avril 1579). IX, 63.

Vers d'Erasme à sainte Genevieve, traduits en vers françois par E. Le Liepvre (1611). X, 187.

La Lettre consolatoire escripte par le general de la compagnie des crocheteurs de France à ses confrères, sur son retablissement au-dessus de la Samaritaine du Pont-Neuf, narratifve des causes de son absence et voyages pendant icelle (1612). IV, 235.

Accident merveilleux et espouvantable de desastre arrivé le 7 mars 1618, d'un feu inremediable, lequel a bruslé et consommé tout le palais de Paris. II, 159.

Le Feu royal faict par le sieur Jumeau, arquebusier ordinaire de Sa Majesté (1618). VI, 13.

Le May de Paris (1620). VII, 193.

Discours de l'inondation arrivée au fauxbourg Saint-Marcel-lez-Paris par la rivière de Bievre (1625). II, 221.

La Promenade du Cours (1630). IX, 125.

La Promenade du Cours, à Paris, en 1653. X, 25.

Quinzième feuille du Bureau d'addresse. IX, 51.

Nouveaux compliments de la place Maubert, des Halles, du cimetière Saint-Jean, etc. (1644). IX, 225.

Les Ceremonies faites dans la nouvelle chapelle du chasteau de Bissestre le 25 aoust 1634. VII, 271.

La Requeste presentée à Nos Seigneurs du Parlement... pour la diminution d'une demie année des loyers des maisons, chambres et boutiques (19 juin 1652). VII, 61.

Recit naïf et veritable du cruel assassinat et horrible massacre commis le 26 août 1652 par la compagnie des fripiers de la Tonnellerie, en la personne de Jean Bourgeois. I, 179.

Histoire des villes de province.

Dialogue fort plaisant et recreatif de deux marchands : l'un est de Paris, et l'autre de Pontoise. I, 79.

Les estranges et desplorables accidents arrivés en différents endroits sur la rivière de Loire et lieux circonvoisins par l'effroyable desbordement des eaux et l'épouvantable tempeste des vents, les **19 et 20** janvier **1633**. Ensemble les miracles qui sont arrivés à des personnes de qualité et autres qui ont esté sauvées de ces perilleux dangers. VI, **5**.

Reglement pour pourvoir aux vivres de la ville d'Orléans (**1652**). VIII, **323**.

La Doctrine de la nouvelle devotion cabalistique, composée des veritables maximes que la nouvelle secte (formée depuis peu dans Lyon par un barbier estranger, natif du comté de Bourgogne, d'où il tasche de l'estendre aux environs, au grand dommage de la vraie et ancienne pieté) observe constamment dans la pratique et methode qu'elle tient à conduire les ames, par l'Oraison mentale, apparemment à la perfection, mais en effet à la folie; ou du moins à la simplicité, et à tirer à soy leurs biens, dans la bourse qu'il pretend estre commune à tous. Le tout mis en forme de simple poesie, sans fiction, ou prejudice aucun de la verité, pour la substance des choses, afin qu'il soit appris plus aisement et agreablement de ceux qui ont encore quelque soin de ne perdre ny leurs ames ni leurs biens. X, **197**.

Histoire d'Angleterre.

Discours de la mort de très-haute et très illustre princesse madame Marie Stuart, royne d'Escosse. V, **279**.

Traduction d'une lettre envoyée à la reine d'Angleterre par son ambassade, surprise près le Moüy par la garnison du Havre de Grace, 15 juin 1591. IV, 353.

Les Larmes et complaintes de la reyne d'Angleterre sur la mort de son espoux, à l'imitation des quatrains du sieur de Pibrac, par David Ferrand. X, 161.

Deposition sur la supposition de part de Marie, reine d'Angleterre, femme de Jacques II. IX, 341.

Espagne.

Recit veritable du grand combat arrivé sur mer aux Indes-Occidentales, entre la flotte espagnole et les navires hollandois conduits par Lhermite, devant la ville de Lima, en l'année 1624. I, 141.

Discours au vray des troubles naguères advenus au royaume d'Arragon, avec l'occasion d'iceux, et de leur pacification et assoupissement. I, 169.

Histoire admirable et declin pitoyable advenu en la personne d'un favory de la cour d'Espagne. I, 95.

Le Patissier de Madrigal en Espagne, estimé estre Dom Carles, fils du roi Philippe. II, 27.

Duel signalé d'un Portugais et d'un Espagnol. IX, 47.

Pays-Bas.

Les Cruels et horribles tourments de Balthazar Gérard, Bourguignon, vray martyr, soufferts en l'execution de sa glorieuse et memorable mort, pour avoir tué Guillaume de Nassau, prince d'Orange. II, 61.

Italie.

Discours veritable de l'armée du tres-vertueux et illustre Charles, duc de Savoie et prince de Piedmont, contre la ville de Genève, ensemble la prise des chasteaux que tenoyent les habitants de la ditte ville, par J. K. S., sieur de la Chapelle. I, 149.

La Plaisante Nouvelle apportée sur tout ce qui se passe en la guerre de Piedmont, avec la harangue du capitaine Picotin faicte au duc de Savoye sur le mescontentement des soldats françois. VI, 279.

Arrest du conseil des Dix contre Georges Corner. VIII, 303.

Nouvelle de la venue de la royne d'Algier à Rome (1687). IX, 259.

Hongrie.

Le Triomphe admirable observé en l'alliance de Bethleem Gabor, prince de Transylvanie, avec la princesse Catherine de Brandebourg. I, 323.

Turquie.

Discours veritable des visions advenues, au premier et second jour d'aoust 1589, à la personne de l'empereur des Turcs, sultan Amurat, en la ville de Constantinople, avec les protestations qu'il a fait pour la manutention du christianisme. III, 203.

La grande cruauté et tirannie exercée par Mustapha, nouvellement empereur de Turquie, à l'endroit des ambassadeurs chrestiens, tant de France, d'Espagne et d'Angleterre. Ensemble tout ce qui s'est passé au tourment par luy exercé à l'endroit de son nepveu, lui ayant fait crever les yeux. IV, 273.

Histoire littéraire, Bibliographie, etc.

Ensuit une Remontrance touchant la garde de la librairie du roy, par Jean Gosselin, garde d'icelle librairie. I, 1.

Role des presentations faictes aux grands jours de l'eloquence françoise (1634). I, 127.

Memoire sur l'état de l'Academie françoise, remis à Louis XIV vers l'an 1696. II, 5.

Nouveau reglement general pour les Nouvellistes. VIII, 261.

Variétés littéraires en prose.

Le Diogène françois, ou les facetieux discours du vray anti-doteur comique blaisois (1617). I, 9.

La Vraye Pierre philosophale, ou le moyen de devenir riche à bon compte. V, 359.

Histoire joyeuse et plaisante de M. de Basseville et d'une jeune demoiselle, fille du ministre de Saint-Lo, laquelle fut prise et emportée subtilement de la maison de son père. III, 83.

Histoire veritable du combat et duel assigné entre

deux demoiselles sur la querelle de leurs amours. II, 357.

Histoire du poëte Sibus. VII, 89.

Le Louis d'or. X, 235.

Lettres de madame de La Fayette à madame de Sablé. X, 117.

Zest-Pouf, historiette du temps. VI, 167.

Variétés littéraires en vers.

Epistre de madame la Daulphine (*Catherine de Médicis*) escripvant à madame Marguerite (1543). X, 285.

La Bravade d'amour. IX, 71.

La Chasse et l'amour, à Lysidor. I, 65.

L'Innocence d'amour, à Lysandre. II, 365.

L'œuf de Pâques ou pascal, à M. le lieutenant civil, par Jacques de Fonteny. V, 59.

Epitaphe du petit chien Lycophagos, par Courtault, son conculinaire et successeur en charge d'office, à toutes les legions de chiens academiques, par Vincent-Denis Perigordien (1613). IV, 255.

Le Miroir de contentement, baillé pour estrenne à tous les gens mariés. II, 13.

La Muse infortunée contre les froids amis du temps; par Cl. Garnier (1624). II, 247.

Les Amours du Compas et de la Règle, et ceux du Soleil et de l'Ombre. VII, 287.

Vers pour monseigneur le Dauphin au sujet d'une aventure arrivée entre lui et le petit Brancas. V, 353.

Lettre à tous les seigneurs de la cour, pour leur donner avis de la mort du singe Macaty. IX, 107.

Requête d'un poëte à M. de Vattan, pour être exempté de capitation. VIII, 231.

Pièces relatives au théâtre et aux farceurs.

Recit en vers et en prose de la farce des Precieuses. IV, 285.

L'Ouverture des jours gras, ou l'entretien du carnaval (1634). II, 345.

Les Estrennes du Gros Guillaume à Perrine, presentées aux dames de Paris et aux amateurs de la vertu. IV, 229.

L'Entrée de Gaultier Garguille en l'autre monde, poëme satyrique. IV, 221.

La Surprinse et fustigation d'Angoulevent. VIII, 81.

L'Archi-sot, echo satyrique. VII, 37.

Les Estrennes de Herpinot, presentées aux dames de Paris, desdiées aux amateurs de la vertu, par C. D. P, comedien françois. VI, 41.

Combat de Cyrano de Bergerac avec le singe de Brioché, au bout du Pont-Neuf. I, 277.

Pièces satiriques en vers.

La Nouvelle Manière de faire son profit des lettres, traduitte en françois par J. Quintil du Tronsay, en Poictou. Ensemble : Le Poëte courtisan (1559). X, 131.

Le Tableau des ambitieux de la cour, nouvellement tracé par maistre Guillaume à son retour de l'autre monde, par d'Esternod (1622). IV, 33.

L'Eventail satyrique, par le nouveau Théophile. VIII, 131.

Le Carquois satyrique, par A. Gaigneu, Forezien. VI, 287.

La Rubrique et fallace du monde (1622). I, 343.

Les Ballieux des ordures du monde. I, 185.

Pasquil de la cour pour apprendre à discourir (1624). II, 264.

L'Onozandre, ou le Grossier Satyre. V, 291.

Description du tableau de Lustucru, IX, 79.

Mœurs et usages.

La Chasse au vieil Grognard de l'antiquité (1622). III, p. 27.

Le Bourgeois poly, par Fr. Pédoue (1631). IX, 145.

L'Œconomie, ou le vray advis pour se faire bien servir, par le sieur Crespin. X, 1.

Une Education au XVIe siècle. X, 151.

Modes.

Le Gan de Jean Godard, Parisien. V, 173.

Histoire miraculeuse et admirable de la comtesse de Hornoc, flamande, estranglée par le diable dans la ville d'Anvers, pour n'avoir trouvé son rabat bien goudronné, le 15 avril 1616. I, 163.

Consolation aux dames sur la reformation des passemens et habits. VIII, 140.

La grande proprieté des bottes sans cheval en tout temps, nouvellement descouverte, avec leurs appartenances, dans le grand magazin des esprits curieux. VI, 29.

Le Courtisan à la mode. IX, 351.
Le Satyrique de la court (1624). III, 241.
La Revolte des passements. I, 223.
La Faiseuse de mouches. VII, 9.

Industrie, commerce, agriculture.

Le Plaisir de la noblesse, sur la preuve certaine et profict des estauffes et soyes... (1605), par B. de Laffemas. VII, 303.

Ennuis des paysans champestres (1614). VII, 295.

Advis de Guillaume de la Portchotteux, ès halles de la ville de Paris (1621). III, 311.

Quatrains au roy sur la façon des harquebuses et pistolets, enseignans le moyen de recognoistre la bonté et le vice de toutes sortes d'armes à feu et les conserver en leur lustre et bonté, par François Poumerol, arquebusier (1631). VI, 131.

Quinziesme feuille du Bureau d'adresse (1er septembre 1633). IX, 51.

Nouveau reglement general sur toutes sortes de marchandises et manufactures qui sont utiles et necessaires dans ce royaume, par la Gomberdière (1634). III, 109.

Reglement d'accord sur la preference des savetiers cordonniers. V, 41.

Discours de deux marchands fripiers et de deux tailleurs, avec les propos qu'ils ont tenus touchant leur estat. V, 189.

La Misère des apprentis imprimeurs appliquée par le detail à chaque fonction de ce penible estat. V, 225.

Memoire pour les coeffeuses, bonnetières et enjoliveuses de la ville de Rouen (1773). IX, 215.

Variétés satiriques sur les plaideurs et les gens de loi.

L'Adieu du plaideur à son argent. II, 197.
Le Pont-breton des procureurs. VI, 253.
Plaidoyers plaisans dans une cause burlesque. I, 349.
Les Grands Jours tenus à Paris, par M. Muet, lieutenant du petit criminel. I, 193.
Catechisme des Normands. VI, 173.

Procès curieux, crimes et supplices.

Discours fait au Parlement de Dijon sur la presentation des lettres d'abolition obtenues par Helène Gillet, condamnée à mort pour avoir celé sa grossesse et son fruict. I, 35.

Arrest notable donné au profit des femmes contre l'impuissance des maris, avec le plaidoyé et conclusion de messieurs les gens du roy (1626). VI, 307.

Histoire des insignes faussetez et suppositions de Francesco Fava, medecin italien. II, 75.

Exemplaire punition du violement et assassinat

commis par François de la Motte, lieutenant du sieur de Montestruc, en la garnison de Metz en Lorraine, à la fille d'un bourgeois de ladite ville, et executé à Paris le 5 decembre 1607. III, 229.

Histoire admirable d'un faux et supposé mari. VIII, 99.

Cas merveilleux d'un bastelier de Londres, lequel, sous ombre de passer les passans outre la rivière de Thames, les estrangloit. V, 259.

Histoire horrible et effroyable d'un homme plus qu'enragé qui a esgorgé et mangé sept enfants dans la ville de Chaalons, en Champagne. Ensemble l'execution memorable qui s'en est suivie. IV, 217.

Histoire admirable arrivée en la personne d'un chirurgien condamné comme homicide de soy-mesme. IX, 363.

Factum du procez d'entre messire Jean et dame Renée. IV, 75.

Le Faict du procez de Baïf contre Frontenay et Montguibert. VIII, 31.

Fameux voleurs et filoux.

La Vie genereuse des Mercelots, Gueux et Boesmiens, par Peschon de Ruby, avec un dictionnaire en langage blesquin. VIII, 147.

Règles, statuts et ordonnances de la caballe des filous reformés depuis huict jours dans Paris, ensemble leur police, estat, gouvernement, et le moyen de les cognoistre d'une lieue loing sans lunettes. III, 147.

La Rencontre des carrabins de M. le duc d'Espernon aux environs de La Rochelle, ensemble la prise de quatre trouppes de voleurs. VIII, 331.

La Prinse et deffaicte du capitaine Guillery. I, 289.

Reproches du capitaine Guillery faits aux carrabins, picoreurs et pillards de l'armée de messieurs les Princes. VII, 71.

Recit veritable de l'execution faicte du capitaine Carrefour, general des voleurs de France, rompu vif, à Dijon, le 12e jour de decembre 1622. VI, 321.

La Prise du capitaine Carfour, un des insignes et signalés voleurs qui soient en France (1622). IX, 267.

Discours de la prinse du capitaine Chapeau et du capitaine de la Callande, ensemble l'execution qui en a esté faicte à Montargy. VII, 227.

L'Estrange Ruse d'un filou habillé en femme, ayant duppé un jeune homme d'assez bon lieu soubs apparence de mariage. IV, 59.

La Moustache des filous arrachée par le sieur du Laurens. II, 151.

Les Estranges Tromperies de quelques charlatans nouvellement arrivés à Paris descouvertes aux despens d'un plaideur, par C. F. Duppé. III, 273.

Placet des amans au roy contre les voleurs de nuit et les filous. III, 5.

Reponse des filoux (par Mlle de Scudéry). III, 9.

Courtisanes, chambrières.

Histoire veritable de la conversion et repentance d'une courtisane venitienne, etc. I, 49.

La Descouverte du style impudicque des courtisannes de Normandie. I, 333.

Le Tocsin des filles d'amour. II, 265.

Histoire veritable et divertissante de la naissance de mie Margot et de ses aventures. II, 121.

Les Regrets des filles de joie de Paris sur le subject de leur bannissement. III, 77.

Ballet nouvellement dansé à Fontaine-Bleau par les dames d'amour. Ensemble leurs complaintes adressées aux courtisans de Venus à Paris. V, 323.

Brevet d'apprentissage d'une fille de modes à Amatonte. VIII, 223.

La Conference des servantes de la ville de Paris, soubs sainct Innocent, avec protestations de bien ferrer la mule ce caresme pour aller tirer à la blanque à la foire de Sainct-Germain et de bien faire courir l'anse du panier. I, 313.

La Permission aux servantes de coucher avec leurs maistres; ensemble l'arrest de la part de leurs maistresses. II, 237.

La Reponse des servantes aux langues calomnieuses qui ont frollé sur l'ance du panier ce caresme; avec l'advertissement des servantes bien mariées et mal pourveues à celles qui sont à marier, et prendre bien garde à eux avant que de leur mettre en mesnage. III, 101.

La Maltote des cuisiniers, ou la manière de bien ferrer la mule. V, 243.

Pièces sur les femmes, l'amour et le mariage.

Ordonnances generales d'amour. II, 169.

Le Bruit qui court de l'espousée. I, 305.

Remontrances aux femmes et aux filles de la France. Extrait du prophète Esaye, au chapitre III de ses propheties. IV, 361.

Les Misères de la femme mariée, où se peuvent voir les peines et tourmens qu'elle reçoit durant sa vie, mis en forme de stances par Mme Liebault. III, 321.

Les Singeries des femmes de ce temps descouvertes, et particulierement d'aucunes bourgeoises de Paris. I, 55.

Vraye pronostication de Mme Gonin pour les mal-mariés, plates bourses et morfondus et leur repentir. V, 209.

Le Fantastique Repentir des mal-mariez. IV, 311.

Le Purgatoire des hommes mariez, avec les tourments qu'ils endurent incessament au subject de la malice et mechanceté des femmes. IV, 81.

Brief Discours de la reformation des mariages. IV, 5.

Le Pasquil du rencontre des cocus à Fontainebleau. III, 217.

Les Priviléges et fidelitez des chastrez, ensemble la responce aux griefs proposez en l'arrest donné contre eux au profit des femmes. III, 333.

Remonstrance aux nouveaux mariez et mariées et ceux qui desirent de l'estre, ensemble pour cognoistre les humeurs des femmes. II, 257.

Lettres nouvelles contenant le privilége et l'auctorité d'avoir deux femmes. III, 141.

Vengeance des femmes contre les hommes. V, 311.

La Tromperie faicte à un marchand par son apprenty, lequel coucha avec sa femme, qui avoit peur la nuict, et de ce qui en advint; avec le Testament du martyr amoureux. III, 313.

Les Plaisantes Ruses et cabales de trois bourgeoises de Paris. VII, 19.

Le Conseil tenu en une assemblée des dames et bourgeoises de Paris. V, 299.

Discours nouveau de la grande science des femmes, trouvé dans un des sabosts de maistre Guillaume. VII, 281.

Variétés culinaires, bachiques, etc.

Le Trebuchement de l'ivrongne, par G. Colletet. III, 125.

La Pièce de cabinet, dediée aux poëtes du temps (par E. Carneau). III, 283.

La Musique de la taverne et les Propheties du cabaret, ensemble le Mepris des Muses. VI, 343.

La Rejouissance des femmes sur la deffence des tavernes et cabarets. X, 175.

Institution de l'ordre des Chevaliers de la Joye etabli à Mezieres. VII, 237.

Les Merveilles et les excellences du salmigondis de l'aloyau avec les confitures renversées. I, 363.

Priviléges des enfants Sans-Souci qui donne lettre patente à madame la comtesse de Gosier-Sallé... pour aller et venir par tous les vignobles de France. III, 159.

Priviléges et reglemens de l'archiconfrerie vulgairement dite des Cervelles encoquées ou des Roatiers. III, 297.

Oraison funèbre de Caresme-Prenant, composée par le serviteur du roy des Melons Andardois. III, 361.

Lettre d'escorniflerie et declaration de ceux qui n'en doivent jouir. IV, 47.

Les Passe-Port des bons beuveurs. IV, 69.

L'Anatomie d'un nez à la mode. Dedié aux bons beuveurs. V, 133.

Exil de Mardy-Gras. V, 97.

Les de Relais, ou le Purgatoire des bouchers, poulayers, paticiers, cuisiniers, joueurs d'instruments, comiques et autres gens de mesme farine. V, 263.

Magie, aventures surnaturelles, prédictions.

Les Nouvelles admirables lesquelles ont envoyées les patrons des gallées qui ont esté transportées du vent en plusieurs et divers pays et isles de la mer, et principalement ès parties des Yndes. V, 159.

Discours veritable de la vie, mort, et des os du géant Theutobocus (1613). IX, 241.

Examen sur l'inconnue et nouvelle caballe des frères de la Rosée-Croix, habituez depuis peu de temps en la ville de Paris. Ensemble l'histoire des mœurs, coustumes, prodiges et particularitez d'iceux. I, 115.

Effroyables Pactions faites entre le diable et les pretendus invisibles (1623). IX, 275.

Histoires espouvantables de deux magiciens qui ont esté estranglez par le diable, dans Paris, la semaine sainte. I, 23.

Discours prodigieux et espouvantable de trois Espaignols et une Espaignolle magiciens et sorciers, qui se faisoient porter par les diables de ville en ville; avec leur declaration d'avoir fait mourir plusieurs personnes et bestail par leurs sorcilléges, et aussi d'avoir fait plusieurs degats aux biens de la terre. Ensemble l'arrest prononcé contre eux par la Cour du parlement de Bordeaux, le samedi 10 mars 1610. I, 87.

Rencontre et naufrage de trois astrologues judiciaires : Mauregard, J. Petit et P. Larivey, nouvellement arrivez en l'autre monde. II, 211.

Discours sur l'apparition et fait pretendus de l'effroyable Tasteur. Dedié à mesdames les poissonnières, harengères, fruitières et autres, qui se lèvent le matin d'auprès de leurs maris, par d'Angoulevent. II, 37.

Histoire prodigieuse du fantosme cavalier solliciteur qui s'est battu en duel le 27 janvier 1615, près Paris. III, 17.

Discours admirable d'un magicien de la ville de Moulins qui avait un demon dans une phiole, condamné d'estre bruslé tout vif par arrest de la Cour du Parlement. V, 199.

Manifeste et predictions des plus veritables affaires qui se doibvent passer en France cette année 1620, par le sieur de la Bourdanière. VII, 5.

Les Plaisantes Ephemerides et pronostications très-certaines pour six années. IV, 247.

Mélanges et singularités.

Cartel de deux Gascons et leurs rodomontades, avec la dissection de leur humeur espagnole (1615). II, 315.

Le Feu de joye de Mme Mathurine sur le retour de Me Guillaume de l'autre monde. VIII, 271.

Le Different des chapons et des coqs touchant l'alliance des poulles, avec la conclusion d'yceux. IV, 277.

La Destruction du nouveau moulin à barbe. II, 49.

Dissertation sur la veritable origine des moulins à barbe. II, 53.

Le Canard qui mange cinq de ses frères, et qui est mangé à son tour par un colonel. VII, 359.

FIN DE LA TABLE MÉTHODIQUE.

TABLE ALPHABÉTIQUE.

A

Académie françoise (Mém. sur l') en 1696. II, 1.
— Travail pour son Dictionnaire. *Id.*, 6-7. — Sa grammaire projetée. *Id.*, 10. — Les jetons de présence. *Id.*, 11 ; VII, 217-219. — Les séances à l'hôtel Séguier. VI, 215-216.

Accidents arrivés sur la rivière de Loire, VI, 5.

Acreigne (M. d'). III, 353.

Adieu du plaideur à son argent. II, 197.

Advis de Guillaume de La Porte. III, 311.

Advis de Charlot à Colin. VIII, 237.

Agnan, coméd. de l'hôtel de Bourgogne. III, 354.

Albret (Le maréchal d'). VI, 213.

Alchimiste. VI, 289.

Alençon (Duc d'). IV, 307.

Alexandre VII (Le pape). X, 43, 51.

Alger (Catherine de Médicis veut faire un de ses fils roi d'). IX, 259-260. — Causes de la conquête d'Alger. *Id.*, 250.

Algier (Venue de la royne d'). IX, 259.

Aligre (Le sieur d'). IX, 339.
Allemagne (Processions en). VII, 347.
Allier, rivière. Ses inondations. VI, 7.
Aloyau (Merveilles du salmigondis de l'). I, 363.
Amant (Claude), assassin. I, 179.
Amboise (Prisonniers à) sous Louis XIII. VIII, 193.
Amant (Saint-).

> La pièce publiée t. VI, p. 343, sous ce titre : *Le Mépris des Muses*, est la première version de celle que Saint-Amand appela, plus tard, Raillerie à part, *La Débauche*. Elle se trouve dans ses Œuvres, édit. Livet, t. I, p. 135, complétement refaite et augmentée de 23 vers.

Amours (Les) du compas et de la règle. VII, 287.

> Depuis l'impression de cette pièce, nous avons appris qu'elle est de Desmarets et qu'elle fut publiée dans le *Recueil de poésies diverses* donné par La Fontaine, 1671, in-8°, t. III, p. 327.

Amurat, sultan des Turcs. III, 203.
Anatomie d'un nez à la mode. V, 133.
Ancre (Le maréchal d'). IV, 23; VIII, 237; X, 259, 265.
Angers. X, 301.
Angerville (Combat d'). IX, 111.
Anglais. Invasion de leurs modes et de leur industrie en France. II, 53-54.
Angleterre (La reine d') femme de Charles Ier. X, 161-173, 273. — Femme de Jacques II. IX, 341.
Anglure (M. d'). IX, 105.
Angoulevent. II, 37; VII, 37; VIII, 81.
Anne (Dame). III, 338.
Anne d'Autriche. VIII, 121-122.

Antitus. VIII, 279.

Antoine (Saint) ; outrage fait à sa statue. II, 307.

Antonio (Don), prieur de Crato. II, 28, 33 ; V, 287 ; IX, 47, 48.

Antraige (Mlle d'). V, 147.

Antrague (Clermont d'). IX, 99, 100.

Archi-Poëte des pois pilés. VIII, 81.

Archi-sot (L'). VIII, 37.

Ardier, sieur de Vineuil. VIII, 119.

Arquien (M. d'), commandant de Metz. III, 238.

Arrest contre les gâteaux des rois. V, 239.

Arrest du conseil des Dix contre George Corner. VIII, 303.

Arrest contre l'impuissance des maris. VI, 307.

Asmodée. V, 204, 205.

Astrologues (Stances contre les). VI, 291.

Aubigné (Agrippa d'). VIII, 55.

— (Constant). VIII, 56.

Auchy (Charlotte des Ursins, V^sse d'). I, 128.

Aumont (La duchesse d'). VI, 237, 240.

Auneau (combat d'). IX, 118.

Auvray (Jean).

> La *Promenade du Cours*, publiée t. IX, p. 125-126, est de ce poëte. Après l'avoir donnée séparément, sans nom d'auteur, il la publia dans ses *Œuvres poétiques*, 1631, in-8, p. 39-30.

B

Bacot (Philippe), un des peintres verriers qui travaillèrent à Anet. Sa maison au *Pré aux Clercs*. IV, 137.

Baïf (Antoine), le poëte. VIII, 34, 36, 42.
Baïf (Guill.), fils du poëte. VIII, 31 et suiv.
Baïf (Lazare de). X, 153.
Balbani. I, 211 ; VII, 310.
Ballet dansé à Fontainebleau par les dames d'amour. V, 321.
Ballieux (Les) *des ordures du monde.* III, 185.
Balzac. VI, 213
Banne (J. de). VII, 339.
Barbets voleurs. IX, 271.
Barbin (Cl.). X, 264.
Barradas. VIII, 93.
Basacle (Anes de). III, 71 ; V, 292.
Barreau, chef des croquans. VII, 327.
Basseville (M. de). III, 83.
Bassompierre (M. de). V, 147 ; VIII, 223 ; IX, 269, 324 ; X, 166.
Bastelier de Londres qui egorgeoit les passans. V, 250.
Bazinière (La), financier. V, 90.
Bautru. VII, 234.
Baulieu (Ruzé de). IX, 95.
Beauvais Nangis (M. de). IX, 99.
Beauvais La Nocle. — *Ibid.*
Belin, ecuyer de la reine Marguerite. I, 254.
Bellay (Joach. du). X, 131
Bellerose, acteur. IX, 17.
Belleville (M. de). IX, 98.
Bellièvre (le chancelier de). IX, 97.
Betlem Gabor, prince de Transilvanie. I, 323.
Benjamin (L'écuyer). VI, 118.
Betoulaud (L'abbé). III, 7.

Beys (Ch.). IX, 6.

> Nous avons dit que la *Milliade* lui fut attribuée. Depuis lors plusieurs pièces de ses *Œuvres poétiques* (1651, in-4°), p. 177, 187, 195, nous ont appris qu'il fut mis à la Bastille pour un libelle. Peut-être est-ce pour celui-là.

Bicestre. VII, 271.
Bièvre, rivière. II, 221 ; IX, 63.
Bignon (L'abbé). Mémoire sur le dictionnaire de l'Académie. I, 8.
Binet (Étienne). I, 128 ; II, 134.
Biron (Le duc de). X, 87.
Bluet d'Arbères. VIII, 81.
Bocan (Cordier dit), fameux violon. I, 135 ; VI, 121.
Bodin (Jean). VII, 138, 143, 145.
Bohémiens et gueux. VIII, 147, 175.
Boisbelle. X, 276.
Boisrobert. IX, 17.
Boisguillot, procureur en 1622. I, 194.
Bonhomme (Jacques). VI, 53 ; VII, 300 ; XI, 138.
Bonneuil (M. de). X, 103.
Bontemps (Roger). *Id*, 54.
Bonzi (Le cardinal). *Id.*, 231.
Bordeaux (Entrée de la reine à). VIII, 247.
Boucher, curé ligueur. X, 74.
Boucherat. V, 87.
Boudin (Marie), sorcière. I, 29.
Bourdanière (Le sieur de la). VII, 9.
Bourgeois (Jean), son assassinat. I, 179.
Bourgeois (Le) poli. IX, 145.
Bourgeoises de Paris, leurs ruses et cabales. VII, 19.

Boux (Guill. Le), évêque d'Acqs. VI, 221, 222.
Brabançon, fameux soudard. VII, 199.
Brancas (Louis de). V. 363.
Brandenbourg (Catherine de). I, 323.
Bravade d'amour (La). IX, 71.
Breauté (Mme de). III, 266.

> Elle étoit fille de M. de Sancy ; elle se fit carmélite après la mort de son mari, tué en Flandre en 1610. (*Mém. de Bruys*, II, 255.)

Bressieu (Maurice). III, 50.
Breteuil (Le baron de). *Extrait de ses Mémoires.* X, 99.
Brèves (Savary, sieur de). VII, 86.
Brevet d'apprentissage d'une fille de mode. VIII, 223.
Brézé (M^{al} de). IX, 31.
Brief discours entre le soldat et le marchand françois. VI, 329.
Brief discours pour la reformation des mariages. IV, 5.
Briare. VII, 345, 346.
Brienne (Cte). XI, 28, 105.
Brioché, farceur. I, 277.
Brique-Razade (M. de). III, 359.
Brisson (Le président). I, 3, note.
Brissac (Le maréchal de). V, 151.
Bruit (Le) qui court de l'epousée. I, 305.
Bruyère (La). VII, 84.
Buc (Mlle du), mère du sultan Mahmoud. IX, 261.
Bude (Louise de). I, 27.
Buckingham. X, 267 et suiv.
Bullion (Claude). IX, 32, 33 ; X, 263.

C

Calderon (Don Rodrigue). I, 95.
Camille (M. de). IX, 102.
Canada. III, 166.
Candale (Duc de). I, 239; X, 47.
Canard (Le) *qui a mangé cinq de ses frères.* VII, 359.
Canillac (Le Mis de). IX. 100.
Capitaine des levrettes du cabinet. VI, 181.
Caquet (Le) *des poissonières.* II, 131.
Caresme, artificier. VI, 15.
Carême prenant; *son oraison funèbre.* III, 361.
Carlos (Le faux Don). II, 28, 34, 36.
Carneau (Estienne). III, 284.
Carquois (Le) *satyrique.* IV, 289.
Carrefour (Prinse du capitaine). III, 148; VI, 321; IX, 267.
Carré, procureur sous Louis XIII. I, 194, 200.
Cartel de deux Gascons. II, 315.
Cas merveilleux d'un bastelier de Londres. V, 259.
Castelnau (Le sieur de). IX, 99, 102.
Catalogue des princes et seigneurs qui accompagnent le roi de Pologne. IX, 91.
Catechisme des Normands. VI, 173.
Catechisme des courtisans. V, 75.
Ceremonies (Les) *faites à Bicestre.* VII, 271.

Cervelles emouquées (Confrairie des). III, 297.
César, magicien. I, 27.
Challange, partisan. I, 215.
Châlons en Champagne. IV, 217.
Champgaillard (Le) à Paris. III, 44.
Chansons, Livres populaires, etc. I, 17, 214, 292; III, 52, 60; V, 32, 33, 34, 223, 264; VI, 42, 282, 330; VII, 6, 21, 92; VIII, 38, 281, 285, 288, 336; IX, 20, 83, 120, 129, 147, 199, 201; X, 145, 147.
Chanvallon (Jacq. de Harlay de). IX, 101.
Chapeau (Le capitaine). VII, 227.
Chapelier (Discours de la mort du). V, 3.
Chapons et coqs, leur différend. III, 277.
Charlatans, leurs tromperies. III, 273.
Charles Ier. I, 39; X, 162, 173.
Charles II. X, 43, 44, 50.
Charles, capitaine de voleurs. VIII, 178.
Charles Emmanuel, duc de Savoie. I, 149.
Chasse (La) *au vieil grognard de l'antiquité.* III. 27.
Chasse (La) *d'amour.* I, 65.
Chastrez (Priviléges des). III, 333.
Château-Renaud. VII, 227, 228.
Châteauvieux (Joachim de). IX, 100.
Châtel (P. du). X, 154.
Chaulnes (d'Ailly, comte de). *Id.,* 104.
Chavigny (Bouthillier de). IX, 29, 30.
Chérier (L'abbé). VI, 170, 171.
Chirurgien homicide de soi-même. IX, 363.
Choisy (L'abbé de). X, 106.

*Choses horribles contenues en une lettre envoyée
à Henry de Valois.* VI, 201.
Christine (La reine) VIII, 273, 274, 275.
Cinq-Mars. VII, 340 ; VIII, 119 et suiv.
Clarence (le duc). X, 281.
Clément (Jacques). X, 56, 60, 72.
Cochon mitré (Le). VI, 209.

    Nous allons compléter par quelques mots ce que nous avons dit sur l'auteur prétendu de ce pamplet. L'auteur de la *Bastille dévoilée*, avons-nous dit (VI, 210), prétend qu'il s'appeloit La Bretonnière, tandis que Le Duchat lui donne le nom de Chavigny ; or, il se nommait tout à la fois Chavigny et La Bretonnière : l'un était son nom et l'autre son surnom. Quant à sa captivité de vingt ans au Mont Saint-Michel, elle est certaine. Sa mort est d'une date encore douteuse, mais antérieure à 1698, ce qui détruit l'attribution qu'on lui a faite du *Cochon mitré*. Quand parut en effet ce libelle ? En 1688. Un homme mort en 1698, après vingt ans de captivité, et qui par conséquent étoit déjà prisonnier depuis dix ans quand on le publia, ne peut donc pas l'avoir fait. Quoi qu'il en soit, comme La Bretonnière, auteur ou non de notre pamphlet, est intéressant, voici à l'appui de ce que je viens de dire une très-curieuse note de l'intendant Foucault, sous la date de 1698 : « Le roi ayant fait mettre au Mont Saint-Michel le nommé Chavigny, dit La Bretonnière, qui faisoit le Lardon de Hollande, je l'ai fait tirer d'une cage de bois, où on l'avoit enfermé. Il est mort dans cette abbaye, où il a été vingt ans. » (*Mém. du marq. de Sourches*, 1836, in-8, t. I, p, 10). — L'auteur de la *Bastille dévoilée* dit que La Bretonnière fut livré par un juif. Nous avons trouvé la confirmation de ce détail et le nom du traître. Dans *Pluton Maltotier*, p. 95, à propos d'un passage concernant un auteur mort au Mont Saint-Michel, on lit cette note : « Le gazetier de Hollande trahi par Alvarès, le joaillier, qui le 'ivra au ministre. »

Coconas. IX, 99.
Cocq à l'âne (Le). IV, 349.
Cocus; leur rencontre à Fontainebleau. III. 317.
Cœur (Jacques). Son calcul sur le nombre des clochers en France. VI, 90, 91.
Cœuvres (La marquise de). VI, 224, 227.
Coligny. VIII, 5, 7, 10, 12.
Colletet (Guill.). III, 125.
Combat de Cyrano de Bergerac avec le singe de Brioché. I, 277.
Compas (Les Amours du). VII, 287.
Complainte des courtisanes d'amour. V, 326.
Condé (Henri II de Bourbon, prince de). IX, 20; X, 228.
Condé (Le Grand). X, 17, 40, 52, 53.
Conference des servantes de Paris. I, 313.
Conferences d'Antitus, Panurge et Gueridon. VIII, 299.
Confitures (les) renversées. I, 363.
Confiteor de M. Fouquet. V, 92.
Conrart, académie qui se tient chez lui. I, 127.
Conseil entre les dames et bourgeoises de Paris. V, 299
Consolation sur la reforme des passemens. VIII, 140.
Conspiration faite en Picardie. VII, 315.

Table Alphabétique.

Contents (Les) *et les Mecontents de ce temps.* V, 325.
Contre-Verités (Les) *de la cour.* IV, 335.
Cop (Guill.), médecin. X, 193.
Coquet (Jacques). IX, 34.
Coquilberts (généalogie des). III, 165.
Coras (Jean de). VIII, 99.
Cordonniers. I, 195; III, 196, 251; V, 41; VI, 30; VIII, 291.
Cormier, opérateur du Pont-Neuf. VII, 103.
Cornay (Château de). VII, 16.
Corner (Georges). VIII, 303.
Cornuel (Le président). IX, 33; X, 231.
Cotton (le P.). X, 262.
Courtisan (Le) *à la mode.* IX, 351.
Courtisanes. I, 49, 208, 333; III, 44, 77, 78, 79, 81; IV, 48, 240, 325, 326; V, 321, 323, 327, 340; VIII, 123, 227, 339, 342; X, 32.
Courtisannes d'amour; leur complainte. V, 326.
Courtisannes de Normandie. I, 333.
Coutumes, mœurs et usages. I, 12, 21; III, 57, 58, 129, 309, 325; VI, 34, 63, 181; VII, 55, 148, 151, 196; VIII, 85, 88; IX, 359, 361; X, 7. 30, 146.
Cramail (Le comte de). I, 135.
Crespin (Le sieur). X, 1, 23.
Cressonière (J. de la). IX, 364.
Crest, ville du Dauphiné. VIII, 217.
Crillon. IX, 100.
Croates, Cravates. I, 236.
Crocheteurs, leur général. IV, 235.
Croisilles (L'abbé de). I, 135.
Cromwell (Olivier). X, 43, 53.

Croquans (Défaite des). VII, 323.
Cruauté (La grande) de Mustapha. IV, 273.
Cruche (Maître). VII, 166.
Cuisine, vins, cabarets, économie domestique.
I, 16, 363, 367; II, 335, 336; III, 43, 55, 133, 160, 162, 194, 283, 296, 301, 302, 312, 318, 361; IV, 37, 47, 50, 51, 52, 53, 55, 70, 71, 195, 231, 260, 315; V, 11, 36, 49, 50, 70, 112, 139, 150; 193, 239; VI, 25, 162, 358, 272; VII, 25, 47, 140, 141, 160, 161, 237; VIII, 169, 234; IX, 352; X, 2, 6, 9, 13, 19, 22, 23, 175, 185, 179, 182, 200.
Cyrano de Bergerac. I, 277.

D

Dames d'amour, leur ballet à Fontainebleau. V, 321.
Dampierre (Cl. de). IX, 101.
Danès (P.). X, 154.
Dandin. VIII, 72.

Cet individu qui aida Mme de Maintenon dans les soins qu'elle prit du premier né des amours de Louis XIV et de Mme de Montespan étoit sans doute, ainsi que nous le fait remarquer notre ami G. Desnoiresterres, de la famille de l'abbé Dandin qui fut plus tard aumônier du duc du Maine. (*Journal de Dangeau.* t. I, p. 171.)

Danses et jeux. I, 14, 135; II, 16, 17, 175, 185,

186, 197, 297, 298, 348; III, 54, 57, 266, 267, 281, 282; IV, 249; V, 266, 272, 324; VI, 66, 106, 107, 121, 129, 138; VIII, 233, 282; IX, 235; X, 31.

Daurat (Jean). X, 152, 158.
Defaite des croquans en Quercy. VII, 323.
Defunctis. II, 162, 163.
Deluge ès faubourg Saint Marcel. IX, 63.
Demout (Le voyageur). III, 165; VII, 119.
Denis (Vincent), Périgordin. IV, 255.
Denyeres (Le sieur). III, 93.
Deposition de la supposition de part de Marie, reine d'Angleterre. IX, 341.
Descouverture du style impudique des courtisannes de Normandie. II, 233
Description du tableau de Lustucru. IV, 79.
Desiré (Artus). VI, 39; X, 283.
Desportes (Philippe). II, 250; VIII, 43; IX, 95.
Diable; son pacte avec les invisibles. IX, 275,
Dialogue d'un amant et d'un ivrogne. III, 135.
Dictons et Proverbes. I, 313, 314, 337; II, 23, 265, 266, 284, 336; III, 23, 34, 64, 198, 281; IV, 8, 9, 10, 143, 229, 252, 332; V, 46, 72, 79, 271; VI, 32, 53, 55, 179, 300; VII, 79, 108, 200; VIII, 102, 233, 283; IX, 174, 175, 233; X, 13, 181, 184, 244.
Differend des chapons et des coqs. IV, 117.
Diogène (Le) françois. I, 9.
Discours de deux marchands fripiers et de deux maîtres tailleurs V. 189.
— *de la defaite du duc de Joyeuse.* VII, 211.
— *de l'armée du duc de Savoie devant la ville de Genève.* I, 149.

— *de la mort du chapelier.* V, 31.
— *de la desconfiture des reitres.* IX, 111.
— *de la mort de Marie Stuart.* V, 279.
— *de la grande science des femmes.* VII, 281.
— *de deux marchands, un de Paris et l'autre de Pontoise.* I, 75.
— *de trois Espagnols magiciens.* I, 87.
— *de M. Guillaume sur la defaite de trente-cinq poules et un coq.* IX, 137.
— *des grandes processions en Allemagne.* VII, 347.
— *des troubles d'Aragon.* I, 169.
— *des visions d'Amurat.* III, 203.
— *du géant Theutobocus.* IX, 241.
— *d'un magicien de la ville de Moulins.* V, 199.
— *sur la fuite des impositeurs italiens.* VII, 261.
— *sur l'inondation arrivée au faubourg Saint-Marcel.* II, 221.
— *sur la prise des capitaines Chapeau et la Calande.* VII, 227.
— *sur les causes de l'extrême cherté.* VII, 137.
— *sur les lettres d'abolition d'Helène Gillet.* I, 25.

Division (La grande) *entre les femmes et filles de Montpellier.* VII, 247.

Doctrine *de la nouvelle devotion cabalistique,* etc. X, 197.

Dôle (Siége de). IX, 20.

Domenchin. IV, 148.

Dongois (Jean), imprimeur. IX, 64.

Douat, chef des croquans du Quercy. VII. 325, 332.

Dragon (Le) *à trois têtes.* IV, 335.

Dragonnages en Dauphiné. VIII, 217.

Ducerceau (Baptiste). IV, 122.

Duels, armes, tournois, etc. II, 183, 221, 350 ; III, 20, 24, 30, 34, 93, 96, 114 ; IV, 35 ; V, 441, 194, 215, 216, 301 ; VI, 13, 121, 131, 135, 137, 280, 324 ; VII, 181, 251, 299 ; VIII, 102, 104, 255.

Duel d'un Portugais et d'un Espagnol. IX, 47.

Dujardin, son manifeste. VII, 83.

> Dans un manuscrit intitulé *Réflexions historiques sur la mort du roy Henri IV,* il est dit que P. du Jardin fut mis en liberté sans avoir été jugé, et qu'il obtint, en outre d'une pension de 600 livres, des lettres de provision de contrôleur des bières à Paris.

Dumoulin (Le ministre). III, 49.

Dupes (Journée des) IX, 209.

Duprat (le cardinal). VIII, 250.

Dupuis (Pierre), fou. II, 273 ; VIII, 291, IX, 236.

Dutillet (la). V, 151.

E

Edict du roy sur les serviteurs et servantes. VII, 205.

Education au XVIe siècle (Comment se faisoit une). X, 151.

Effroyables pactions entre le diable et les invisibles. IX, 275.

Emprisonnement (L') de D. C. D. VIII, 211.

Enlevement des reliques de saint Fiacre. VII, 231.

Ennuis des paysans champestres. VII, 295.

Entrée de la royne à Bordeaux. VIII, 247.

Entrée de Gauthier Garguille en l'autre monde. IV, 221.

Epernon (Le duc d'). V, 153; VI, 204; X, 229, 260.

Ephemerides (Les plaisantes). IV, 247.

Epitaphe du petit chien Lycophagos. IV, 255.

Erasme. X, 158, 187, 195.

Errard. II, 230.

Escorniflerie (Lettre d'). IV, 47.

Espagne (Ouvriers françois en). VII, 173.

Espignac (d'). X, 63.

Estelan (Le comte d'). IX, 6.

Estoublon (d').

<blockquote>C'est à lui et à Mme de Brégis qu'arriva l'aventur rappelée t. IX, p. 185. et mise en conte dans Le Mousquetaire à genoux. V. une note de Saint-Simon dans le Dangeau complet, t. II, p. 135.</blockquote>

Esternod (d') IV, 33.

Estranges tromperies de quelques charlatans. III, 273.

Estrange ruse d'un filou habillé en femme. IV, 59.

Estrange accident arrivé en la ville de Tours. IV, 303.

Estrenes de gros Guillaume à Perine. IV, 229.

Estrenes de Herpinot. VI, 41.

Etymologies, argot, etc. I, 130, 133, 212, 217, 220, 236, 242, 284, 305, 306, 310, 335, 347; II, 19, 25, 39, 155, 156, 175, 176, 177, 178, 182, 189, 204, 238, 242, 262, 268, 279, 292; III, 8, 9, 62, 84, 88, 104, 136, 145, 146, 168, 173, 187, 191,

193, 195, 196, 219, 221, 222, 223, 236, 276, 303, 329, 330, 361; IV, 27, 42, 49, 251, 265, 319; V, 12, 44, 137, 190, 203, 205, 212, 213, 214, 217, 219, 223, 235, 244, 250, 260, 271, 311, 324, 340; VI, 9, 61, 69, 154, 161, 212, 215, 258, 263, 270, 271, 282, 289, 293, 296, 324, 342, 343; VII, 5, 6, 22, 23, 28, 43, 47, 77, 93, 130, 154, 155, 162, 170, 173, 179, 220, 222, 249, 253, 262, 263, 265, 266, 285, 325, 359, 361; VIII, 83, 86, 87, 90, 132, 149, 150, 156, 159, 165, 181, 191, 233, 234, 241, 293, 294, 299, 300, 306, 310; IX, 75, 92, 107, 122, 154, 162, 177, 179, 187, 190, 192, 193, 205, 206, 230, 234, 352; X, 6, 8, 11, 28, 64, 68, 87, 89, 135, 143, 144, 178, 190, 193, 208, 209, 215, 220, 222, 223, 230, 240.

Evantail (L') satyrique. VIII, 131.

Examen de la cabale de la rosée-croix. I, 115.

Exemplaire punition de François de la Motte. III, 333.

Exil de mardi-gras. V. 97.

Extrait de l'inventaire qui s'est trouvé dans les coffres du chevalier de Guise. V, 147.

F

Factum du procès entre messire Jean et dame Renée. IV, 75.

Faiseuse (La) *de mouches,* VII, 9.

*Fait du procès de Baïf contre Fontenay et Mont-
guibert.* VIII, 31.
   Famine (La). VIII, 337.
   Fantastique repentir des mal-mariez. IV, 311.
   Fantôme qui se bat en duel. III, 17.
   Faret. III, 130 ; VI, 344.
   Faust. IX, 287.
   Fava (Francisco). II, 75.
   Ferrand (David). X, 162.
   Feretti (Em.), secrétaire de Léon X. X, 162.
   Feu de joie de Mme Mathurine. VIII, 71.
   Feu (Le) *royal.* XI, 13.
   Feuillade (La). *Id.*, 233.
   Fevret (Charles), avocat à Dijon. I, 36, 41.
   Fille de mode (Brevet d'une). VIII, 323.
   Filou habillé en femme. IV, 59.
   Finances, monnaies, etc. II, 138 ; III, 34, 35,
42, 45, 174, 178, 313 ; IV, 43 ; V, 7, 83 ; VI, 24,
61, 69, 77, 80, 81, 85, 86, 87, 104, 105, 107, 109,
159 ; VII, 22, 38, 134, 142, 146, 153, 157, 159,
175, 176, 177, 179, 261, 267 ; VIII, 231, 234, 250 ;
X, 238, 251.
   Financiers (Le Pot aux roses aux). IV, 349.
   Fludd (Robert). IX, 292.
   Fontaine (Ch.). *Quintil Censeur* et *Quintil Hora-
tian.* X, 132, 136, 137, 139.
   Fontainebleau (Ballet des dames d'amour à). V,
321.
   — *(Prise de Carfour à).* IX, 287.
   — *(Rencontre des cocus à).* III, 217.
   Fonteny (Jacques de). V, 59.
   Fontrailles. VIII, 124.

For-aux-Dames, à Paris. I, 182.
Forget le fripier. *Id.*, 182, 183.
Forger (Le cuisinier). X, 21.
Fouquet. V, 86, 91.
— Sa passion. V, 86.
Fragment sur Mme de Maintenon. VIII, 83.
François Ier. VIII, 247, 284.
Frédéric V, électeur palatin. X, 274, 283.
Fripiers de Paris. I, 181.
Frontenay. VIII, 31.
Furetière. VI, 212, 216.
Furstemberg (Le card. de). *Id.*, 232.

G

Gadagne (L'abbé de). IX, 101, 102.
Gaigneu (Antoine), poëte forésin. VI, 287.
Galigaï (Eléonora). X, 264-265.
Gan (Le) de Jean Godards. V, 173.
Garnache (M. de la). IX, 101.
Garnier (Claude). II, 254.
Gassion. V, 26, note.
Gaston duc d'Orléans. X, 39, 40, 227.
Gaufridi. IX, 279.
Gauthier Garguille. IV, 221 ; IV, 229.
Genebrard, évêque d'Aix. VIII, 276.
Georges (Le cuisinier). X, 22.
Geneviève (Sainte). X, 187, 196.
Gerard (Tourments de Baltazar). II, 61.

Gillet (Hélène). I, 25.
Glocester (Le duc de). X, 45.
Gobelin (Balthazar), trésorier de l'épargne. I, 7.
Gobert (Thomas). IV, 188.
Godard (Jean). V, 173.
Goguier, procureur sous Louis XIII. I, 194.
Gonin (Maître). III, 53 ; V, 209.
Gonzague (Louis de) duc de Nevers. IX, 95.
Gosselin (Jean), garde de la librairie du roi. I, 1, 3.

> Jean Gosselin, qui étoit de Vire, mourut âgé de près de cent ans au mois de novembre 1604. « Il fut trouvé mort dans une chaise près de son feu, tout havi et brûlé et déjà vert. » (L'Estoille, édit. Michaud, II, p. 379.)

Gournay (Mlle de). I, 134.
Gosier Salé (comtesse de). III, 159.
Grammont (Le maréchal de). X, 49.
Grands jours tenus par le president Muet. I, 193.
Grognard (La chasse au vieil). III, 27.
Gros-Guillaume ; ses étrennes à Perine. IV, 229.
Groger (Le sieur). VII, 217.
Guabaston, chev. du guet. VI, 192.
Guast (Louis de Bérenger, seigneur du). IX, 98.
Guénegaud (Mme du Plessis). X, 120.
Gueridon. VIII, 279.
Guérin, bouffon de la reine Marguerite. I, 220.
Gueux. VIII, 147.
Guichart (A.) VII, 351.
Guillaume (Jean) le bourreau. V, 52.
Guillaume (Maître). III, 365 ; VI, 129 ; VII, 281 ; VIII, 271 ; IX, 137, 138.

Guillaume de Nassau. II, 61.
Guillery (Le cap.). I, 214, 289 ; VII, 71 ; V, 333.
Gnise (Le chevalier de). V, 147.
Guise (Le duc de). VIII, 17 et suiv.; IX, 111.

H

Habicot (Le chirurgien). IX, 244, 245.
> V. dans le *Catalogue des sciences médicales* de la Bibliothèque impériale, t. I, p. 425-426, la liste de ses écrits sur le géant Teutobocus.

Harangue de Turlupin le souffreteux. VI, 51.
Harlay (Sieur de), archevêque de Rouen, puis de Paris. VI, 220.
Hazard de la blanque renversé. II, 325.
Henri III. VII, 235 352; IX, 91, 92; X, 59, 60, 66.
Héricault (Ch. d'). VII, 267.
Herpinot, farceur. VI, 41.
Hersent (Charles), docteur en Sorbonne. I, 28.
Herty (L'), fou de cour. I, 135.
Hervart (Mlle d'). IV, 307.
Heudon (Jean). V, 174.
Histoire de la comtesse d'Hornoc, estranglée par le diable. I, 163.
— *de la mutinerie de Saint-Médard.* VI, 185.
— *de la conversion d'une courtisanne venitienne.* I, 49.
— *de deux magiciens estranglez par le diable.* I, 23.

Histoire de trois soldats qui ont outragé l'image de saint Antoine. IV, 307.

— *du combat entre deux demoiselles.* II, 357.
— *du fantôme qui s'est battu en duel.* III, 17.
— *du poëte Sibus.* VII, 89.
— *d'un chirurgien homicide de soi-mesme.* IX, 363.
— *d'un favori de la cour d'Espagne.* I, 95.
— *d'un homme qui a mangé VII enfans.* IV, 217.
— *d'un supposé mari.* VIII, 199.
— *joyeuse de M. de Basseville.* III, 83.

Hornoc (Comtesse d'). I, 163.
Houel (Nicolas). VI, 64; VII, 274.

V. sur lui et sur la *Maison de la charité chrétienne*, dont il fut le fondateur : Cap, *Etudes biographiques pour servir à l'histoire des sciences*, 1857, in-18, p. 84-89 ; et P. Paris, *Les Manuscrits françois*, etc., t. II, p. 369-376.

Houssaye (Du). X, 231.
Humbelot, procureur en 1622. I, 194.
Humières (M. d'). VIII, 119.

I

Impositeurs italiens. VII, 261.
Imprimeurs (Misère des apprentis). V, 225.
Incendie du palais de Paris. II, 159.
Industrie, Inventions, Commerce, Agriculture. II, 79, 123, 192, 183, 321, 327; III, 110, 111, 112,

115, 116, 118-119, 120-122, 166, 182, 190-196,
314, 315, 316; IV, 109, 113, 114, 136, 231, 327;
V, 71, 140, 226, 227, 235, 339, 340, 342; VI, 138,
141; VII, 146, 147, 148, 151, 152, 153, 155, 163,
164, 165, 170, 182, 185, 189, 295-297-307; VIII,
149, 165; IX, 153, 160, 164, 178, 215, 217, 254.
Innocence d'amour. II, 365.
Institution des chevaliers de la joye. VII, 237.
Interrogatoire de Poltrot. VIII, 5.
Inteville (M. d'). IX, 102.
Invisibles (leur pacte avec le diable). IX, 75.
Isarn (D'). X, 236, 242, 245.
Ivry (Bataille d'). X, 69, 70.

J

Jacques II. IX, 341; X, 44.
Jars (Le chevalier de). IX, 13.
Jay (Le président Le). IX, 35, 36.
Jean (Messire). IV, 75.
Jean, son mariage avec Jeanne la Grise. II, 23.
Jeux (Les) de la cour. IV, 17.
Jocrisse. IV, 281.
Joseph (Le père). VII, 232; IX, 22, 23, 24.
Journée des dupes. IX, 309.
Juif chirurgien. VII, 233.
Joye (Chevaliers de la). VII, 237.
Joyeuse (Duc de). VII, 211.

Jumeau, arquebusier du roi. VI, 13, 135.
Jusseaume ou Josseaume, marchand. I, 184.

L

Lacallande (Lecapitaine). VII, 227.
Lafayette (Mme de). X, 117-129.
Laffemas (B. de). VII, 303; IX, 52; X, 80.
Laffemas (J. de). IX, 11; X, 77, 96.
 A cette page, *ligne* 3 de la note, lisez 1579, au lieu de 1529; et *ligne* 6, lisez 1660 au lieu de 1690.
Lafontaine (Cité). IV, 46.
Lagarde (Le cap.). VII, 83.
La Gomberdière (Le S^r de). III, 109.
Laguille (Le P.). VIII, 53.
Lambin (Denis). X, 156.
Lambert, musicien. VII, 91.
Langey (Le marquis de). VI, 307, 309, 312.
Larivey, astrologue. II, 211.
Larchant. IX, 93.
Larmes et complaintes de la reine d'Angleterre sur la mort de son espoux, etc. X, 161.
Lauzun (Le duc de). VIII, 69.
Lavalise. VIII, 337.
Lavardin (Le S^r de). VII, 211, 213.
Legat testamentaire du prince des sotz. III, 353.
Lelièvre (Elie). X, 187, 188.
Lerme (Le duc de). I, 97.
Le Sage. Le Rodrigue de son *Gil-Blas*. I, 96-113.
Lescot (P.). Un tableau de lui à Fontainebleau. VII, 148.

TABLE ALPHABÉTIQUE.

Lettre de Calvin apportée des Enfers. VII, 227.
— *contenant le privilége d'avoir deux femmes.* III, 141.
— *d'Escorniflerie.* IV, 47.
— *de M. d'Aligre au chancelier Seguier.* IX, 339.
— *du général des crocheteurs de France.* IV, 235.
— *de Vineuil sur la conspiration de Cinq-Mars.* VIII, 119.
— *d'un gentilhomme françois à dame Jacquette Clément, princesse boîteuse de la Ligue.* X, 55.

> M. Leber (*Bulletin du Bibliophile*, t. I, n° 9, p. 16) met, pour la rareté et la curiosité, cette pièce à peu près au niveau de la *Prosa cleri Parisiensis*, faite dans le même temps et dans le même esprit, et dont un exemplaire, qui se vendrait au centuple maintenant, coûta 400 livres à la Bibliothèque du Roi lors de la vente de l'abbé Sepher, en 1786.

— *sur la mort du grand Macaty.* IX, 107.
Lettres de Mme de Lafayette. X, 117.
— *patentes sur la plantation d'un mai.* IX, 359.
Lezay (La marquise de). X, 1-2.
Lhermite amiral. I, 41.
Liancourt (Ch. Du Plessis). IX, 101.
Libertat. II, 297.
Liébaut (Mme). III, 321.
Ligue (La). Son premier manifeste. VII, 315-322.
Lima. I, 141.
Lincestre (curé ligueur). X, 74.
Lionne (Mme de). VI, 228, 230.
Lionne (L'abbé de). X, 106.
Logement pour la cour de Louis XIII. X, 225.
Loire (Accidents arrivés sur la). VI, 5.

Longueville (La duchesse de), morte en 1629. V, 151.

Lorens (Jacq. du). II, 151.

M. Ed. Tricotel approuve l'attribution que nous avons faite à Du Laurens de *La Moustache des filous enlevée* (*Bulletin du Bibliophile*, 1862, p. 1313). Il cite une autre pièce de lui qui n'étoit pas moins inconnue, *La Calotte*, et il reproduit une satire *contre le demy-sçavant*, non comprise dans son recueil et dédiée à son ami Colletet.

Loret, auteur de la *Muse historique*. I, 192.

Loste. X, 77, 89, 97.

Louis XIII à la journée des Dupes. IX, 309-326.

Louis XIV. X, 37, 41, 53, 107-115.

Louis d'or (Le). X, 235.

Louis XIII au pas de Suze. IX, 327.

Louvet. III, 173, 178.

Il étoit trésorier de l'argenterie du Roy en 1610.

Lugoli, lieutenant criminel. I, 199.

Lumagna (Les). II, 199; VII, 268.

Luynes (Le connétable de). IV, 19, 20.

Lustucru (*Description du tableau de*). IX, 79.

Lyon. X, 197.

M

Macassar (Princes de) baptisés à Versailles en 1688. IX, 261.

Macaty (Singe). IX, 107.

Macette (Dame). III, 77.

Machaud. IX, 11.

Madagascar (Prince de) baptisé à Paris. IX, 261.

Madrigal (Le pâtissier de). II, 27.
Magiciens estranglez par le diable. I, 23.
Magie, superstitions. I, 25, 29, 87, 115; II, 212, 368; III, 38, 212-213, 267; IV, 275, 323; V, 66, 162, 167, 168-169, 201, 204, 267, 269; VI, 202, 289, 291, 294; VII, 253; IX, 275, 281, 285, 286, 292; X, 57.
Mai (Plantation d'un). IX, 359.
Maignelay (La marquise de), grande dévote amie de saint Vincent de Paul.

> C'est elle qui doit être désignée sous l'initiale M. au t. I, p. 129.

Maintenon (Mme de). VIII, 53.
Mallot, ministre calviniste. VI, 187.
Malmariez (Fantastique repentir des). IV. 311.
Mancini (Marie). X, 41.
Mancini (Hortense). X, 47.
Mangot (Le chancelier). X, 262, 264.
Manière de bien ferrer la mule. V, 243.
Manifeste de ce qui doit se passer en France en 1620. VII, 5.
Manifeste de P. du Jardin. VII, 63.
Mansfeld (Le duc de). I, 217.
Marais, bouffon de Louis XIII. IV, 337.
Marchand (Le capitaine). IX, 36.
Mardi gras, son exil. V, 97.
Marguerite (La reine). I, 207; II, 16, 254.
Mariages (Réformation des). IV, 3.
Marie Stuart (Mort de). V, 279.
Marie, reine d'Angleterre. IX, 331.
Marillac, garde des sceaux. IX, 9, 326.
Marillac (M. de). IX, 8.

Marion Delorme. VIII, 120, 121.
Maris. Arrest contre leur impuissance. VI, 307.
Martin Guerre. VIII, 99.
Mascaron. VI, 222, 223.
Mathurine, folle du roi. VI, 529; VIII, 271.
Matignon (M. de). Lettre que lui adresse Charles IX.
Maubert (Nouveaux compliments de la place). IX, 229.
Mauclerc, procureur en 1622. I, 194.
Maure (La comtesse de). X, 126.
Mauregard, astrologue. II, 211.
Mauraisin (Noel). VII, 267.
Mayenne (Le duc de), tué en 1622. VII, 250.
Mazarin. IX, 322; X, 42, 49.
Médicis (François de). VII, 333.
Médecine. II, 108, 115; III, 170; IV, 82, 251; V, 134, 195, 305; VI, 120; VII, 33, 233, 259; VIII, 284; X, 212, 213, 214.
Melons Andardois (Roi des). III, 361.
Memoire pour les coiffeuses, bonnetières et enjoliveuses de la ville de Rouen. IX, 215.
— *sur le prix des vivres à La Rochelle.* VI, 23.
— *touchant la seigneurie du Pré-aux-Clercs.* IV, 87.
Menippée de Francion, ou responce au Manifeste anglois. X, 267.
Mercelotz. VIII, 147.
Mercœur (Le duc de). I, 293; III, 212.
Merveilles du Salmigondis de l'Aloyau. I, 363.
Mesmer (Claude de). IV, 75.

Mesmer (H. de). X, 151, 154, 155.
Mesmer (J. J. de). X, 152.
Michel, magicien à Moulins. V, 99.
Mie Margot (Histoire de). II, 121.
Mignet, son livre sur Antonio Perez. I, 169.
Mignons (Vertus et propriétés des). VII, 331.
Miliade (La). IX, 5.
Milmont (Curé de). IV, 323.
Miroir de contentement. II, 13.
Miron (Le médecin). IX, 94.
Misères des apprentis imprimeurs. V, 225.
Misères de la femme mariée. III, 321.
Modes (Détails sur les). I, 12, 21, 62, 132, 163, 217, 223, 224-257, 283, 307, 309, 317, 334, 335, 337, 340, 344, 352; II, 18, 20, 57, 83, 90, 123, 151, 190, 192, 243, 316; III, 36, 37, 38, 39, 40, 41, 43, 46, 64, 102, 104, 106, 113, 114, 117, 118, 119-122, 156, 190, 242, 243, 245, 246, 247, 248, 249, 250, 252, 253, 255, 257, 267, 268, 269; IV, 136, 291, 299, 362; V, 68, 99, 124, 135, 149, 180, 181, 182, 183, 184, 185, 192, 302, 311, 312, 313, 315, 316, 331, 345, 360; VI, 32, 33, 35, 37; VII, 9, 11, 15, 17, 25, 29, 42, 46, 51, 94, 99, 101; VIII, 166, 167, 168-169, 175, 249, 334, 336; IX, 88, 132, 133, 134, 135, 136, 140, 245, 256, 306; X, 81, 129, 131, 139, 164, 215, 351, 355, 356; X, 27, 29.

Moisset (financier). III, 181-184; IV, 343; VIII, 243.

Molière cité. I, 224, 235, 248, 347, 352; II, 16, 200; III, 38, 106; IV, 9, 10, 285-306.

Montaiglon (A. de). I, 275; VIII, 195.

Montbazon (M. de). IV, 337 ; V, 291.
Monguibert. VIII, 31.
Monnerot (financier). V, 91.
Montaigu (L'abbé). X, 45.
Montigny (Le comte de). VIII, 122.
Montmaur (P. de). I, 129.
Montmorin (M. de). IX, 103.
Montrésor. III, 129.
Montpellier (Division entre les femmes et les filles de). VII, 247.
Montpensier (Catherine-Marie de Lorraine, duchesse de). X, 55 et suiv.
Montpezat (M. de). VIII, 171.
Monstre (Le) à trois têtes. IV, 344.
Moulin à barbe (Destruction du). II, 49.
Moulins à barbe (Origine des). II, 53.
Moustache (La) des filous enlevée. II, 151.
Muet, lieutenant au petit criminel. I, 193.
Muse (La) infortunée. II, 247.
Musicien (Le) renversé. VIII, 93.
Musique de la taverne. VI, 341.
Mustapha, empereur des Turcs. IV, 273.

N

Navarre (Le roi de), Henri IV. VII, 214, 215.
Nemours (La duchesse de). X, 44.
Neri en Verbos (Sieur de). Ce que signifie son nom. III, 142.
Le *Bulletin du Bibliophile belge*, 1863, p. 104-105,

s'est rencontré avec nous pour l'explication de ce pseudonyme.

Nez à la mode (Anatomie d'un). V, 133.

Nicolas (Le cuisinier). X, 22.

Niel (P. de) ou Niert (de) le musicien. IX, 330-331.

Noblesse (Plaisirs de la). VII, 303.

Normandie (Courtisanes de). I, 333.

Notre-Dame de l'Épine. VII, 350-351.

Nouveaux compliments de la place Maubert. IX, 229.

Nouvelle de la venue de la roine d'Alger à Rome. IX, 259.

Nouvelle manière de faire son profit des lettres, traduitte en françois par J. Quintil, du Tronsay, en Poictou. Ensemble : le Poëte courtisan. X, 131.

Nouvelles admirables des Indes. V, 159.

Nouvellistes (Règlement pour les). VII, 261.

Noyers (De) Sublet. IX, 22, 27.

Nully (Le président de). I, 2 ; X, 74.

O

O (François d'). IX, 104.

OEconomie, ou le vray advis pour se faire bien servir, par le sieur Crespin. X, 1-22.

Olerius, magicien. I, 29.

OEufs de Pâques (Les). V, 59.

Ombre (L') du mignon de fortune avec l'enfer des ambitieux mondains, etc. X, 77.

Onophage (L'), ou le Mangeur d'âne. III, 67.
Onoxandre (L'), ou le Grossier. V, 291.
Ombre (Amours de l') et du compas. VII, 287.
Oraison funèbre de carême prenant. III, 61.
Ordonnances générales d'amour, par le baron de Mistingue. II, 169.
Ordonnance pour le reglement du camp. I, 139.
Ordre à tenir pour la visite des pauvres honteux. V, 127.
Ordre du combat fait en la ville de Moulins. III, 93.

> V., sur ce combat, les *Mémoires* de Martin du Bellay, liv. VIII, fin de l'année 1537.

Orléans, Histoire de *la vache à Colas.* II, 39. Le bonhomme Petau. *Id.*, 279. — La glose d'Orléans. *Id.*, 294. — Manufactures de soie. VII, 313. — Siége par M. de Guise. VIII, 16. — Les Siamois à Orléans. X, 102.

Ordres de chevalerie burlesques. VII, 237-239, 245.

Ornano (D'), colonel des Gardes Corses. IV, 339.
Orvietan (l'). VII, 113.
Ouverture des jours gras. II, 345.

P

Padel, successeur de Tabarin. III, 151.
Paille (Miracles de la). VIII, 323.
Paille (Louanges de la). VIII, 325.
Paloiseau (Hôtel). IV, 184.

Pamperon, procureur en 1622. I, 194.
Panurge. VIII, 279.
Parabère (M. de). I, 299.
Paris. Les fripiers, I, 181. — La Tonnellerie, *id.*
— Rue de la Heaumerie, 182. — Rue Tirechappe, 189. — Rues des Bourdonnais et de la Limace, *id.* — Rue du Plat d'Étain, *id.* — Le cabaret de la Table Roland, près l'apport Paris, I, 195; III, 127; VI, 40. — Les manteaux rouges voleurs, II, 198; V, 194; VI, 326. — La taverne du Pied de Biche, près le Temple, I, 202. — La Cour des Miracles, 203. — Palais de la reine Marguerite, I, 207, 219; IV, 132-175; V, 327. — Eglise Saint-Bon, I, 209. — Moulins à vent hydraulique, à l'île Notre-Dame, *id.*, 211. — Ile Louviers, 219. — Brodeuses du faubourg Saint-Antoine, 240. — Bataille de laquais, 283, 285. — Charnier des Innocents, 313. — Servantes de Paris, I, 313, 321; II, 237; III, 101; V, 243, 244, 246, 250, 251, 253, 254, 257, 345; VI, 265, 274; VII, 142, 205 207; IX, 172. — L'officialité, I, 319; VI, 308; IX, 12. — Rôtisseries du petit Châtelet, I, 367. — Boucherie de Saint-Etienne-du-Mont, 369. — Concerts de Sainte-Cécile aux grands Augustins, II, 14. — Les orgues des Cordeliers, *id.* — Le feu de la Saint-Jean à la Grève, 15. — Le carrefour de Notre-Dame-de-la-Carole, 16. — La friperie, 19. — Les forges du Pont-au-Change, 23. — Les colosses du Pont-Notre-Dame, 40-41. — Le petit Châtelet, 43. — Le chevalier Tape-cul au Palais-Royal, 44. — Les Gobelins, 55, 223, 227, 231, V, 138. — Le moulin de Croulebarbe, II, 58. — Les coiffeurs, 57. — L'é-

glise Saint-Leufroy, 101. — Le Fort l'Evesque, 109.
— Les apothicaires, 115. — Le gros Thomas au
Pont-Neuf, 125. — La Grenouillère, 128. — Poissonnières de la place Maubert, 132. — Les Feydeau,
138, 139, 140. — Saint-Germain-le-Vieil, 149. —
Incendie du Palais en 1618, 159, 167; III, 127. —
La table de marbre, II, 161. — Les statues des rois
au Palais, 162. — La pierre-au-let, 169, 173. —
Les épices du Palais, 159, 179. — Cabarets de La
Boisselière et de la Coiffier, 202; V, 36. — Inondation de la Bièvre, II, 221; IX, 63-70. — Le copeau
de S.-Victor et ses moulins, II, 226. — Tanneurs de
la Bièvre, 229. — Bureaux de placement des domestiques, 227. — Marché aux pourceaux de la
Butte S.-Roch, 270.— Académies (*manéges*) du faubourg S.-Germain, 271; IV, 188.— Le pont aux oiseaux, II, 276.— L'île maquerelle, 283.— Carrosses
en 1619, 282, 284. — Les voleurs à la poire d'angoisse, 295.— Le tombeau de Commines aux grands
Augustins, 297.— La Blanque en 1649, 325.— Filles du faub. S.-Germain et du Marais, I, 207, 219; II,
346, 366; V, 323. — La foire Saint-Germain, II,
348; IV, 328. — Les faubourgs enfermés dans la
ville en 1634, II, 349. — Voleurs sous Louis XIV,
III, 5, 8. — Le château des Porcherons, 31. — Le
château de Vauvert, 31; IX, 290.— Le Luxembourg,
III, 5-8, 32. — Le Huleu et le Champ-Gaillard, 44.
— La maison du patriarche au faubourg Saint-Marcel, 51; VI, 186, 198. — Assemblées calvinistes à
Popincourt, III, 51. — Etat de Paris sous Charles
VI, 62. — Irlandais à Paris, 62. — La tour des Dames, 68. — Les plâtriers de Montmartre, 70. — Le

Puits-Certain, le Puits de Rome, 78. — L'hôtel de Montmorency, 99. — Le pont Rouge ou pont Barbier, 102. — Les tisserands de la Macque, rue de la Tixeranderie, 113. — Fabrique de tapisseries de La Planche, 116. — Le cabaret de Cormier, 138; VIII, 296. — Le pont Alais, III, 142; IV, 226; VII, 39. — Filous de la Samaritaine, III, 147-148. — Le carrefour Guillori, 150. — Filous du faub. S.-Germain et du Marais, 154; IX, 271, 297. — L'hôtel de Scipion Sardini, III, 174; V, 221; VI, 115. — Les crocheteurs de la Grève, III, 179. — Le quai Malaquais, 179; IX, 297. — Supplice à la croix du Trahoir, III, 231. — Les Ursulines de la rue Saint-Jacques, 265. — Les Carmélites de la rue du Bouloi, 266. — Boucheries, 314, 315. — Cabarets en 1622, 318-319. — Le petit Saint-Antoine, 318. — Le crocheteur de la Samaritaine, IV, 27, 235. — L'hôtel Concini, rue de Tournon 30, VIII, 233, IX, 315; X, 106, 265. — Marchands de meubles de la rue Frépillon, IV, 48. — Asile dans les églises de Paris, 76. — Ce qu'on appelait la petite Seine, 90, 97. — Le Pré-aux-Clercs, 93, 95; IX, 297. — Le carrefour Buci et la rue des Mauvais-Garçons, IV, 95. — La chapelle Saint-Germain des Orges, au Pré-aux-Clercs, 94, 97, 99, 100. — La rue du Colombier (rue Jacob), 108, 132. — La maison de Baptiste du Cerceau, 121-123. — La rue des Marais, 125. — La petite Genève, 125-126. — L'hôpital de la Charité, 138. — Le cimetière de Saint-Père, 139. — Maison de des Iveteaux au Pré-aux-Clercs, 141-148. — Hôtels garnis du faubourg Saint-Germain au dernier siècle, 151; IX, 300. — La maison Colletet, IV, 161; — La rue de la Sorbonne ou de l'Université, 182-183. — L'hôtel Tambonneau, 185. — Les commencements de la rue du Bac, 193. — Les filles de Saint-Joseph, 198. — Collége de Reims, 258. — L'Hôtel Montbazon, rue Béthizy, 338. — L'impôt des portes cochères pendant la Fronde, V, 7, 338. — Duels au Pré-aux-Clercs, 44. — Le collége de Cambray, 46. — Maison de Colbert, rue du Mail, 95. — Etablissement pour les pauvres au XVIIe siècle, 128, 129, 130, 131. — L'hôtel Sourdis, 156. — Les libraires du mont Saint-Hilaire, 231. — Les financiers de la place Vendôme, 232. — Les écrivains des Saints-Innocents, 248. — La Vallée, 252. — La rue des Jeux-Neufs, 266-267. — La statue de P. du Coignet à Notre-Dame, 269. — La tour de la Commanderie de Saint-Jean de Latran, 322. — L'église Saint-Barthélemy, 335. — Feux d'artifice sous Louis XIII, VI, 14. — La rue Tiquetonne, 14. — Incendie au port au foin en 1618, 16. — La boue de Paris en 1616, 37-38. — La charité chrétienne, rue de l'Ourcine, 64, VII, 274. — Les Quinze-Vingts, VI, 66. — Impôt à Paris en 1622, 97. — Vol de reliques à la Sainte-Chapelle en 1589, 201. — Procureurs de la rue des Mauvaises-Paroles, 261. — Le trésor de la Bastille, 262. — La voûte de Nicolas Flamel au cimetière des Saints-Innocents, 269-270. — Procureurs des environs de la place Maubert, 271. — Cocus de la rue Quincampoix, 274. — Les Nymphes de Jean Goujon à la fontaine des Innocents, VII, 39. — Le quartier de la Nouvelle-France, 42. — Diminution des loyers pendant la Fronde, 61-68, 365. — Les enfants-bleus, 92. — Le collége de Lisieux, VII, 93. — Charlatans du Pont-Neuf, 103-108. — Le may des imprimeurs, 133. — Rentes sur la ville en 1586, 159. — La promenade au cours de la Porte-Saint-Antoine, 201. — Rentes de l'Hôtel-Dieu (1589), 261. — Les Invalides à Bicêtre sous Louis XIII, 271-279. — Magnaneries à l'hôtel de Retz, 308. — Magnaneries aux Tuileries, 309. — L'italien Balbani au château de Madrid, 310. — Plantation de mûriers près de Saint-Thomas du Louvre, 310. — Maison de Baïf, rue des Fossés-Saint-Victor, VIII, 40. — Maison d'Estienne Pasquier sur le quai de la Tournelle, 41. — Les filles-bleues de la chaussée des Minimes, 71. — Logis de Scarron, rue Neuve-Saint-Louis ; 73. — Maison de la rue de Vaugirard où Mme de Maintenon élève les bâtards du roi, 74. — Fours du quai de la Ferraille, VIII, 152. — Cour des Miracles, 160. — Le Huleu, 223. — Bassompière et la lingère de la rue de Bourg-l'Abbé, 223. — J.-J. Rousseau, rue Plâtrière, 233. — Nouvellistes aux Tuileries, au Luxembourg, au Palais-Royal, au quai des Augustins, aux Célestins ; 262-265, 267. — Antonio Perez à Paris, 265. — La Pomme de Pin et la Croix-Blanche, cabarets, 296. — Une inscription du Petit-Pont avant 1718, IX, 11. — Le Pont-Marchand, son fondateur, 36. — Bureau d'adresses en 1633, et petites-affiches, 51, 61. — L'hôtel de Nemours, 55. — L'enseigne de la Femme sans tête, 83. — Cours de la Porte Saint-Antoine sous Louis XIII, X, 25, 34, 125, 130. — Le jardin de l'Arsenal, IX, 126, 127 ; X, 31. — Le jardin de Dupont à la Roquette, IX, 127. — Le Marché du cimetière Saint-Jean, 229. — Les poissardes de Paris en 1644, 230. — Les harengères du Petit-Pont, 233-234. — Le Mont-Parnasse, 290. — Le diable Vauvert, *id.* — Magie au Marais, 292, 294. — Le Luxembourg sous Louis XIII, 314. — Le mai de la basoche, 359-361. — Le boulevard Saint-Antoine sous Louis XIII, X, 28. — Le pavage du faubourg Saint-Antoine, 28. — Le couvent de Sainte-Marie à Chaillot, 45, 165. — Henri IV surprend les faubourgs de Paris, 65. — Famine à Paris, 70. — Le jardin ou parc des Tuileries et sa grotte, 91, 93. — La maison de Rambouillet au faubourg Saint-Antoine, 164. — D'où vient le nom de la rue Chantereine, 135. — Le collège de Bourgogne, 152. — Le collège Montaigu, 157-191. — L'île Notre-Dame, 189. — Les diamans du s^r d'Arce au Temple, 278-279.

Pasquier (Etienne). I, 364; II, 169.

Pasquil de la cour pour apprendre à discourir. III, 264.

Pasquil touchant les affaires de ce temps. VIII, 347.

Pasquil du rencontre des cocus à Fontainebleau. III, 217.

Passage du cardinal de Richelieu à Viviers. VII, 339.

Passard, laquais de l'abbé Chérier, le censeur, qui prit son nom pour pseudonyme. VI, 170-171.

<small>V. sur l'abbé Chérier un article de M. Guessard (*Corresp. litt.*, 5 fév. 1858, p. 73-81); et l'*Histoire de la censure théâtrale en France*, par M. V. Hallays-Dabot, 1862, in-18, p. 54.</small>

Passemens (La révolte des). I, 223.

Passeport des bons buveurs. IV, 69.
Passeport pour l'autre monde. IX, 337.
Passion de M. Fouquet. V, 86.
Pâtissier de Madrigal. II, 27.
Pavillon. II, 2.
Pedoue (François), auteur du *Bourgeois poli.* IX, 146.

> Aux détails déjà donnés sur ce facétieux chanoine de Chartres nous ajouterons qu'on a de lui quelques chansons satiriques, entre autres la requête de *l'Ane qui vielle à messieurs du chapitre*, publiée dans le *Magasin pittoresque* de 1856, p. 56.

Pichon de Ruby. VIII, 147.
Pegenac, docteur de Sorbonne. I, 3.
Perez (Antonio). I, 169 ; VIII, 263.
Perine. Ses étrennes. IV, 229.
Permission (Comte de). VIII, 81.
Permission aux servantes de coucher avec leur maître. II, 237.
Perdrigeon, marchand. I, 283.
Perse (Infante de) à Paris en 1666. IX, 261.
Philippe II, roi d'Espagne. I, 171, 173.
Pibrac. IX, 94.
Pièce du cabinet (La). III, 283.
Picardie (Conspiration faite en). VII, 345.
Picotin (Capitaine). VI, 279.
Piedaigrette. III, 165.
Piron. VI, 171 ; IX, 107.
Placet des amants contre les voleurs. III, 5.
Plaidoyer dans une cause comique. I, 349.
Plaisantes ruses et cabales de trois bourgeoises. VII, 19.

Plaisante nouvelle sur ce qui se passe en Piémont. VI, 279.
Plaisirs de la noblesse. VII, 303.
Planto (Le colonel Otho). IX, 98.
Pois pilez. VIII, 81.
Poitou (Académie de Larrons en). VIII, 153-154.
Polichinel. I, 355.
Pologne (Le roi de). IX, 91.
Poltrot. Son interrogatoire. VIII, 5.
Pontalais (Jean du). III, 142.

Le vrai nom de ce farceur étoit Jehan de l'Espine du Pont-Alletz, et son surnom *Songe-creux*, comme nous l'avons appris par la mention d'un présent de 225 livres tournois que lui fit François Ier, devant qui il avoit joué des farces. (V. L. Lacour, *Œuvres de Des Périers*, t. II, 134, note.) Ce surnom me fit penser que les *Contreditz de Songe-creux*, toujours prêtés à Gringore, bien qu'ils ne fussent pas dans sa manière, pourraient bien être de Pontalais ; je le dis dans l'*Introduction* aux *Chansons de Gaultier Garguille*, p. lxxix, et peu de temps après je fus heureux de voir que M. Ch. d'Héricault avoit approuvé cette conjecture. C'est sous le nom de Pontalais, et non sous celui de Gringore, qu'il a donné des extraits des *Contreditz* dans le t. I, p. 531-540, du recueil des *Poëtes français* de M. Crépet. Notre littérature de la fin du XVe siècle et du commencement du XVIe retrouve ainsi un poëte de plus.

Pont-Breton des procureurs. VI, 253.
Pont-de-Courlay (M. de). IX, 31 ; X, 231, 232.
Pont-Neuffrondé. III, 337.
Pontoise. I, 75, etc.
Porte (De la), grand prieur de France. VII, 217.

Pot aux roses aux financiers. IV, 349.
Pot aux roses (Le) découvert. VII, 199.
Poulet, lettre galante. I, p. 12, note 21.
Poumerol (François). VI, 131.
Pourchot (Edme). IV, 87.
Précieuses (Récit de la Farce des). IV, 295.
Prestre Jean (Le). V, 162, 163, 164, 165, 167, 171.
Prinse du capitaine Carrefour. IX, 267.
Prisonniers (Salve Regina *des*). VIII, 193.
Prisonniers. Leur purgatoire. VIII, 201.
Privilége des cervelles émouquées. III, 297.
Privilége des chastrez. III, 333.
Privilége des Enfants Sans-Soucy. III, 159.
Procession en Allemagne. VII, 347.
Procureurs (Pont-Breton *des*). VI, 253.
Promenade du Cours. IX, 125.
Propriété des bottes sans cheval. V, 229.
Purgatoire des prisonniers. VIII, 201.
Purgatoire des hommes mariez. IV, 81.
Purgatoire des bouchers, charcutiers, etc. V, 263.
Pussort. V, 88-89.
Putains à cul (Les). VIII, 337.

Q

Quatrains sur les harquebuses et pistolets. VI, 131.
Quélus (M. de). IX, 101.
Quercy. VII, 323.

Querelle des femmes du faubourg Saint-Germain avec les filles du faubourg Montmartre. IV, 323.

Questions de la cour. V, 75.

Questeuses (Satyre sur l'indecence des). V, 331.

Quintil du Tronsay. X, 131.

> Nous avons su par une note de M. Brunet (*Manuel*, nouv. édit., t. IV, p. 1023), que la satire de Quintil, *La Nouvelle Maniere de faire son profit des lettres*, etc., étoit une traduction de l'épître d'Adrien Turnèbe, *De nova captandæ utilitatis e literis ratione metrice scripta ad Leoquernum*: Paris, 1859, in-8°. — M. Brunet ajoute qu'une autre traduction de de cette épître fait partie des œuvres de J. Du Bellay ; or nous avons prouvé que celle de Quintil et celle de Du Bellay sont la même.

R

Rabelais (cité). I, 63, 267; II, 197, 240, 241, 283, 297; III, 21, 36, 61, 126, 162, 167; V, 274; VI, 39, 257, 282, 283; VII, 254; VIII, 87.

Raconis (Ange de). III, 49.

Ramus. IV, 93, 94, 104-106.

Rangouze (Le Sr de). VII, 131.

Ranty (M. de). IX, 100.

Rapport d'un affidé de Angleterre à Paris en 1655. X, 35-54.

Ratiers (Confrairie des). III, 297.

Ravaillac. II, 165; VII, 84; X, 261.

Razilly (Le voyageur). VI, 118, 355.

Ré (L'île de). X, 268, 273, 276, 277.

Réception des ambassadeurs du roi de Siam en 1686. X, 99.

Récit de la farce des précieuses. IV, 285.

Recit de l'assassinat de Jean Bourgeois par la compagnie des fripiers de la Tonnelerie. I, 179.

Recit de l'attentat commis à Sannoy. III, 2.

Recit de l'execution du capit. Carrefour. VI, 321.

Recit du combat sur mer devant Lima. I, 141.

Reconfort des femmes qui se plaignent de leurs maris. IV, 315.

Règle de la cabale des filous. III, 147.

Règle (Amours de la). VII, 287.

Reglement pour les nouvellistes. VIII, 264.

Reglement pour pourvoir aux vivres de la ville. VIII, 323.

Reglement sur la preference des savetiers-cordonniers. V, 41, 194, note.

Reglement sur toutes sortes de marchandises, III, 109.

Regret des courtisanes d'amour. V, 328.

Regret des filles de joie de Paris. III, 77.

Rejouissance (La) des femmes sur la deffense des tavernes et cabarets. X, 175.

Remond (Nicolas). VI, 85.

Remonstrance aux femmes et aux filles de France. IV, 361.

Remonstrance aux nouveaux mariés. II, 257.

Remonstrance sur la librairie du roy. I, 1.

Renaudot (Th.). I, 138; IX, 52-53.

Rencontre aux environs de La Rochelle. VIII, 331.

Rencontre de Me Guillaume avec Piedaigrette. III, 165; VII, 267,

Rencontre de trois astrologues judiciaires. II, 311.

Reponse des servantes aux langues calomnieuses. III, 101.

Reproche du capitaine Guillery aux carabins. VII, 71.

Requête d'un poëte à M. de Vatan. VIII, 232.
Requête pour la diminution des loyers. VII, 61.
Retz (Le cardinal de). X, 38.
Revenus (Sur les). VIII, 53.
Revolte des Passemens. I, 223.
Ribaut (J. de). X, 280.
Ribère (Le médecin). VI, 120.
Richelet. IX, 20.
Richelieu (Cardinal de). VII, 323, 339; VIII, 320 et suiv.; IX, 5, 21, 309-326; X, 227, 228, 262, 264, 268.
Riflasoret (Cour de). V, 97.
Riolan (Le médecin). IX, 244-245.
Ripaille (Château de). I, 151.
Roche (La). IX, 100.
Rochefort (Le comte de). Le même dont Sandras de Courtils a écrit les mémoires. Ce qu'il a dit de l'aventure de Brioché, en Suisse. I, 281.
Rochefoucauld (Le duc de la). X, 117-129.
Rocheguyon (M. de la). IX, 98.
Rochelle (La). VI, 23, 27; VIII, 331; X, 274.
Rocheposay (M. de la). IX, 97.
Rodrigo (Dom). I, 96, etc.
Roger-Bontemps. VI, 51.
Rohan (Le chevalier de). II, 301-314.

Comme complément de la pièce que nous avons donnée sur la conspiration du chevalier et de Latréaumont, voir les *Mémoires inédits* de Jean Rou, 1857, in-8°, t. I, p. 67, et *Description raisonnée d'une collection choisie d'anciens manuscrits*, Techner, 1862, in-8°, p. 259-261.

TABLE ALPHABÉTIQUE. 361

Rôle de presentation faicte aux grands jours de l'eloquence françoise. I, 27.
Rollin, X, 151, 158.
Romans, en Dauphiné. IX, 242.
Roquelaure (Antoine de). V, 153.
Roquette (L'abbé). VIII, 59.
Rose, évêque de Senlis. I, 3 ; X, 74.
Rose-Croix. I, 115 ; IX, 280.
Rosée-Croix. I, 115.
Rostaing (Tristan de). IX, 105.
Rostein (Le). V, 150.
Rouen. IX, 215 ; X, 176-177.
Rouge-Aureille, prévost. VI, 190.
Rozeau (Jean) le bourreau. V, 190.
Rubrique et fallace du monde. I, 343.
Ruggieri, magicien. I, 25.
Rupert (Le prince). X, 44.
Ruzé, avocat au parlement. X, 158.

S

Sablé (Mme de). X, 117-129.
Saintes (Claude de), évêque d'Evreux. IV, 355.
Saint Fiacre. Enlèvement de ses reliques. VII, 231.
> Cette pièce est attribuée dans le *Chevræana*, p. 231, au comte d'Estelan, auquel on prête aussi la *Milliade*.

Saint-Denis (La ville de). X, 56, 66.
Saint-Denis (Le baron de). IX, 104.
Saint-Géran (Le maréchal de). IX, 97.

Saint-Loup (Mme de). X. 125.
Saint-Luc (Fr. d'Epinai). IX, 102.
Saint-Paul (Le comte de). X, 127.
Saint-Sulpice (Le baron de). IX, 105.
Saint-Vidal (Ant. de la Tour de). Id., 105.
Saint-Marcel (Inondation du faubourg). Id., 63.
Saint-Medard (Mutinerie de). VI, 185.
Saint-Maixent (Combat de). VII, 211.
Saint-Simon. VIII, 95, 96 ; IX, 309 et suiv.
Saint-Thomas (Mme de). VIII, 121 ; IX, 16.
Salve Regina des prisonniers. VIII, 193.
Sancy, ambassadeur à Constantinople. IV, 275.
Sannoy (Attentat commis à). III, 11.
Sans soucy (Enfants). III, 159.
Santeul. X, 189.
Sardini (Scipion). III, 174 ; V, 221 ; VI, 115.

> Pour compléter ce que nous avons dit sur son hôtel, aujourd'hui dépendance de l'administration des hospices sous le nom de *Maison Scipion*, voir deux excellents articles de M. Anatole de Montaiglon dans les *Beaux-Arts*, t. I, 1860, in-8°.

Sarzay (Le S^r de). III, 93.
Satyre contre les petits maîtres. V, 31.
— *sur la barbe du president Molé.* VI, 315.
— *sur l'indecence des questeuses.* V, 331.
Satyrique (Le) de la cour. III, 241.
Savaron (Le président). VI, 74.
Sagonne (La). V, 154.
Sault (Le comte de). VI, 224.
Sauvage (Denis). X, 142.
Savetiers. V, 41.
Scarron. VI, 212, 214 ; VII, 125 ; VIII, 65, 67, 69.

Schomberg. IX, 93.
Scribe (Eug.). VIII, 38.
Scudéry (Mlle de). III, 9; X, 235.
Sébastien (Don) le faux. II, 28, 30.
Seguier (Le chancelier). IX, 22, 24, 339; X, 229.
Servien. IX, 28.
Sessac (Fr. de). IX, 97.
Siam (Ambassadeur du roi de). X, 99.
Sibus (Histoire du poëte). VII, 89.
Sillery (Abbé de). I, 190.
Sillery (Le marquis de). V, 151.
Silly (Henry de). Id., 152.
Simon le magicien. III, 187; IX, 276.
Singerie des femmes de ce temps. I, 55; II, 196.
Soissons (Le comte de). X, 228.
Soleil (Amours du). VII, 287.
Sommaire sur les revenus de la France. VI, 85.
Songe. IV, 23.
Sotz (Prince des). III, 253.
Soubise (Le duc de). X, 270, 284.
Stances sur le retranchement des fêtes. VI, 245; VII, 53.
Stances à certain goulu. VI, 296.
Sully. X, 276.
Surêne, son vin. III, 133-134.
Surprise et fustigation d'Angoulevent. VIII, 41.
Suze (Pas de). IX, 327.

T

Tabarin. IV, 225; VIII, 288.
Tableau des ambitieux de la cour. IV, 33.

Tambonneau (Hôtel). IV, 184.
Tape-cul. II, 44.
Tasimghi (Le capitaine). IX, 104.
Tasse (Le). II, 251.
Tasteur (Le). II, 37.
Tavannes (Vicomte de). IX, 104.
Taverne (Musique de la). VI, 341.
Tellier (Charles-Maurice Le), archevêque de Reims. VI, 209, 211, 232-236, 243-244.
Teragon, sorcier. VI, 203.
Terny (Château de).
Tessé (Maréchal de). VIII, 217.
Théophile (Le poëte). IX, 291.
Théophile (Le nouveau). VIII, 131.
Thémines (Maréchal de). VII, 323.
Théâtres. II, 260, 273, 345, 349, 350, 362, 369; III, 53, 141, 156; IV, 221, 225, 281, 285-306; VI, 42-43; VII, 41, 44, 45, 115, 117-122, 167; VIII, 84, 337; IX, 16; X, 26.
Theutobocus (Géant). IV, 241.
Thil (Arnaud du). VIII, 99.
Thoiras. X, 276.
Thou (De), ami de Cinq-Mars. VII, 341; VIII, 105.
Thomas (Le gros), arracheur de dents. II, 225.
Tillières (Le comte Leveneur de). X, 273-274.
Tirato (Le S^r). III, 112.
Tocsin des filles d'amour. II, 265.
Tours (Accident arrivé à). VI, 303.
Toussaint (Jacq.). X, 153.
Traduction d'une lettre envoyée à la reine d'Angleterre. IV, 353.
Trebuchement de l'ivrogne. III, 125.

Tréfou (Pays de). I, 206 ; IX, 269.
Treille (Chevalier de la). VIII, 337.
Triolets du temps. V, 5.
Triomphe de Betlem Gabor. I, 323.
Tromperie faite à un marchand par son apprenti. III, 343.
Trousse (Mlle de la). I, 223.
Truaumont (La). II, 303.
Turenne. X, 39.
Turnèbe. II, 155.
Turlupin. II, 273 ; VI, 51.

V

Vache à Colas (La). II, 39.
    Pour avoir la confirmation et le complément de ce que nous avons dit sur ce dicton d'origine orléanaise, voir le *Journal* de L'Estoile, édit. Michaud, t. II, p. 387, et notre lettre insérée dans le *Bulletin de la Société du Protestantisme français*, janvier 1859, p. 9-11.
Van den Ende. II, 301.
Vanini. IX, 278.
Varenne (La). V, 150.
Vattan (M. de), prévost des marchands. VIII, 231.
Vaudois. X, 197 et suiv.
Veinant (M.). I, 194.
Vengeance des femmes contre les hommes. V, 311.
Venise. VIII, 303.
Vers d'Erasme à sainte Geneviève. X, 187.
Vers pour M. le Dauphin. V, 353.
Versailles sous Louis XIII. IX, 314-315.
Vertus et propriétés des mignons. VII, 331.

Vie genereuse des mercelotz, etc. VIII, 147.
Villars (Marquis de). V, 152.
Villars (Marquise de). II, 301 ; V, 154.
Villequier. IX, 93.
Vimory (Combat de). IX, 117.
Vincent de Paul (Saint). X, 36.
Vineuil (Ardier de). VIII, 119, 122.
Viviers (Passage de Richelieu à). VII, 339.
Voltaire. VI, 251, 271.
Vraie pierre philosophale. V, 359.
Vraie pronostication de M Gonin*. V, 109.
Vrillière (Phelypeaux de la). IX, 28.

W

Werth (Jean de). VII, 199 ; IX, 17.

Y

Yveteaux (Des). II, 247 ; IV, 139, 141.
Yzarn. V. *Isarn*.
    Ce que nous avons dit sur ce personnage mystérieux se trouve confirmé dans les *Bigarures calotines*, 1730, in-18, 3ᵉ rec., p. 3-8.

Z

Zamet (Jean). VII, 232.
Zamet (Sébastien). III, 280.
Zest Pouf, historiette. VI, 167.

FIN DU TOME DIXIÈME ET DERNIER.

TABLE DES MATIÈRES

CONTENUES DANS CE VOLUME.

1. L'Œconomie ou le Vray Advis pour se faire bien servir, par le sieur Crespin. 1
2. La Promenade du Cours, à Paris, en 1653. 25
3. Rapport d'un affidé de l'Angleterre, à Paris, en 1655. 35
4. Lettre d'un Gentil-homme françois à dame Jacquette Clement, princesse boiteuse de la Ligue. De Sainct Denis en France, le 25 d'aoust M.D.XC. 55
5. L'Umbre du Mignon de fortune, avec l'Enfer des ambitieux mondains, sur les dernières conspirations, où est traicté de la cheute de l'Hôte. (Dédié au Roy par J. D. Laffemas, sieur de Humont.) 77
6. Reception des Ambassadeurs du roi de Siam, en 1686. (Extrait des *Mémoires* du baron de Breteuil.) 99
7. Lettres de Mme de La Fayette à Mme de Sablé. 117
8. La nouvelle manière de faire son profit des Lettres, traduitte en françois par J. Quintil du Tronssay, en Poictou. Ensemble : le Poëte-Courtisan. 131
9. Comment se faisoit une education au XVIe siècle. (Fragment des *Mémoires* de M. de Mesmes.) 151
10. Les Larmes et complaintes de la Reyne d'Angleterre sur la mort de son Espoux, à l'imitation des quatrains du sieur de Pibrac, par David Ferrand. A Paris, chez Michel Mettayer, imprimeur ordinaire du roy, demeurant en l'isle Nostre-Dame, sur le Pont-Marie, au Cigne. M.DC.XLIX. 161

11. La Rejouissance des femmes sur la deffence des tavernes et cabarets. A Paris, de l'imprimerie de Chappellain, rue des Carmes, au collége des Lombards. M.DC.XIII. 175
12. Vers d'Erasme à sainte Geneviève, traduits en vers françois par E. Le Lièvre (1611). 187
13. La Doctrine de la nouvelle devotion cabalistique, composée des veritables maximes que la nouvelle secte (formée depuis peu dans Lyon par un barbier estranger, natif du conté de Bourgogne, d'où il tasche de l'estendre aux environs au grand dommage de la vraye et ancienne pieté) observe constamment, dans la pratique et methode qu'elle tient à conduire les âmes, par l'Oraison mentale, apparemment à la perfection, mais en effet à la folie, ou du moins à la simplicité, et à tirer à soy leurs biens, dans la bourse. qu'il pretend estre commune à tous. Le tout mis en forme de simple poësie, sans fiction ou prejudice aucun de la verité, pour la substance des choses, afin qu'il soit appris plus aisement et agréablement de ceux qui ont encore quelque soin de ne perdre ny leurs âmes ni leurs biens. Seconde edition. Ils se vendent en rue Mercière, à l'escu de Venise. M.D.C.LVI. 197
14. Logemens pour la cour de Louis XIII. 225
15. Le Louis d'or. A Mademoiselle de Scudery. 235
16. Le Cotret de Mars, avec le fagot, la fascine et le gros bois, pour feu de joye à la France. M.DC.XVI 259
17. Menipée de Francion, ou response au Manifeste anglois. A Paris, chez Jean Bessin, rue de Reims. M.DC.XXVII. 267
18. Epistre de Madame la Daulphine (Catherine de Médicis) escripvant à Madame Marguerite. 285

TABLE MÉTHODIQUE des matières qui sont contenues dans les 272 pièces formant les 10 volumes. 291

TABLE ALPHABÉTIQUE. 317

www.ingramcontent.com/pod-product-compliance
Lightning Source LLC
Chambersburg PA
CBHW050255170426
43202CB00011B/1690